Sandra L. Brown

Beim nächsten Date wird alles anders

Wie frau es vermeiden kann,
immer auf den Falschen reinzufallen

Aus dem Amerikanischen von Thomas Bertram

W0192375

Patmos Verlag

VERLAGSGRUPPE PATMOS

PATMOS
ESCHBACH
GRÜNEWALD
THORBECKE
SCHWABEN

Die Verlagsgruppe
mit Sinn für das Leben

Für die Schwabenverlag AG ist Nachhaltigkeit ein wichtiger Maßstab ihres Handelns.
Wir achten daher auf den Einsatz umweltschonender Ressourcen und Materialien.
Dieses Buch wurde auf FSC®-zertifiziertem Papier gedruckt. FSC (Forest Stewardship
Council®) ist eine nicht staatliche, gemeinnützige Organisation, die sich für eine
ökologische und sozial verantwortliche Nutzung der Wälder unserer Erde einsetzt.

Umschlaggestaltung: Finken & Bumiller, Stuttgart
Druck: C. H. Beck, Nördlingen
Hergestellt in Deutschland
ISBN 978-3-8436-0471-0 (Print)
ISBN 978-3-8436-0472-7 (eBook)

Für meinen Mann Ken, dessen Einsichten über Männer den Plan für dieses Buch angeregt haben; für meine geliebten und unschätzbaren Töchter Lindsay und Lauren, weil ich noch immer von einem Tag träume, wo ihr euch völlig gefahrlos mit Männern verabreden und sie völlig gefahrlos heiraten könnt, für meine Mutter Joyce und meine Schwester Linda, die die Gefahr, die von bestimmten Männern ausgeht, nur allzu gut kennen, und für all jene Frauen, die ich im Laufe der letzten fünfzehn Jahre kennengelernt habe und die mir ihre Geschichten von Männern, die für sie die Falschen waren, anvertrauten – möge ihre Ehrlichkeit unser aller Leben mit mehr Einsicht, mehr Wissen, mehr guten Entscheidungen und, vor allem, mehr Sicherheit belohnen.

INHALT

Kapitel 3: **Die Klette**

Kapitel 4: **Das ewige Kind**

Kapitel 5: **Der emotional nicht verfügbare Mann**

Kapitel 6: **Der Mann mit dem heimlichen Leben**

Kapitel 7: **Der psychisch kranke Mann**

Kapitel 8: **Der Süchtige**

Kapitel 9: **Der misshandelnde oder gewalttätige Mann**

Kapitel 10: **Der emotionale Räuber**

Kapitel 11: **Anzeichen für eine schlechte Partnerwahl**

Kapitel 12: **Sei dir selber treu: Lernen, die eigenen Warnsignale zu beachten**

Kapitel 13: **Neues Leben, neue Entscheidungen bei der Partnerwahl**

Anhang: **Beschreibung psychischer Störungen und allgemeine Hinweise**

EINFÜHRUNG

Männer, die für uns die Falschen sind, gibt es überall. Als Frau weiß ich das. Aber als Mutter habe ich mir Sorgen um meine Töchter gemacht. Ich wollte sie davor schützen, sich auf eine ungesunde Beziehung einzulassen und vielleicht den falschen Mann zu wählen.

Als Psychotherapeutin, die Frauen behandelt, die sich auf eine zerstörerische Beziehung eingelassen hatten, stellte ich fest, dass es Frauen gab, die sich immer wieder »die Falschen« aussuchten. Und ich behandelte ebenfalls diese Männer als Therapeutin. Gerade weil Frauen die Mechanismen und Hintergründe ihrer ungesunden Partnerwahl nicht bewusst sind und weil sie bereit sind, ihre Warnsignale und Alarmglocken zu ignorieren, laufen sie Gefahr, immer wieder den gleichen Fehler zu machen. Deshalb ist es mein Ziel, auch Laien verständlich zu machen, wie diese Mechanismen aussehen und wann ein Mann für Frauen ein »gefährlicher Mann« ist. Ich verwende den Begriff »gefährlicher Mann« bewusst. Aus meiner Sicht ist ein Mann für eine Frau nicht erst dann »gefährlich«, wenn er gewalttätig oder kriminell ist. Ich verwende das Wort »gefährlich« zur Beschreibung jedes Mannes, der der seelischen, körperlichen, sexuellen oder spirituellen Gesundheit seiner Partnerin schadet oder der sie finanziell ausbeutet.

Jedes der nachfolgenden Kapitel enthält Geschichten von einer oder mehreren Frauen, die sich mit einem gefährlichen Mann oder mit gefährlichen Männern einließen. Einige dieser Geschichten stammen aus meinen Psychotherapie-Sitzungen mit Frauen oder mit »gefährlichen« Männern selbst.

Für wie viele Frauen genau diese Geschichten repräsentativ sind, ist schwer einzuschätzen. Ich habe in meiner 15-jährigen therapeutischen Tätigkeit Hunderte solcher Geschichten gehört. Andere Geschichten in diesem Buch stammen von Frauen, die ich in meinem Privatleben gekannt habe, Frauen, bei denen ich sah, wie sie sich mit gefährlichen Männern einließen und zum Opfer wurden.

Ein paar meiner Freundinnen steuerten ebenfalls Geschichten über ihre eigenen Erfahrungen mit gefährlichen Männern bei der Partnersuche bei. Einige dieser Geschichten finden sich ebenfalls in diesem Buch. Wieder andere Berichte erhielt ich aufgrund eines Beitrags, den ich ins Internet stellte. Darin bat ich Frauen, mir von ihren Erfahrungen mit gefährlichen Männern zu berichten. Ich erhielt etwa fünfzig

Antworten auf meinen Beitrag – aus den Vereinigten Staaten, Kanada, England, Australien, Israel und Indonesien. Einige dieser Geschichten finden sich auf den folgenden Seiten.

Allen Frauen, die ich interviewte, sei es persönlich oder via Internet, wurden gezielte Fragen gestellt, die ihre eigenen psychischen Probleme, die Botschaften aus ihrer Kindheit, die sie von ihren Herkunftsfamilien empfangen hatten, und ihre Ansichten über Gesellschaft, Kultur und Frauen beleuchteten. Die Fragen umfassten auch die bisherige Partnersuche der Frauen. Unter anderem wollte ich wissen, wie viele Beziehungen sie bisher hatten, wie viele Beziehungen sie mit gefährlichen Männer eingegangen waren, mit welchen Kategorien gefährlicher Männer sie zusammen waren, wie die Warnsignale der Frauen sich bemerkbar gemacht hatten, warum die Frauen diese Warnsignale nicht beachtet hatten, was es die Frauen gekostet hatte, sie nicht zu beachten, und was das Ergebnis gewesen war.

Es ist wichtig, dass wir begreifen, dass gefährliche Männer uns allen begegnen können – Frauen jeden Alters und jeglichen Bildungsstands; alleinstehenden, verheirateten und geschiedenen Frauen; Frauen aller Nationalitäten und aller Religionen; der kinderlosen Frau und der Mutter; der Stadt- und der Vorstadtfrau; Frauen in allen Berufen (sogar in Berufen, die sie darin schulen, zumindest einige der Symptome einer ungesunden Partnerwahl zu erkennen); der armen, der Mittelschicht- und der reichen Frau; der unerfahrenen oder erfahrenen Frau. Sich mit gefährlichen Männern einzulassen ist eine universelle Erfahrung von Frauen.

Die Geschichten der Frauen halfen mir auch, die Auswahlmuster der Frauen zu erkennen, und erleichterten es mir, ähnliche Erfahrungen zu bündeln, die uns möglicherweise helfen, weibliche Reaktionen auf verschiedene Typen solcher gefährlicher Männer zu verstehen. Sich in diesen Geschichten wiederzufinden dürfte nicht schwierig sein. Die meisten von uns sind bei ihrer Partnersuche schon gefährlichen Männern begegnet oder haben sich auf sie eingelassen.

Ein Buch wie dieses nutzen Sie am besten, wenn Sie aufrichtig und offen dafür sind, die Wahl Ihrer früheren Partner ehrlich zu bewerten. Keine Frau möchte sich »naiv« vorkommen, weil sie mit einem gefährlichen Mann zusammen war oder ihn geheiratet hat. Aber wer sein Verhalten erkennen und verändern will, dem bleibt nichts anderes übrig, als in Bezug auf seine eigene, persönliche Geschichte absolut ehrlich zu sein. Die Frauen, die mutig genug waren, ihre Geschichten zu erzählen, möchten, dass Sie nach den Ähnlichkeiten zwischen ihren Geschichten und Ihrer Geschichte suchen. Sie möchten, dass Sie der Versuchung widerstehen, sich Schlupflöcher zu suchen, um sagen zu können: Ich bin anders als sie. Wenn Sie das tun, werden Sie umso eher die Tatsache missachten, dass auch Sie verwundbar sind. Es ist nicht wichtig, wie sich Ihr Mann von den auf diesen Seiten porträtierten Männern unterscheidet, aber es ist wichtig zu ermitteln, inwiefern er diesen Männern ähnelt.

Wir möchten, dass Sie genau diesen Blick entwickeln – einen Blick, mit dem Sie potenzielle Ähnlichkeiten zwischen Ihrer Geschichte und den Geschichten dieser Frauen erkennen können. Dies bewahrt Sie vielleicht davor, sich mit einem gefährlichen Mann einzulassen. Statt nach Wegen zu suchen, um sagen zu können, Ihr Mann sei nicht wie diese Männer: Wie wäre es, wenn Sie sich – nur für einen Moment – wirklich gestatten würden herauszufinden, ob es Ähnlichkeiten gibt? Wie wäre es, wenn Sie es zuließen, mit der durch diese Frage aufgeworfenen Ungewissheit zu leben? Mit der Tatsache zu leben, dass Sie im Augenblick vielleicht nicht wissen, ob er gefährlich ist oder nicht? Sagen Sie nicht voreilig, er sei es eindeutig *nicht*, denn wenn Sie ihn in Ihrem Kopf erst einmal als sicher etikettiert haben, hören Sie unweigerlich auf, weiter nach irgendwelchen Anzeichen von Gefährlichkeit zu suchen.

Die Geschichten können Ihnen Einsichten vermitteln, wenn Sie sich dafür öffnen, etwas über die Männer in Ihrer Vergangenheit und die Männer in Ihrem jetzigen Leben zu lesen, darüber nachzudenken und auf Ihr inneres Ich zu hören. Wie eine Frau, die an einem unserer Workshops teilnahm, sagte: »Ich glaubte nicht, dass mein Mann wie diese Männer ist. Ich wollte mich nur allgemein informieren. Aber ich nahm diese Informationen mit nach Hause und wurde einfach aufmerksamer. Ich bemerkte Dinge, die mich stutzig machten, woraufhin ich die Tatsache aufdeckte, dass er ständig mit anderen Frauen Affären hatte. Ich ließ mich scheiden. Aber das hätte ich nie getan, wenn ich mich geweigert hätte, überhaupt zu erkennen, dass er zu einer dieser Kategorien gehörte. Ladies, ihr müsst einfach offen sein.«

Zu diesem Zweck sind die mittleren Kapitel dieses Buches (Kapitel 3 bis einschließlich Kapitel 10) der Beschreibung gefährlicher Männer gewidmet sowie der Art und Weise, wie sie sich um Frauen bemühen, mit ihnen ausgehen und Beziehungen eingehen und sie schließlich heiraten. Darüber hinaus bieten diese Kapitel Verteidigungsstrategien, um solche Männer zu identifizieren, bevor man sich zu sehr mit ihnen einlässt. Zunächst jedoch lege ich in den Kapiteln 1 und 2 die Grundlagen für das Verständnis der weiteren Kapitel. In Kapitel 1 unterbreite ich eine Arbeitsdefinition dessen, was ich mit dem Ausdruck »gefährlicher Mann« meine, und ich gebe einen Überblick über die verschiedenen Kategorien gefährlicher Männer. Außerdem befasse ich mich mit der Frage, welche dieser Männer krankhafte Störungen haben. In Kapitel 2 zeige ich, dass Frauen über eine biologisch eingebaute »Alarmanlage« verfügen, die sie vor Gefahren aller Art warnt, und ich erörtere die Frage, wie und warum viele Frauen es bis auf den heutigen Tag zulassen, dass dieser innere Alarmmechanismus entschärft wird.

Kapitel 11 und 12 beschäftigen sich mit den Warnzeichen, die eine schlechte Partnerwahl anzeigen, mit der Frage, was vernünftige Grenzen und gesunde Beziehungen ausmacht, und untersuchen, wie Frauen sich mit ihren eigenen Verhaltens- und Denkmustern selbst sabotieren. Kapitel 11 enthält außerdem einen Fragenkatalog mit dem Titel: »Laufe ich Gefahr, mich weiterhin auf gefährliche Männer einzulassen?« Versuchen Sie anhand dieses Tests festzustellen, ob bei Ihnen die Gefahr besteht, dass Sie bei der Partnersuche immer wieder die falsche Wahl treffen.

Das letzte Kapitel des Buches, Kapitel 13, enthält Erfolgsgeschichten von Frauen und bietet eine Vision für Ihren eigenen Erfolg. Sie *können* es schaffen, sich künftig Männer auszusuchen, mit denen gesunde und bereichernde Beziehungen möglich sind. Das Kapitel zeigt, wie andere Frauen genau dies getan haben.

Schließlich finden Sie am Ende des Buches ein Verzeichnis mit nützlicher Literatur zum Thema und eine Liste einschlägiger Websites von Organisationen, wo Sie Hilfe bekommen. Dieses Buch soll Ihnen helfen zu erkennen, einzuordnen, zu wählen und zu verändern – aber ob Sie es tun oder nicht, hängt ganz von Ihnen ab. Wenn Sie sich in einer Geschichte wiedererkennen, wehren Sie sich nicht dagegen. Es bedeutet nicht, dass Sie »schlecht« sind; es bedeutet lediglich, dass Sie in der Vergangenheit eine ungesunde Wahl getroffen haben. Und daraus können Sie heute lernen. Sich zu weigern, aus Kummer und Erfahrung zu lernen, ist ungeheuer unergiebig. Der einzige Unterschied zwischen einer Frau, die nur einmal eine Beziehung mit einem gefährlichen Mann hatte, und einer Frau, die fünf gefährliche Freunde hatte, ist, dass die erste Frau unmittelbar nach ihrer schlechten Partnerwahl offen war zu lernen. Die zweite Frau verweigerte die Lektion, machte Ausflüchte oder versäumte es sonst wie, sich dem Lernprozess zu öffnen.

Als Therapeutin macht es mich traurig, wenn ich eine Frau in ihren Fünfzigern oder Sechzigern sehe, deren Leben eine einzige lange Serie von Verhältnissen mit gefährlichen Männern gewesen ist. Vielleicht fing sie als junge Frau an, indem sie sich mit einem verheirateten Mann einließ, setzte das dann fort, indem sie zehn Jahre mit einem Abhängigen verbrachte, dann fünfzehn Jahre mit einem psychisch kranken Mann und noch einmal fünf mit einem emotionalen Räuber. Nun, gegen Ende ihrer mittleren Jahre, blickt sie zurück auf ein Leben, dem selbst der kleinste Moment des Glücks und der Ausgeglichenheit, wie eine Beziehung sie bieten kann, fehlt. Sie fragt sich, ob sie in den verbleibenden Jahren tatsächlich noch jemanden finden könnte, der anders ist als die Männer, die ihre Vergangenheit ausgemacht haben. Sie ist wütend, weil sie das einzige Leben, das sie hatte, mit Warten und Hoffen darauf verschwendet hat, dass diese Männer sich ändern würden. Jetzt weiß sie: Solche Männer ändern sich nicht. Nur ihre Entscheidungen für oder gegen einen Partner können sich ändern. Der Kummer war ihr schlussendlich eine Lehre, aber sie brauchte dreißig Jahre, um sie zu beherzigen.

KAPITEL 1: WIE KOMMT ES ZU EINER UNGESUNDEN PARTNERWAHL?

Gefährliche Männer kommen in jeglicher Ausprägung und Gestalt vor. Sie stehlen sich in unser Leben, indem sie, zumindest anfangs, ungeheuer normal erscheinen. Es gibt keine weithin sichtbaren, blinkenden Neonschilder. Es gibt keine Einheitsbeschreibung, wie sie aussehen oder sich verhalten. Es gibt keinen verräterischen Karrieretypus, keine verräterische Augenfarbe oder Gesichtsform. Sie fallen nicht auf, sie sehen aus wie jeder andere Mann, mit dem wir zusammen sein könnten. Das bedeutet, es liegt ganz bei uns, sie zu erkennen. Aber zu viele Frauen haben Geschichten, die folgendermaßen anfangen: »Ich wusste nicht, dass er so ist. Ich habe die frühen Anzeichen nicht erkannt. Ich habe seine Geschichte geglaubt.«

Millionen von Frauen gehen Beziehungen mit Männern ein, die für sie ungesund oder sogar für ihre Seele und ihren Körper schädlich sind. Im persönlichen Erkennungssystem vieler Frauen muss es etwas geben, das falsch läuft. Doch oft merken die Frauen selbst davon nichts. Es sind eher die Frauen in ihrer Umgebung, die dann ungläubig fragen: »Hat sie nicht gewusst, dass er Frauen betrügt, Frauen schlägt? … ein Alkoholproblem hat? … eine dubiose Vergangenheit hat?« Wir scheinen ganz feine Antennen dafür zu haben, wenn das Leben anderer Frauen betroffen ist. Aber wenn es um unser eigenes Leben geht, sind unsere Antennen oft stumpf. Wir behaupten, die Wahrheit darüber zu kennen, was zwischen »gefährlichen« Männern und den Frauen, die sich mit ihnen einlassen, passiert, aber trotzdem haben wir Beziehungen mit »gefährlichen« Männern oder heiraten sie.

Männer, die uns nicht guttun, haben schon immer unter uns gelebt, und daran wird sich auch in Zukunft nichts ändern. Es ist unrealistisch, sich vorzustellen, man warte auf ein »Partnersuche- und Ehe-Utopia«, wo eine Partnerwahl immer gut ausgehen wird. Deshalb ist es gut, wenn wir lernen, wie wir bei der Auswahl eines Partners Sicherheit gewinnen können. Es ist an uns, die Anzeichen für Männer, die für uns schädlich sind, zu kennen und diese Anzeichen dann auch zu beachten. Zu verstehen, wie diese Männer sich verhalten oder sich uns präsentieren, ist eine Lebenskunst, die uns helfen kann, diese Männer von uns fernzuhalten oder aus unserem Leben zu verbannen. Was man nicht erkennt, dem kann man nicht aus dem Weg gehen. Dieses Buch soll Ihnen helfen, die typischen Fallen bei einer ungesunden Partnerwahl zu erkennen und sich anders zu entscheiden.

Warum Frauen sich »gefährliche« Männer aussuchen

Lassen Sie mich zunächst genau definieren, wie ich die Bedeutung des Ausdrucks »gefährliche Männer« inzwischen verstehe. Ich verwende das Wort »gefährlich« zur Beschreibung jedes Mannes, der der seelischen, körperlichen, sexuellen oder spirituellen Gesundheit seiner Partnerin schadet oder der sie finanziell ausbeutet. Der Schaden, der einer Frau durch ihren Partner zugefügt werden kann, beschränkt sich nicht auf das Körperliche oder Sexuelle. Diese Wahrheit über gefährliche Männer übersehen Frauen gern. Sie verstehen nicht, was einen Mann über Gewalt hinaus gefährlich macht. Diese Männer schaden Frauen auf eine Vielzahl unterschiedlicher Arten, die wir erkennen müssen. Diese Definition verschafft uns eine breite Grundlage, auf der wir Männer, die uns auch seelisch geschadet haben, erkennen können. Manche Frauen erleiden durch ihre Beziehung zu einem gefährlichen Mann einen seelischen Zusammenbruch, von dem sie sich monate- oder jahrelang erholen müssen. Ich lasse die Definition mit Absicht weitgefasst, damit sie auch Grenzfälle einschließt, nämlich Männer, die vielleicht aktuell nicht gefährlich sind, die aber aufgrund ihrer Persönlichkeitsstruktur jederzeit auf eine oder mehrere der oben aufgeführten Arten ihren Partnerinnen schaden können.

Natürlich fragen sich Frauen, warum sie sich solche Männer aussuchen. Während meiner gesamten Recherche stellten Frauen regelmäßig diese Frage. Liegt es daran, dass Frauen von Einsamkeit überwältigt werden? Liegt es an unserer früheren Angewohnheit, mit einer schlechten Wahl zufrieden zu sein? Sind wir darauf programmiert zu glauben, jeder sei recht? Mögen wir den Nervenkitzel, ein Verhältnis mit einem gestörten Mann zu haben? Führen schmerzhafte Scheidungen zu einem erhöhten Risiko, gefährliche Männer auszuwählen? Tragen ungünstige Konstellationen in unserer Herkunftsfamilie dazu bei, dass wir die falsche Wahl treffen? Warum sind wir eine Gesellschaft von Frauen, die Beziehungen mit gestörten Männern haben? Warum nehmen die häuslichen Gewaltdelikte gegen Frauen nicht signifikant ab? All dies wirft die folgenden Fragen auf: Haben wir gelernt, gefährliche Männer und die Art und Weise, wie sie in unser Leben treten, zu erkennen? Oder halten wir lediglich im Leben anderer Frauen nach gefährlichen Männern Ausschau? Verstehen wir selbst dieses Phänomen gut genug, und haben wir dieses Wissen bislang angewendet, um uns in dieser Hinsicht zu verändern?

Die Antwort auf diese Fragen muss lauten: »Nein.« Das Bewusstsein, dass gefährliche Männer wirklich existieren, scheint ein Wissen zu sein, das viele Frauen auf ihr eigenes Leben nicht anwenden. Das allgemeine Bewusstsein von der Existenz gefährlicher Männer hat Frauen anscheinend nicht helfen können. Könnte dies daran liegen, dass wir von unseren Müttern oder anderen älteren Personen zwar vor »schlechten Männern« gewarnt wurden, dass wir diese Warnungen aber sehr naiv und zu allgemein fanden, um daraus Nutzen zu ziehen? Fehlt es uns doch an speziellem Wissen, damit wir solche ungesunden Beziehungsangebote sofort erkennen und uns anders entscheiden? Was auch immer die Gründe sind, die Wahrheit ist, wir haben es als Familien, als feministische Bewegung oder als Gesellschaft *nicht* geschafft, Frauen über gefährliche Männer und die Mechanismen, die zu einer ungesunden Partnerwahl führen, aufzuklären. Wäre es uns gelungen, würden Frauen heute anders auf diese Männer reagieren.

Es wäre sehr viel einfacher, wenn wir einen einzigen »Typ« Frau definieren könnten, der sich zu gefährlichen Männern hingezogen fühlt. Dann könnten alle Frauen, die dieser Beschreibung entsprechen, erkannt und über gefährliche Männer aufgeklärt werden. Aber auf gefährliche Männer reinzufallen und sie als Partner auszuwählen ist eine weit verbreitete »Seuche«, die sich nicht auf irgendeine Gruppe stereotyp definierter Frauen beschränkt. Frauen jeglicher Couleur suchen sich gefährliche Männer aus. Ja, es gibt Kindheitserfahrungen, Familienstrukturen, auch Missbrauchsgeschichten oder Störungen in Familien, welche die Wahrscheinlichkeit erhöhen, dass eine Frau, die aus einer solchen Familie kommt, sich von gefährlichen Männern angezogen fühlt und sich auf eine Beziehung mit ihnen einlässt. (Einige dieser speziellen Themen, die Frauen betreffen, werden in Kapitel 2 über Warnsignale und in den Kapiteln über die verschiedenen Kategorien gefährlicher Männer ausführlicher behandelt.)

Bagatellisieren und verherrlichen

Ein Problem sind auch die vielen unangemessenen Bezeichnungen für solche Männer. So werden sie oft als »echter Mann«, »Schlitzohr«, »Hallodri« oder »schlimmer Finger« bezeichnet. Mit diesen Ausdrücken wird ihr schädliches Verhalten aber nur beschönigt. Wir sagen vielleicht: »Er ist ein bisschen grob« oder »Er hatte 'ne hart Zeit« oder »Er ist halt ein echter Kerl«. Wir reden in Gemeinplätzen, mit denen wir die Besonderheiten seines Charakters umschiffen, und erzählen lieber von anderen Dingen: wer seine Familie ist, welche Besitztümer er hat, wo er lebt oder was er beruflich macht. Wir bagatellisieren seine Vergangenheit, seine negativen Persönlichkeitsmerkmale oder das Fehlen eines starken Charakters. Wir tun diese Dinge als Schnee von gestern ab, als seien sie für sein gegenwärtiges und künftiges Verhalten ohne Belang.

Wir neigen dazu, gefährliche Eigenschaften bei Männern für »normal« zu halten. Dies war der Abwehrmechanismus, auf den Frauen bei meinen Recherchen am meisten zurückgriffen. Viele Frauen, die an meinen Workshops teilnahmen, klagten, wenn sie meine Beschreibungen gefährlicher Männer ernst nähmen, »wäre keiner mehr übrig, mit dem man eine Beziehung eingehen kann«. Dies bedeutet, dass viele Frauen gefährliche Verhaltensweisen als ein normales Muster für erwartetes männliches Benehmen akzeptieren. Ich erlebe oft, dass Frauen Verhaltensauffälligkeiten und psychische Probleme bei ihren Männern erkennen, dann aber anfangen, sich ausschließlich auf die anderen Aspekte der Beziehung zu konzentrieren, wie etwa seine Verfügbarkeit, seine Attraktivität, seine Fähigkeit, sie zum Lachen zu bringen, oder seine Hilfsbereitschaft. Frauen verpacken die Probleme von Männern neu und geben ihnen andere Bezeichnungen.

Natürlich ist nichts davon neu. Kinofilme aus allen Epochen haben dasselbe Thema bereitwillig aufgegriffen: Der »gefährliche« Mann kriegt die »normale« Frau. *West Side Story* stellt Maria mit einem Straßenrowdy dar. *Dirty Dancing* machte in den Achtzigerjahren des vorigen Jahrhunderts dasselbe. Humphrey Bogart verkörperte häufig Typen am Rand der Gesellschaft. Jahrzehntelang wurden wir mit romantisierten Bildern von gefährlichen Männern gefüttert. Heute ist die Bilderflut im Fernsehen und auf der Leinwand suggestiver und einflussreicher denn je. Wir sehen Britney Spears, ursprünglich ein Mitglied des *Mickey Mouse Club*, einer von Disney produzierten Fernsehserie, wie sie auf dem Boden herumschlittert, umgeben von Typen, die sie an einer Hundeleine halten. Einige Eminem-Videos zeigen junge Frauen, die an seinem Arm hängen, während er droht, Leute umzubringen. Und was ist mit Whitney Houston, die Musikpreise gewinnt, sich aber nicht von dem sehr gefährlichen Bobby Brown, der sie misshandelte, lösen konnte? Oder mit Pamela Anderson, dem blonden Sexsymbol, die zu viele Jahre der Misshandlung durch Tommy Lee ertrug, bevor sie ihm endlich den Laufpass gab? Sie alle zählen zu den weiblichen Rollenbildern unserer Kultur, und der Umstand, dass sie bei gefährlichen Typen landeten, lässt ihre Wahl als annehmbar für Frauen erscheinen.

Entwickeln Sie Ihre eigene Sprache für das Gefährliche

Ein Grund, warum eine Frau mit vier oder fünf gefährlichen Männern zusammen sein könnte, bevor sie anfängt, sich für gesündere Beziehungen zu entscheiden, ist, dass wir als Frauen nicht unsere eigene Sprache benutzen, um *gefährlich* so zu definieren, dass wir es verstehen, oder so, wie wir das Gefährliche erlebt haben. Vielleicht haben wir bislang nach einer fremden Definition von *gefährlich* gelebt, sei es die eines Mannes, unserer Mutter, unserer Kultur oder der Medien. Woher unser Verständnis dessen, was einen Mann gefährlich macht, auch immer stammt – oft versäumen wir es, eine für uns hilfreiche Sprache zur Beschreibung dieser Männer zu finden. Eine personalisierte, auf unseren eigenen Erfahrungen beruhende Sprache ist der Schlüssel zur Veränderung unserer Verhaltensmuster. Wir müssen definieren, was gefährlich ist, um niemals wieder auf den Falschen reinzufallen wie früher.

Möglich, dass man uns als Heranwachsenden von »schlechten Männern« erzählt hat, aber um bei unserer Partnersuche im späteren Leben die richtige Wahl zu treffen, müssen wir ein persönliches »Wissen« entwickeln, das aus unserer Vorgeschichte stammt. Mit »Vorgeschichte« meine ich, dass wir bestimmte Charakterzüge entwickelt haben, die uns veranlasst haben, bei der Partnersuche so und nicht anders auszuwählen. Mit »Vorgeschichte« meine ich aber auch die Sprache, mit der wir Männer immer beschrieben haben, sowie unsere persönlichen Muster bei der Partnersuche. Es geht vor allem darum, diese Männer zu erkennen, bevor wir uns mit ihnen einlassen. Nur wenn wir unsere persönliche Vorgeschichte genau erforschen, werden wir die Vorstellung davon, was ein gefährlicher Mann ist, am konkreten Gegenüber festmachen können. Und wir können unsere Entscheidungen dann anders treffen. Auf diese Weise können die in diesem Buch bereitgestellten Informationen Frauen helfen, ihre Partnerwahl anders zu gestalten. Eine noch klügere Vorgehensweise wäre es, wenn wir ein Wissen entwickeln könnten, das auf den Erfahrungen beruht, die andere Frauen mit gefährlichen Männern gemacht haben, ohne dass wir die Erfahrung selbst machen müssen.

Hierzu werden die Kapitel 11 und 12 Ihnen helfen, gestörte Verhaltensweisen in Beziehungen mit gesunden Verhaltensweisen zu vergleichen und beide einander gegenüberzustellen. In diesen Kapiteln geht es auch darum, zu zeigen, wie notwendig vernünftige persönliche Grenzen sind. Kapitel 11 enthält außerdem einen wichtigen Fragenkatalog: »Laufe ich Gefahr, mich mit weiteren gefährlichen Männern einzulassen?« Sobald Sie mit den in den ersten zehn Kapiteln des Buches bereitgestellten Informationen gerüstet sind, werden Ihre Antworten auf die

Fragen Ihnen verraten, ob das Risiko, dass Sie sich weiterhin gefährliche Männer aussuchen, bei Ihnen niedrig, mittelhoch oder hoch ist. Kapitel 13 schließlich enthält ein paar Erfolgsgeschichten von Frauen, die ihr Leben geändert haben und die heute die aus ihrer Vergangenheit gelernten Lektionen beherzigen, um zu vermeiden, sich weiter mit gefährlichen Männern einzulassen. Diese Frauen führen ein glückliches, erfüllendes Leben. Die Geschichten dieser Frauen sind der Beweis dafür, dass das Ziel, gesündere Beziehungen zu führen, auch für Sie zum Greifen nahe ist!

Kategorien gefährlicher Männer

Aufgrund meiner jahrelangen Arbeit mit gefährlichen Männern und den Frauen, die sich mit ihnen einlassen, bin ich zu dem Schluss gekommen, dass solche Männer sich üblicherweise in bestimmte Kategorien gliedern lassen. Ich möchte Ihnen nun acht »heiße« Typen vorstellen, die darauf brennen, Sie kennenzulernen:

1. Die Klette: Es handelt sich um einen bedürftigen Mann, der sich gerne als Opfer ausgibt. Im Gegenzug widmet er Ihnen für die permanente Erfüllung all seiner Wünsche sehr viel Aufmerksamkeit. Mehr als alles andere fürchtet er Zurückweisung, weshalb er auf andere Menschen in Ihrem Leben eifersüchtig ist. Er bittet Sie, Ihr soziales Leben aufzugeben und ihn zu Ihrem einzigen Lebensinhalt zu machen. Er überzeugt Frauen davon, dass er verletzt worden ist und dass die Liebe einer Frau ihn heilen könne, wenn die Frau sich ausschließlich auf ihn konzentriere. Er droht vielleicht sogar damit, sich etwas anzutun oder über die Verletzung »niemals hinwegzukommen«, wenn Sie nicht tun, was er von Ihnen verlangt. Frauen haben das überwältigende Gefühl, dass diese Männer »ihnen alles Leben aussaugen«.

2. Das ewige Kind: Er will ein Elternteil, nicht eine Partnerin. Er braucht Sie so sehr. Genau genommen braucht er Sie, damit Sie sein ganzes Leben für ihn managen. Es fällt ihm schwer, die Dinge zu tun, die von einem Erwachsenen erwartet werden, wie zur Arbeit zu gehen, Entscheidungen zu treffen, beständig zu sein oder sich wie ein Erwachsener zu benehmen. Er überschüttet Sie mit grenzenloser Liebe, aber seine Fähigkeiten, das Alltagsleben zu meistern, sind sehr begrenzt.

3. Der emotional nicht verfügbare Mann: Er ist verheiratet, getrennt, verlobt oder hat noch eine andere Beziehung. Er präsentiert sich gewöhnlich als »unglücklich mit« oder »noch nicht ganz raus« aus einer Beziehung, und er ist nur allzu gern bereit, nebenher eine Affäre mit Ihnen anzufangen. Eine anderer Typus des emotional nicht verfügbaren Mannes ist der Mann, der unablässig an seine Karriere, Bildungsziele, Hobbys oder andere Interessen denkt, was ausschließt, dass er jemals ein echtes Interesse an einer langfristigen Beziehung haben wird. Für den emotional nicht verfügbaren Mann gibt es immer einen Grund, warum er sich nicht voll und ganz auf Sie einlassen kann, und gewöhnlich hält er Sie gern immer wieder hin. Schließlich ist die Situation vorteilhaft für ihn, solange Sie bereit sind, sich weiter mit ihm zu treffen oder »gelegentlich« mit ihm zu schlafen, trotz der Tatsache, dass er sich auf eine ernsthafte Beziehung mit Ihnen nicht einlassen kann oder will.

4. Der Mann mit dem heimlichen Leben: Er hat geheime andere Leben, zu denen Frauen, Kinder, Jobs, Süchte, kriminelles Verhalten, Krankheit oder andere Geschichten gehören können, die Ihnen verborgen bleiben. Erst viel zu spät in der Beziehung kommen Sie hinter diese heimlichen Leben, zu einem Zeitpunkt, wo Sie bereits in die Beziehung involviert sind und sie vielleicht schon seinen schädlichen Einfluss spüren.

5. Der psychisch kranke Mann: Er kann nach außen normal wirken, aber wenn man eine Weile mit ihm zusammen ist, wird offenkundig, dass »etwas nicht stimmt«. Den meisten Frauen fehlt der geschulte Blick, um genau zu erkennen, was nicht in Ordnung ist, aber je nach seiner Diagnose kann er Sie vielleicht überzeugen zu bleiben, weil er gesund genug wirkt, um die Aufmerksamkeit von seinem psychischen Problem abzulenken. Möglich, dass er Sie emotional in Geiselhaft nimmt, indem er behauptet, »alle« würden ihn verlassen, oder dass er ein solches Chaos in Ihrem Leben anrichtet und Sie derart aus der Bahn wirft, dass sie keine Möglichkeit finden herauszukommen.

6. Der Süchtige: Die meisten Frauen erkennen nicht im Voraus, dass er ein Suchtproblem hat. Manche Frauen erkennen die Sucht nie, oder sie verstehen sie falsch und halten ihn für einen »Typen, der halt auf Spaß und Genuss aus ist«. Dieser »Spaß« kann Sex, Pornografie, Drogen, Alkohol, Erlebnishunger, Glücksspiel, Essen oder Beziehungen beinhalten.

7. Der misshandelnde oder gewalttätige Mann: Er gibt sich anfangs sehr aufmerksam und großzügig. Aber dann erscheint Mr. Hyde – der kontrolliert, Vorwürfe macht, beschämt, verletzt, vielleicht schlägt. Frauen, die denken, Misshandlung komme nur in Form körperlicher Übergriffe vor, übersehen möglicherweise die Warnzeichen für andere Arten von Misshandlung. Misshandlung kann verbal, seelisch, spirituell, finanziell, körperlich oder sexuell sein oder sich auch gegen das Gesellschaftssystem und seine Regeln richten. Jede dieser Spielarten von Misshandlung wird in Kapitel 9 beschrieben. Bei einem misshandelnden oder gewalttätigen Mann kann alles passieren, wenn er bestimmt, dass er die Kontrolle hat, und er wird immer die Kontrolle haben. Und misshandelndes oder gewalttätiges Verhalten wird stets schlimmer im Laufe der Zeit. Was in den ersten Monaten Ihrer Beziehung vielleicht als gelegentliches Beschimpfen begonnen hat, kann sich schließlich zu tätlichen Angriff auswachsen. Es geschieht nach Monaten oder Jahren, in deren Verlauf eine Frau sich mit Gewalttätigkeit abfindet, die in der Regel immer schlimmer wird.

8. Der emotionale Räuber: Dieser Mann hat einen sechsten Sinn, was Frauen betrifft, und er weiß, wie er die Verletztheit einer Frau ausnutzen kann. Ich nenne ihn »emotionalen« Räuber, weil er auf seine Opfer Jagd macht, indem er ihre emotionalen oder seelischen Verletzlichkeiten anvisiert. Er kann Frauen wittern, die unlängst sitzen gelassen wurden, die einsam sind oder die emotional oder sexuell bedürftig sind. Er ist ein Chamäleon und kann alles anbieten, was irgendeine Frau von ihm haben will. Er hat eine sensible Antenne sowohl für die Körper- und Augensprache von Frauen als auch für die subtilen Botschaften hinter ihren Worten. Er kann auf Andeutungen über das Leben einer Frau reagieren und sich in das verwandeln, was sie in dem Moment braucht. Diese Männer können sich als zerstörerisch erweisen.

Darüber hinaus gibt es einen gefährlichen Typus Mann, den ich als **Kombi-Pack-Mann** bezeichne. Das ist jeder Mann, der die Kriterien für mehr als eine der oben aufgeführten Kategorien erfüllt. Zum Beispiel kann ein Süchtiger auch gewalttätig sein, oder ein Mann mit einem heimlichen Leben kann außerdem süchtig sein. Süchtige sind fast immer emotional nicht verfügbar. Kletten und ewige Kinder haben fast immer Probleme, die auf psychische Erkrankungen zurückgehen. Emotionale Räuber haben immer ein heimliches Leben, denn ihr Treiben zu verheimlichen ist schon der halbe Spaß. Viele Kombinationen sind möglich, und manche sind ziemlich vorhersehbar. Meistens ist ein Mann umso gefährlicher, in je mehr Kategorien er sich einordnen lässt. Jede einzelne Kategorie bringt ihre eigenen Tücken und Symptome mit sich, die diesen speziellen Typus Mann zu einer schlechten Wahl bei der Partnersuche machen. Aber man füge nur eine weitere Kategorie hinzu, eine weitere Tücke und eine weitere Liste von Symptomen, und schon hat man einen Mann, der für eine Frau wirklich gefährlich werden kann.

Fazit: Sollten Sie nach der Lektüre der obigen Liste Ihren angehenden oder aktuellen Partner in einer oder mehreren der obigen Kategorien sehen, so ist das ein Warnsignal. Ich spreche in diesem Buch viel über Warnsignale, womit ich gleich im nächsten Kapitel anfange. Es ist wahrscheinlich, dass jeder Mann, der es auf diese Liste schafft, Ihnen am Ende großen Kummer bereiten wird.

Was verursacht schädliche oder krankhafte Verhaltensweisen?

Warum Frauen eine ungesunde Partnerschaft eingehen, ist die eine Frage. Die andere Frage, die diese Frauen interessiert, ist, wie es zu diesen schädlichen Verhaltensweisen von Männern kommt. Und wir als Therapeuten wollen ebenfalls die Ursachen dieser Verhaltensweisen kennen. Es gibt unterschiedliche Theorien. Mein Studium von gefährlichen Männern hat mehrere gemeinsame Faktoren zutage gefördert, die ihre frühe emotionale Entwicklung beeinflussten: schwerer (oftmals sexueller) Missbrauch in der frühen Kindheit; starke Vernachlässigung, Eltern oder andere Angehörige mit chronischen Abhängigkeiten, psychischen Erkrankungen oder chaotischen Lebensstrukturen. Falls es sich um einen psychisch kranken Mann handelt, könnten auch chemische Prozesse im Gehirn eine Rolle spielen, was manche Fachleute annehmen. Traumatologen konzentrieren sich auf Ereignisse in der Kindheit – wie Missbrauch oder Vernachlässigung –, welche die frühe Entwicklung prägten. Neuropsychiater konzentrieren sich auf Kopftraumata und neurologische Schädigungen, die sich auf Emotionsregulation, zügellose Wut und Gewissenlosigkeit auswirken. Andere Spezialisten untersuchen das soziale Lernen: wie der Einzelne sein krankhaftes Verhalten durch familiäre Verhaltensmuster und die Entwicklung eines gestörten Rollenbildes »erlernte«.

Inzwischen glaube ich all diesen Theorien ein bisschen, je nach der persönlichen Vorgeschichte der Person. Aber das Wichtigste, was ich gelernt habe, ist, dass das »Warum« seines Problems für Sie weniger wichtig ist als das, was Sie bei ihrer Partnerwahl ändern wollen. Warum er eine traurige Geschichte hat, ist nicht die Frage, die Ihnen nachhaltig helfen wird. Die Vorgeschichte, also wie er zu seinen Problemen oder sogar seiner Störung kam, werden Sie niemals ändern. Sie werden niemals seine Physiologie oder seine schlechten Angewohnheiten ändern. Sie werden ihn durch Ihre Liebe niemals ungefährlich, psychisch gesund oder gar zu einem Heiligen machen. Das Einzige, worum Sie sich Gedanken machen sollten, ist, wie Sie entscheiden, was zu tun ist, wenn Sie auf einen Mann treffen, über den Sie herausfinden, dass er für Sie schädlich oder sogar gefährlich ist.

Um die Sprache und die diagnostischen Kriterien ein wenig zu erhellen, die von einigen Experten benutzt werden, um psychische Krankheiten oder Persönlichkeitsstörungen zu definieren, habe ich das Buch am Schluss um einen Anhang ergänzt, der die meisten der klinisch anerkannten psychischen Erkrankungen und Persönlichkeitsstörungen beschreibt.

Doch ich nehme diese Informationen mit einer Warnung auf: Stürzen Sie sich nicht zu sehr in den Versuch, Ihren Mann zu diagnostizieren. Wie ich oben schon sagte, ist es weniger wichtig herauszufinden, welche klinische Diagnose am besten auf ihn passt, als zu entscheiden, was Sie an Ihrem eigenen Leben ändern wollen. Die Tatsache, dass ein Teil dieser Diagnosen unter dem Begriff »Persönlichkeitsstörungen« geführt wird, ist sehr wichtig. Man nennt sie so, weil die Persönlichkeit gezwungen war, sich um umgebungsbedingte oder emotionale Defizite herum zu entwickeln. Man kann es auch umgekehrt sehen, nämlich dass die Persönlichkeit sich wegen der Defizite nicht richtig entwickelt hat. Wenn unsere Kindheit beendet ist, hat sich unsere Persönlichkeit bereits entwickelt, zum Guten oder zum Schlechten. Man kann im Nachhinein nicht mehr ändern, wie sie sich entwickelt oder nicht entwickelt hat. Bereiche, die sich im Kindesalter nicht entwickelt haben, erzeugen krankhafte Verhaltensweisen.

Die acht Kategorien »gefährlicher« Männer beziehen diejenigen mit ein, die man als psychisch krank diagnostizieren könnte. Manche Frauen haben versucht, mich davon zu überzeugen, dass gewalttätige Männer, Süchtige und emotional nicht verfügbare Männer gewiss gefährlich, aber nicht unbedingt krank seien. Die Wahrheit ist, dass sie in vielen Fällen beides sind. Dennoch: Falls Sie meinen, er sei bloß gefährlich und nicht krank, muss ich Sie fragen, warum sie in Erwägung ziehen sollten, selbst mit einem »bloß gefährlichen Mann« eine Beziehung einzugehen.

Der Grat, der »gefährliche« von »psychisch kranken« Männern trennt, ist sehr schmal. In manchen Fällen sind beide nicht voneinander zu unterscheiden. Beispielsweise hat ein gewalttätiger Mann fast immer eine nicht diagnostizierte Störung, oder seine Gewalttätigkeit wird oft von Drogen und Alkohol angeheizt. Süchtige können ebenfalls an einer Persönlichkeitsstörung leiden. Und was ist mit dem armen, unverstandenen verheirateten Mann? Was in aller Welt könnte an ihm krank sein? So ungefähr alles! Nur weil jemand anders beschloss, ihn zu heiraten, heißt das noch lange nicht, dass er nicht psychisch krank ist. Menschen mit bestimmten Arten von Persönlichkeitsstörungen neigen stärker dazu, sich sexuell auszuleben, als andere Bevölkerungsgruppen.

Man kann Persönlichkeitsstörungen noch auf andere Weise betrachten. Sie deuten darauf hin, dass die Person »zu viel« von etwas ist. Dies bedeutet, dass sie, was ihre Persönlichkeit oder ihre Verhaltensweisen anbelangt, unausgeglichen ist. Eine Borderline-Persönlichkeitsstörung beispielsweise deutet auf zu viel Emotionalität, zu viele instabile Beziehungen, zu viel Wut hin. Eine dissoziale Persönlichkeitsstörung bedeutet zu viel Gewissenlosigkeit, zu viel Draufgängertum, zu viel Instabilität. Eine narzisstische Persönlichkeitsstörung deutet auf zu viel Selbstfokus, zu viel Interesse an seinen eigenen Fähigkeiten hin.

Was sollten Sie tun, wenn Sie bereits eine Beziehung mit einem »gefährlichen« Mann haben?

Vielleicht haben Sie dieses Buch zur Hand genommen, weil Sie bereits eine Beziehung mit einem Mann haben, der Ihnen nicht guttut oder der Ihnen schadet. Frauen, die sich regelmäßig diese Art gefährlicher Männer aussuchen, sind oft Frauen, die nach Hintertürchen suchen, um zu rechtfertigen, dass sie bei ihrem Mann bleiben. Vielleicht haben Sie bis zu dieser Seite versucht, eine Ausrede zu finden, warum es in diesem Buch *nicht* um Ihre Beziehung geht? »Er ist nicht *wirklich* so.« »Niemand ist vollkommen – ich meine, auch ich habe meine Macken.« »Er ist nicht *immer* so – nur manchmal.« Welche mentalen Verrenkungen Sie auch immer angestellt haben, um bei ihm bleiben zu können oder um zu begründen, warum er Ihnen nicht schadet – jetzt ist der richtige Moment, um anzufangen, Ihre diesbezüglichen Ansichten zu hinterfragen. Vielleicht denken Sie: »Aber ich bin seit fünfzehn Jahren mit ihm zusammen!« Wenn ja, dann möchte ich Ihnen gern die folgenden Fragen stellen:

- Wie viele Jahre wollen Sie *noch* in eine ungesunde Beziehung investieren?
- Worin investieren Sie überhaupt?
- Wie werden die nächsten fünfzehn Jahre aussehen?
- Wie wird es Ihnen bis dahin gehen?
- Wieso wollen Sie einen »gefährlichen« Mann?

Dies sind wichtige Fragen, die Sie sich selber stellen müssen. Ehrliche Antworten können helfen, zukünftig bessere Entscheidungen zu treffen. Zur Prüfung solcher Entscheidungen bedarf es oftmals der äußeren Einsicht eines Experten. Wenn Sie nicht weiterwissen und sich mit einer Entscheidung quälen, empfehle ich Ihnen, sich bei einer sozialen oder psychologischen Beratungsstelle oder bei einem niedergelassenen Psychotherapeuten Hilfe zu suchen. Wenn Sie befürchten, dass Ihr Partner gewalttätig auf Ihren Trennungswunsch reagieren könnte, sollten sie sich auch in dieser Hinsicht Hilfe holen. Am Ende des Buches sind Adressen von Hilfsorganisationen aufgelistet, bei denen Sie sich jederzeit melden können und sollten, wenn es nötig ist.

Nicht alle Männer sind gefährlich

Leserinnen fragen sich jetzt vermutlich: »Gibt es auf diesem Planeten überhaupt irgendwelche gesunden Männer?« Ja, die gibt es – wenn Sie gesund sind! Und Sie werden sich mit ihnen einlassen können, wenn Sie bereit sind, all jene Männer zu identifizieren und aus ihrem Leben zu verbannen, die nicht gesund sind, damit Sie über die Zeit, die Energie und die seelische Gesundheit verfügen, sich auf die gesunden Exemplare zu konzentrieren. Der ganze Zweck dieses Buches ist es, Ihnen zu helfen, Ihre emotionalen Ressourcen freizusetzen, damit Sie erkennen, was Ihnen schadet, und damit Sie anfangen können, sich darauf zu konzentrieren, gesünder auszuwählen. Das ist die gute Nachricht. Dieses Buch kann Ihnen die Fähigkeit vermitteln, sich einen gesünderen Mann auszusuchen.

Ich betrachte es als großen Segen, dass mein erster Freund, Michael, ein vernünftiger junger Mann war. Es trug sehr viel dazu bei, dass ich später in der Lage war, meine weniger vernünftige Beziehung mit dieser, meiner ersten Erfahrung zu vergleichen und beide einander gegenüberzustellen. Ich hatte eine Mustervorlage dafür, wie gesundes Verhalten in einer Beziehung aussieht. Sobald ich merkte, dass ich mich bei einer Auswahl hatte treiben lassen, halfen die Erinnerung und die Erfahrungen aus jener frühen Beziehung mir, mich darauf zu konzentrieren, was funktioniert hatte und warum es funktioniert hatte. In Kapitel 11 werden wir uns einige Beispiele für vernünftige versus unvernünftige Verhaltensmuster in Beziehungen ansehen. Dieses Material sollte ein gutes Versuchsfeld für Ihre neuen Beziehungen bieten, um zu sehen, welche Verhaltensmuster vernünftigen Interaktionen entsprechen. In allen Beziehungen gibt es Probleme, das ist unvermeidlich, aber es ist wichtig, dass Sie erkennen, welche Probleme auf eine gesunde Beziehung hindeuten und bei welchen es sich um Kämpfe handelt, die typisch für ungesunde Beziehungen sind.

Eine gesunde Liebesbeziehung kann eine stärkende Erfahrung sein. Sie kann Ihnen helfen einzusehen, dass nicht alle Männer gefährlich sind. Es gibt einige liebevolle und wunderbare Männer da draußen, die nur darauf warten, Sie kennenzulernen. Aber zuerst müssen Sie die ungesunden Männer vertreiben, damit Sie schnurstracks auf die gesunden zugehen können. Dies schaffen Sie am besten, wenn Sie aufhören, Zeit und Energie mit Männern zu verbringen, die Ihnen nicht guttun.

Begegnung mit Tori

Tori ist unser erstes Beispiel für eine Frau, die sich mit einem gefährlichen Mann einließ. Wir werden an mehreren Stellen in dem Buch immer wieder auf Tori zurückkommen.

Wer könnte einem Vietnamveteranen widerstehen, der seinem Land gut gedient hatte? Der freiwillig nach Irland ging, um die inneren Unruhen dort zu bekämpfen, und für seine Überzeugungen inhaftiert wurde? Der Söldnerarbeit wie Missionierungsarbeit erscheinen ließ? Der sich Dichter nannte und klassische Literatur las, um »seine Seele zu besänftigen«? Der auf seiner Harley gen Westen fuhr, um sich selbst zu finden? Der an der Trans-Alaska-Pipeline arbeitete und auf leibliche Genüsse verzichtete, um sein ehrlich verdientes Geld heim zu seinem Kind zu schicken? Der seine Malocherexistenz als Ehre empfand und nur »Heim, Herd und Glück« brauchte? Meine Freundin Tori nicht. Sie konnte Jay nicht widerstehen, weder seiner von ihm selbst berichteten Vorgeschichte noch den Sprüchen, die er klopfte.

Ihre Geschichte, so typisch für Frauen, die sich für gefährliche Männer entscheiden, beginnt mit einer Frau von überdurchschnittlicher Intelligenz, die ein zu großes Herz hat. Was das Thema Psychologie betraf, war Tori keine Anfängerin. Sie war zur Therapie gegangen und war sogar mit einem Psychotherapeuten verheiratet gewesen. Sie war stolz darauf, fast jedes veröffentlichte Selbsthilfebuch gelesen zu haben. Aus diesen Gründen betrachtete sie sich nie als eine Frau, die gefährliche Männer anziehen würde, weshalb sie sich nie Sorgen machte. Und weil sie sich nie Sorgen machte, lernte sie niemals etwas über gefährliche Männer und verstand es noch weniger, vor ihnen auf der Hut zu sein. Da zu dieser Grundhaltung noch unendliche Geduld und eine stets optimistische Einstellung, dass jeder irgendwann sein volles Potenzial ausschöpfen werde, kam, war Tori ein wehrloses Opfer für eine Beziehung mit einem gefährlichen Mann.

Zu viele Frauen sind davon überzeugt, dass sie pathologische, gewalttätige, psychisch kranke oder andere gefährliche Männer weder anziehen noch von ihnen angezogen werden. Aber das hat sich als unwahr erwiesen. Sogar Tori mit ihrem Wissen über Therapie und Psychologie wehrte sich gegen die Vorstellung, dass ihr Mann gestört sei, als ich es ihr nahelegte. Jay »sähe nicht aus«, als sei er gestört. Wo bleibe die geifernde, schlurfende Erscheinung mit dem gläsernen Blick des extrem Geistesgestörten, der medizinisch behandelt wird? Da diese Symptome fehlten, blieb sie noch ein Jahr bei ihm. In diesem Jahr prüfte sie ihn eingehend, als befände er sich unter einem Mikroskop, ohne jedoch die Symptome, die da *waren*, zu sehen. Sie wartete, dass sich mitten auf seiner Stirn das dritte Auge zeigte, bevor sie ihn zum

»unmöglichen« Partner erklären würde. Sie wollte, dass sich ein offenkundiger Hinweis zeigte, dass er eine Störung habe. Dabei entwickelt sich eine psychische Störung normalerweise ziemlich schleichend, zumindest am Anfang.

Sobald Tori zu der Überzeugung gelangte, dass Jay wahrscheinlich tatsächlich gefährlich war, spielte sie eine ganze Zeitlang zunächst mit dem Gedanken, dass »er sich erholen könnte, wenn er nur zur Therapie ginge«. Tori wollte lieber glauben, dass Jahrzehnte psychologischer Forschung zu rücksichtslosen Männern in seinem Fall nicht beweiskräftig seien. Auch sie weigerte sich – wie zu viele Frauen – zu glauben, dass jemand mit Jays Naturell permanent gestört sei. In den Kapiteln 2 und 10 können Sie mehr über Tori lesen.

Jede Frau muss selbst entscheiden, was sie tun wird, wenn sie direkt mit einem gefährlichen Mann konfrontiert wird. Werden Sie reagieren wie Tori? Werden Sie

- zu lange brauchen, um die Anzeichen und Symptome für einen gefährlichen Mann zu erkennen?
- sie erkennen, aber trotzdem weiter an ihm interessiert sein oder mit ihm zusammen sein?
- seine Probleme bemerken und dann wünschen und hoffen, dass er gesund wird?
- Ihre Energie auf den Versuch verwenden, ihn zu einer Therapie zu bewegen?
- mit ihm zusammen sein, obwohl er sie emotional aussaugt?
Oder werden Sie es anders machen?

Ich glaube nach wie vor, dass viele Menschen sich ändern und weiterentwickeln können. Ansonsten hätte ich dieses Buch nicht geschrieben. Ich habe es geschrieben, weil ich glaube, dass Frauen, die bislang immer wieder mit gefährlichen Männern zusammen waren, lernen können, andere, gesündere, sprich: vernünftigere, Entscheidungen bei der Partnerwahl zu treffen.

Ich habe viele Frauen gesehen, die sich später selbst ein besseres Leben geschaffen haben, durch Veränderung und Entwicklung!

Damit dieses Buch sich in irgendeiner Form nachhaltig auf Ihre Fähigkeit auswirkt, Männer, die Ihnen schaden, zu entdecken, bevor Sie sich mit ihnen einlassen, werden Sie mit Ihrem eigenen Glaubenssystem bezüglich solcher Männer ringen müssen. Sie werden sich jedweder inwendigen Neigung, inakzeptables Verhalten auf Seiten der Männer, mit denen Sie zusammen sind, zu bagatellisieren oder zu verherrlichen, bewusst werden müssen. Sie werden Ihre Warnsignale wieder verstehen und ernst nehmen müssen. Sie werden sich bewusst machen müssen, dass es Männer gibt, die sich auf Dauer nicht positiv verändern werden. Werden Sie die Herausforderung annehmen?

KAPITEL 2: **WARNSIGNALE UND HÖCHSTE ALARMSTUFEN: WISSEN, SPÜREN, SICH BEWUSST SEIN – UND HANDELN**

Kapitel 1 hat Sie mit den verschiedenen Kategorien gefährlicher Männer bekannt gemacht und ein paar allgemeine Erkenntnisse darüber, warum Frauen sich mit solchen Männern einlassen, vermittelt. Meine Hoffnung ist, dass Sie in der Lage sein werden, diese Informationen zu nutzen, um mit ihrer Hilfe Männer zu identifizieren, die Sie für Ihre Partnerwahl lieber nicht in Betracht ziehen sollten.

Dieses Kapitel richtet den Fokus wieder auf Sie: eine Frau, die Gefahr läuft, sich für gefährliche Männer zu entscheiden. Der Punkt, den ich in diesem Kapitel betonen möchte, ist, dass nur Sie allein Ihr Verhalten ändern und andere Entscheidungen treffen können. Ja, es gibt gefährliche Männer, und sie sind mehr als bereit, Sie in eine frustrierende, ungesunde oder zerstörerische Dynamik hineinzuziehen. Die Verantwortung für Ihre Entscheidungen – frühere, gegenwärtige und zukünftige – liegt ganz bei Ihnen. Es ist an Ihnen einzusehen, dass Sie in der Vergangenheit Warnsignale ignoriert haben, und neu zu lernen, ebendiese Warnsignale zu beachten und entsprechend zu handeln, und zwar am besten von jetzt an.

Viele Frauen sind versucht, »ihm« die Schuld an all ihren Problemen zu geben. Es mag stimmen, dass er ein Alkoholiker/ein Arbeitstier/psychisch krank/ein Weiberheld/ein Betrüger ist … oder welchen Ballast auch immer er mit sich herumschleppt. Aber damit Sie aufhören, weiterhin regelmäßig gefährliche Männer auszuwählen, ist es entscheidend, dass sie die Verantwortung für die Tatsache übernehmen, dass Sie sich entschieden haben, sich mit ihm einzulassen. Es war eine einvernehmliche Entscheidung, gemeinsam getroffen von zwei zustimmenden Erwachsenen. Wenn Sie sich weigern, das einzusehen, wird das dazu führen, dass Sie dieselben Verhaltensweisen wiederholen, die sie unterbinden wollen.

Zu viele Programme, die darauf abzielen, Frauen zu helfen, richten ihr Augenmerk bloß auf den Mann, als ob wir Frauen blind wären, umherirrende Idiotinnen, die in Beziehungen »hineinstolpern« und nichts von dem erkennen, was sich abspielt. Meine Recherchen, über die Sie später in diesem Kapitel lesen werden, deuten auf das Gegenteil hin. Wir sind nicht blind und hilflos. Wir wissen Bescheid und wir wählen aus. Wenn ich das hier sage, so ist das keine »Opferschelte«; vielmehr geht es um Verantwortlichkeit. Vielleicht haben Sie am Anfang einer Beziehung nicht alle Dinge an ihm bemerkt, die sich zu Gefährlichkeit summierten. Aber es kam eine Zeit, wo diese Dinge klar wurden. Zu verstehen, warum Sie Ihre Warnsignale ignorierten und trotzdem bei ihm blieben, ist der erste Schritt hin zur Veränderung. Obwohl es leichter scheinen mag zu glauben, dass Sie lediglich sein »Opfer« waren, ziehen Sie in Wirklichkeit viel mehr Kraft aus der Erkenntnis, dass Partnersuche auf Gegenseitigkeit beruht, nicht auf Geiselnahme. Diese Wahrheit zu begreifen kann Ihr Leben ändern.

Ihr eingebautes Gefahren-Alarmsystem

Jede von uns verfügt über ein System aus Warnsignalen und höchsten Alarmstufen, das als individuell abgestimmter innerer Anzeiger für gefährliche Männer fungieren kann. Tatsächlich musste ich, als ich Frauen über Warnsignale befragte, nicht ein einziges Mal definieren, was ein Warnsignal überhaupt ist. Dass Warnsignale existieren, war überall auf der Welt bekannt, selbst bei von mir interviewten Frauen in so fernen Ländern wie Indonesien.

Dieses Alarmsystem ist eine Art Mittelding zwischen weiblicher Intuition, einem biologischen sensorischen Reaktionssystem und einem warnenden inneren Flüstern. Jede Frau muss sich bewusst werden, wie sie Warnsignale und Warnungen am häufigsten empfängt. Manche Frauen haben sehr reale körperliche Empfindungen, andere bemerken mentale oder emotionale Symptome, und wieder andere spüren es spirituell, wenn ihr Alarmsystem Warnungen abfeuert. Manche Frauen erleben eine Kombination aus allem. Dabei ist es nicht so wichtig, wie Sie diese Warnungen spüren, viel wichtiger ist, was Sie mit dem anfangen, was Sie spüren.

Sehen wir uns nun an, auf welch unterschiedliche Weise Warnsignale auf sich aufmerksam machen.

KÖRPERLICHE WARNSIGNALE

Ein sensorisches Reaktionssystem ist etwas, womit alle Menschen geboren werden; es wird als *vegetatives Nervensystem* oder *Kampf-*

oder-Flucht-Reaktion bezeichnet. Man kann es sich so vorstellen wie eine Hausalarmanlage gegen Einbruch. Normale, gesunde Babys besitzen bei der Geburt ein auf die Sinne gestütztes Warnsystem. Sie wissen automatisch, wenn sie hungrig sind, Angst haben oder sonst etwas brauchen. Man muss ihnen nicht sagen, wann sie schreien oder wie sie reagieren sollen, wenn sie sich bedroht fühlen. Ihr Alarmsystem reagiert automatisch, indem es sie veranlasst, erschrocken zu sein, die Hände in die Luft zu recken und anzufangen zu schreien. Durch Konditionierung lernen sie im Laufe der Zeit, welche Dinge gefährlich sind. Aber schon vorher reagieren sie auf Warnsignale aufgrund ihrer angeborenen biologischen Ausstattung.

Konditioniertes Lernen bei Säuglingen macht dort weiter, wo die Biologie aufhört. Säuglinge lernen nach und nach durch Ausprobieren, was sicher ist und was schädlich. Sofern sie keine traumatischen Erfahrungen, wie zum Beispiel Missbrauch oder Gewalt, gemacht haben, ignorieren sie diese Trial-and-Error-Botschaften nicht und deuten sie auch nicht um. Das Umdeuten von Trial-and-Error-Botschaften scheint eher ein dysfunktionales erlerntes Verhalten von Erwachsenen zu sein, denn Kinder geben acht auf die Wahrheit, die ihr Körper ihnen mitteilt. Erwachsene lernen es zuzulassen, dass ihre Abwehrmechanismen die Wahrheit verändern.

Aber auch als Erwachsene sollten wir auf unsere körperlichen Empfindungen, die uns Gefahr anzeigen, achtgeben. Das können zum Beispiel Angstzustände, Schweißausbrüche, Bauchschmerzen, ein klopfendes Herz, sich sträubende Nackenhaare oder ein allgemeines Gefühl des Unbehagens, das wir nicht benennen können, sein. Aber manchmal ignorieren wir Erwachsenen diese Empfindungen. Wir reagieren nicht so, wie wir es als Kinder automatisch taten. Wir halten nicht inne, um zu erkennen, was unsere körperlichen Reaktionen uns verraten.

Die körperlichen Reaktionen, die wir spüren, wenn wir mit einem gefährlichen Mann zusammen sind, enthalten sehr viele der Informationen über ihn, die wir kennen müssen. Frauen, die gefährliche Männer meiden wollen, konzentrieren sich auf die körperlichen Botschaften, die ihr biologisches System ihnen sendet. Eine der Teilnehmerinnen an meinen Workshops drückte es so aus: »Ich hatte ständig Bauchschmerzen, als ich mit diesem Kerl zusammen war. Außerdem hatte ich Kieferprobleme. Da wurde mir klar, dass das Stressreaktionen auf ihn waren. Ich konnte ihn oder seine Sprüche im wahrsten Sinne nicht ›vertragen‹! Ich kniff auch den Mund zusammen, um nicht auf die Dinge zu reagieren, die er sagte und die mich auf die Palme brachten. Als mir langsam echt der Kiefer wehtat, kapierte ich zum Glück die ganze Situation.«

Spirituelle Warnsignale

Unsere spirituellen Warnsignale entstammen dem, was wir als »Wissen«, »Intuition« und »Eingebung« bezeichnen. Dieses System besitzt all die wunderbaren Zutaten eines kostenlosen Leibwächterdienstes – wenn wir nur darauf hören *und* reagieren würden. Spirituelle Intuition alarmiert uns, wenn wir spüren, dass etwas nicht in Ordnung ist, oder wenn wir einfach »wissen«, dass dies nicht die richtige Person oder der richtige Ort für uns ist. Wir wissen diese Dinge ohne irgendwelche offenkundige Kenntnis oder konkreten Informationen darüber, warum wir sie wissen. Es ist nicht immer erforderlich zu versuchen, ausdrücklich anzugeben, »warum« wir etwas spüren, aber es ist sehr wohl notwendig, darauf zu reagieren. Viele Frauen kennen Geschichten über ihre Intuition und darüber, wie sie damit irgendeine Katastrophe abwenden konnten, als sie wirklich auf sie hörten.

Wissen, Intuition und Eingebung können Frauen eine Chance bieten, auf Hinweise zu reagieren, die sie bezüglich gefährlicher Männer bekommen. Denn die Hinweise nicht zu beachten und zu warten, bis aus den Hinweisen Fakten geworden sind, bringt Frauen in Gefahr. Viele Erwachsene spüren etwas, aber nicht alle reagieren darauf. Dabei darf man durchaus auf einen Hinweis reagieren, ohne die harten Fakten zu kennen oder sie jemals zu erfahren. Wenn der Vorfall erst einmal passiert ist, könnte es zu spät sein. Wenn wir etwas spüren, ohne darauf zu reagieren, haben wir lediglich die Chance zu bedauern, dass wir versäumt haben, darauf zu reagieren.

Frauen, die spirituell achtsam sind, ignorieren ihr Fühlen und ihre Intuition nicht. Marla kann das bestätigen. Sie konnte ein unbeweisbares Gefühl nicht abschütteln, dass ein Bursche, mit dem sie verabredet war, gefährlich oder irgendwie nicht sicher war. Nach außen hin war er überaus höflich; er machte all das, wovon ihre Mutter ihr versichert hatte, es seien Anzeichen für einen »guten« Partner, wie etwa ihr die Autotür zu öffnen. Aber in ihrem Innersten war es, als flüsterte Gott ihr ins Ohr, sie solle vermeiden, mit ihm allein zu sein. Der Typ sagte, er habe seine Brieftasche vergessen und er müsse nach Hause fahren, um sie zu holen, bevor sie ausgehen könnten. Marla wartete im Wagen, während er hineinging. Als er telefonierend mit besorgtem Blick in der Haustür erschien und ihr bedeutete, sie solle zur Tür kommen, dachte sie, etwas Schreckliches sei passiert. Sie ging zur Tür, und er tat weiter so, als erhielte er schlechte Nachrichten. Er winkte sie rein und schloss ruhig die Tür hinter ihr. Er beendete das Telefonat, stieß sie zur Couch und versuchte sie zu vergewaltigen. Sie schaffte es zu flüchten, war aber hinterher verblüfft darüber, dass sie ignoriert hatte, was sie irgendwie bereits über ihn »wusste«.

EMOTIONALE WARNSIGNALE

Auf emotionaler Ebene erhalten wir ebenfalls jede Menge Hinweise über unsere wahren Gefühle in einer Beziehung. Dieses Alarmsystem ist ein weiterer Zugang zu unserem Schutz, vorausgesetzt, wir sind gewillt, uns darauf einzustellen. Manchmal holen wir uns diese Informationen am besten von Leuten, die uns gut kennen.

Denken Sie über die folgenden Fragen in Bezug auf eine momentane oder vergangene Beziehung nach: Wie geht es Ihnen, seit Sie diesen Mann kennengelernt haben? Sind Sie ausgeglichen und vernünftig, oder sind Sie vollkommen von der Rolle? Sagen Ihre Freundinnen Ihnen, dass Sie auf negative Weise anders sind? Sind Sie unruhiger als normal, warten auf einen Anruf von ihm oder machen sich Gedanken darüber, wo er ist? Sind Sie melancholisch, ohne zu wissen, warum? Sind Sie durcheinander wegen der Beziehung? Verspüren Sie ein allgemeines Unbehagen, ohne zu wissen, warum? Fällt es Ihnen schwer zu schlafen, zu essen oder sich zu konzentrieren? (Im Gegensatz zu dem, was der Volksmund sagt, bedeutet das nicht, dass Sie verliebt sind!) Halten Sie mit Ihrem übrigen termingebundenen Leben Schritt, oder haben Sie Ihre normalen Aktivitäten für ihn oder für die Aussicht auf ihn aufgegeben? Haben Sie sich einige seiner schlechten Angewohnheiten zugelegt? An was für Dinge denken Sie jetzt, seit Sie sich mit ihm treffen? Sind es vernünftige und realistische Dinge, oder sind Sie auf dem Holzweg?

Die Antworten auf diese Fragen können auf Warnsignale in einer Beziehung hindeuten. Kluge Frauen sind sich ihres Gefühlszustands in einer neuen Beziehung bewusst, und sie hören auf ihre Instinkte, indem sie aussteigen, wenn ihre emotionale oder seelische Bedrängnis – auch wenn sie »unerklärlich« ist – eine Warnung signalisiert. Als Sierra anfing, sich mit Chase zu verabreden, wuchs ihr Bedürfnis, ihm zu helfen, ihn zu heilen, ihm Halt zu geben. Doch sie ignorierte dabei, dass dies eine ungesunde Tendenz war. Auf einer rationalen Ebene »wusste« sie, dass sie niemanden heilen konnte, aber das hielt sie nicht davon ab, jede Laune zu ertragen, um sich auf Chases wachsende Probleme und seine psychische Erkrankung einzulassen. Sein außer Kontrolle geratenes Leben wurde rasch zum Zeitvertreib für sie, und bald wurden ihre sämtlichen emotionalen Energien von der zunehmenden Sorge darüber, »was als Nächstes passieren wird«, aufgesogen. Leider reagierte sie auf ihre frühen Warnsignale nicht, indem sie die Beziehung beendete, und das Ergebnis war nichts weniger als katastrophal. Sie können Sierras vollständige Geschichte in Kapitel 7: »Der psychisch kranke Mann«, lesen.

Warum ignorieren Frauen ihre Warnsignale?

Wenn unsere Warnsignale uns vor gefährlichen Männern und ungesunden Beziehungen schützen können, warum hören wir dann nicht auf sie? Wir Frauen besitzen eine unheimliche Fähigkeit, unsere Warnsignale zu ignorieren. Viele Frauen haben bei der Partnersuche ein Muster, das zeigt, dass sie sämtliche Warnsysteme ignorieren, die ihnen angeboren sind und die sie absichern würden. Viele von uns haben körperliche Empfindungen, spirituelle Eingebungen und emotionale Reaktionen jahrelang erfolgreich ignoriert. Irgendwo zwischen Kindheit und Erwachsenenalter haben wir zugelassen, dass viele unserer eingebauten Alarmsysteme unbrauchbar gemacht wurden. Jahre, in denen wir uns mit Gründen, trotzdem weiterzumachen, über innere Warnungen hinwegsetzten. In denen wir uns angewöhnt haben, die durch Botschaften unseres eigenen Organismus ausgelösten Gefühle zu betäuben. All das hat uns gegenüber gefährlichen Beziehungen abstumpfen lassen. Dieser gefährliche Kreislauf kann Frauen dazu verleiten, mit vier oder fünf gefährlichen Männern eine Beziehung einzugehen, bevor sie anfangen, die spirituellen, emotionalen und körperlichen Botschaften zur Kenntnis zu nehmen, die sie bis dato nicht beachtet haben. Eine andere Workshop-Teilnehmerin sagte: »Wenn ich bloß eine Sekunde aufgepasst hätte, dann hätte ich gemerkt, dass ich immer wieder die gleichen Warnsignale erhielt. Mein Alarmsystem war unbeirrbar! Ich hatte bei jedem Typen, der sich als gefährlich herausstellte, emotional und körperlich die gleichen Empfindungen. Ich hatte sie nicht, wenn ich mich für gesündere Typen entschied. Am Ende war es gut zu wissen, dass mein Organismus richtig lag, wenn ich bloß zugehört hätte! Und vielen gefährlichen Männern hätte ich wirklich aus dem Weg gehen können!«

Es gibt alle möglichen Gründe, warum Frauen Warnsignale trotz ihrer offenkundigen Nützlichkeit nicht beachten. Dazu gehören:

- unausgesprochene gesellschaftliche Regeln,
- kulturelle Geschlechterrollen, die weibliche Verhaltensweisen festlegen,
- Familientraditionen einer Generation und frühe Konditionierung in Bezug auf männliches Verhalten in der Herkunftsfamilie einer Frau,
- die eigene Vorgeschichte einer Frau als psychisch labil und/oder Opfer von Misshandlung/Missbrauch.

Jeder dieser Gründe wird unten näher untersucht. Bedenken Sie, wenn Sie weiterlesen, dass die Erklärung in vielen Fällen in einer Kombination aus diesen Faktoren liegt.

Die Untersuchung der historischen und traditionellen Rollen von Frauen hat zum besseren Verständnis weiblicher Entwicklungsmuster, weiblicher Werte und weiblicher Lebensentscheidungen beigetragen. Das sich entfaltende Gebiet der Frauenforschung hilft uns, im Kontext einer größtenteils männlich definierten Welt Fragen darüber zu stellen, woher wir gekommen sind und wohin wir gehen.

Aus diesem Blickwinkel ist es hilfreich, darüber nachzudenken, ob unsere patriarchalische Gesellschaft Mädchen und Frauen bestimmte Verhaltensweisen beigebracht und uns dafür belohnt hat, dass wir bestimmte Charakterfehler »übersehen«. Hat die Gesellschaft die Vorstellung verfestigt, dass es für Frauen und Mädchen wichtiger sei, höflich zu sein, als männliche Verhaltensweisen in Frage zu stellen? Dass es wichtiger sei, jeden bedingungslos zu akzeptieren, als darauf zu achten, wer sich im Lauf der Zeit als vertrauenswürdig erweist? Dass es wichtiger sei, sich eine vermeintliche christliche Ethik der Liebe des nicht Liebenswerten zu eigen zu machen, als zu erkennen, dass es nicht gut ist, jeden zu lieben? Dass es wichtiger sei, die andere Wange hinzuhalten, als zu wissen, wann Grenzen überschritten werden? Hat die Gesellschaft Frauen beigebracht, dass es wichtiger sei zu glauben, dass jeder sich ändern kann, als sich mit der Tatsache abzufinden, dass dies nicht der Fall ist?

Haben wir es versäumt, die unausgesprochenen Regeln der Gesellschaft für Frauen und Mädchen zu hinterfragen, und uns damit selbst in Gefahr gebracht? Haben wir uns eine Botschaft zu eigen gemacht, die lautet, dass es wichtiger sei, diese Regeln zu befolgen, als auf unsere Warnsignale in Interaktionen mit Männern zu hören und dadurch gesund zu bleiben? Wir müssen fragen, warum wir unsere Warnsignale nach wie vor ignorieren. Stellen Frauen, die sich auf gefährliche Männer einlassen, diese Regeln, wie eine Frau vermeintlich zu sein hat, weniger oft in Frage als andere Frauen? Die Befolgung dieses vorgeschriebenen Rollenverhaltens kann auf jeden Fall dazu führen, dass unser Alarmsystem unbrauchbar gemacht wird. Nach Toris Dafürhalten hat dies mit zu ihren schlechten Entscheidungen bei der Partnerwahl beigetragen. Ihre Mutter brachte ihr bei, jedem zu trauen und mit jenen Kindern zu spielen, mit denen andere Kinder nicht spielen wollten. Tori wurde allzu tolerant erzogen. Sie wurde regelrecht desensibilisiert gegenüber einem unangemessenen Verhalten, das manche Kinder als Spielkameraden unerwünscht machte. Sobald Tori erwachsen war, fiel es ihr leicht, über sehr viel unerwünschtes Verhalten hinwegzusehen.

Kulturelle Geschlechterrollen

Der Streit um die Gleichberechtigung der Geschlechter beginnt mit dem Argument, dass Frauen das Recht haben sollten, sich vor Gefahr zu schützen und alles zu hinterfragen, was ihre Sicherheit gefährdet. Aus diesem Grund wirft die Tatsache, dass wir Frauen gelernt haben, viele unserer emotionalen oder körperlichen Reaktionen auf Warnsignale zu ignorieren, ein paar Fragen über die Geschlechterrollen von Frauen und Männern auf. Warum glauben wir, dass wir Warnsignale ignorieren »sollten«? Und warum ist das Verhalten gefährlicher Männer für viele Frauen akzeptabel?

Unsere Geschlechterrollen spielen insoweit eine Rolle, als sie uns veranlassen, von Männern bestimmte Verhaltensweisen zu erwarten. Dies kann auf kultureller wie familiärer Ebene geschehen. Die Einstellung: »Jungs sind nun mal so«, verrät uns, dass selbst männliche Verhaltensweisen, die weniger erwünscht sind, schlichtweg zu »erwarten« sind. Demgegenüber wird von Frauen erwartet, sich über lange Zeiträume mit allerhand inakzeptablem Verhalten abzufinden. Von Frauen wird erwartet, dass sie tolerant gegenüber einem schlechten Charakter bei Männern sind. Von uns wird erwartet, dass wir die Augen verschließen vor unangemessenem Verhalten. Von uns wird erwartet, dass wir die Hoffnung nicht aufgeben und weiter ein wachsames Auge auf Veränderung bei Männern haben, die sich wahrscheinlich niemals ändern werden.

Leider bedeutet dies, dass Frauen gelernt haben zu ignorieren, was sie fühlen, was sie quält und was sie unruhig macht. Wir Frauen haben gelernt, der »Fels« in der Beziehung, der Familie, der Gemeinschaft zu sein. Wir sind weiterhin durch unsere Geschlechterrollen definiert. Toris strenge katholisch-italienische Herkunft schrieb Männern und Frauen etablierte Rollen vor. Ihre Mutter war eine polnische Immigrantin, die ihren italienischen Mafia-Ehemann erwartete wie eine Hausdienerin. Wenn Toris Mutter unglücklich war, kam ihr nie in den Sinn, auch nur darüber nachzudenken. Tori beobachtete, wie eine unterwürfige, passive Frau ein Leben lebte, in dem sie von ihrem eigenen Ehemann nicht respektiert wurde und vor ihm Angst hatte. Tori wurde mit dem Gedanken groß, dass dies das normale Kräftespiel in einer Ehe sei.

Bei meinen Recherchen erzählten mir Frauen, die mit gefährlichen Männern zusammen waren, dass sie unterschwellig glaubten, Männer würden Frauen auswählen und Frauen würden auf die Auswahl reagieren. Einerseits sind wir fortschrittliche Frauen, die Männer um Verabredungen bitten können, doch gleichzeitig bringt es die ganze Dynamik von Partnersuche, Werbung und Heirat mit sich, dass Frauen darauf reagieren, wenn Männer sie als Partnerinnen auswählen. Diese

Botschaft mag durch familiäre Erziehung verstärkt werden, durch die Mädchen und Frauen lernen, stets wohlwollend auf männliche Annäherungsversuche zu reagieren. Man muss sich fragen, ob andere Frauen – jene, die nicht mit gefährlichen Männern zusammen sind – diese Dynamik ebenfalls kennen oder ob sie eine ganz andere Sicht auf die Gesetze der Partnerwahl haben.

Einige Frauen, die sich mit gefährlichen Männern eingelassen hatten, erzählten mir, sie hätten darauf gewartet, aus der Beziehung »befreit« zu werden, und hätten eine Trennung auch dann nicht in die Wege geleitet, wenn sie den Mann nicht mehr sehen wollten. Selbst wenn sie vor einem Mann Angst hatten, hofften sie, dass er mit ihnen Schluss machen würde. Andere Frauen gaben zu, dass sie Männer heiraten würden, die sie nicht liebten, weil sie meinten, zu einem Heiratsantrag nicht Nein sagen zu »können« oder zu »dürfen«. Ein Mann hatte sie für diese Ehrenstellung auserwählt, und sie wussten nicht, wie sie ihn abweisen sollten. Willow tappte bei Garrett in diese Falle. Sie empfand mehr Mitleid als Leidenschaft für ihn. Sie wollte ihn nicht heiraten, aber sie hatte nie jene Fähigkeiten erlernt, die ihr geholfen hätten, Nein zu sagen und die Ablehnung tapfer zu rechtfertigen, als er sie drängte, ihn trotzdem zu heiraten. Wenn in Willows Herkunftsfamilie ihr Daddy etwas – irgendwas – wollte, bekam er es. Die Wünsche und Bedürfnisse von Frauen waren zweitrangig. Kein Wunder, dass sie nicht wusste, ob sie »das Recht« hatte, eine Ehe nicht zu wollen.

FAMILIÄRE PRÄGUNG UND TRADITIONEN

Unsere Familien, ob gut oder schlecht, sind die größten Versuchsfelder für unsere Alarmsysteme. Unser Zuhause ist der Ort, wo wir die Ansichten unserer Familien über Frauen, Männer, Beziehungen, Grenzen, Sicherheit, die Verbalisierung von Bedürfnissen internalisieren oder sie an uns abprallen lassen und den Mund halten. All diese Werte und Verhaltensweisen sind erlernt, und das geschieht meistens, ohne dass sie verbal vermittelt werden. Das Zuhause ist der Ort, wo Mädchen und Frauen lernen, was Generationen vor ihnen von weiblichen Verhaltensweisen, männlichen Verhaltensweisen, Ehe, Partnersuche und Gefährlichkeit hielten. Unser Zuhause ist der Ort, wo wir möglicherweise die Lektion gelernt haben: »Schnapp dir den Mann einfach, ändern kannst du ihn später.« Unser Zuhause ist der Ort, wo wir möglicherweise gelernt haben, gefährliche Verhaltensweisen wie Gewalttätigkeit (»Er hatte einen harten Tag auf der Arbeit«) oder Abhängigkeiten (»Er mag abends sein Bier«) oder Nichtverfügbarkeit (»Er ist so gut wie geschieden, und außerdem hasst er seine Frau; sie ist eine solche Hexe«) zu entschuldigen.

Frauen haben Generationen negativer Verhaltensweisen bagatellisiert, indem sie sie mit Botschaften wie: »Die Smiths sind immer gereizt – das ist das Irische in ihnen«, oder: »Du weißt, die Schulzes sind große Biertrinker – sie sind Deutsche; sie haben es im Blut«, oder: »Die Brown-Männer haben immer schon anderen Frauen schöne Augen gemacht, aber sie kommen immer zurück«, umdeuteten. Frühere Generationen von Frauen erzogen die nächsten Generationen dazu, unpassendes oder gefährliches Verhalten zu ignorieren, unerfüllte Bedürfnisse zu bagatellisieren und innere Alarmsignale, die laut ertönen könnten, grundsätzlich nicht zu beachten. Die frühe Konditionierung junger Mädchen darauf, schädliches Verhalten zu übersehen, umzudeuten und anders zu nennen und nichts unversucht zu lassen, damit Beziehungen funktionieren, ist nur eine weitere Methode, wie sie lernen, das Alarmsystem unbrauchbar zu machen.

Was auch immer Ihr vegetatives Nervensystem Ihnen mitzuteilen versucht, Sie hören es bald nicht mehr, weil das Mantra, das Sie übernommen haben, alles übertönt: »So schlimm ist er nicht.« »Ich schätze, er ist ein netter Kerl.« »Wenigstens ist er ein harter Arbeiter.« Aber Ihr Kiefer ist zusammengepresst, Sie haben Magengrummeln und Ihnen sträuben sich die Nackenhaare. Die ruhige, leise Stimme sagt: »Irgendetwas kommt mir komisch vor«, aber das Mantra tönt weiter: »So schlimm ist er nicht.« »Ich schätze, er ist ein netter Kerl.« »Wenigstens ist er ein harter Arbeiter.«

Wenn er irgendwann etwas sagt, das beängstigend, erschreckend oder unpassend ist, entschuldigen Sie das Benehmen, ohne sich zu fragen, woher es kam oder ob Ähnliches sich wiederholen könnte. Sie erleben seinen wahren Charakter, wenn er sich grob ausdrückt, grob zu einem Tier oder einem Kind ist, und Sie erinnern sich, dass Sie ähnliche Verhaltensweisen schon bei anderen Männern erlebt haben. Und es ging nicht gut aus mit ihnen. Aber Sie wollen ihn nicht mit jemand anderem »vergleichen«, also machen Sie weiter, ohne auf Ihre Ängste zu achten.

Hinweise auf seinen Charakter finden Sie durch die Entdeckung einer Lüge, einer geheim gehaltenen Vergangenheit oder anderer Warnsignale, aber Sie entscheiden im Zweifelsfall wiederholt zu seinen Gunsten, womit Sie die ganze Zeit Ihr Risiko erhöhen, persönlich Schaden zu nehmen. Sie glauben den Botschaften Ihrer Familie, die Sie lehrte, jedem mehr als eine Chance zu geben, nicht misstrauisch zu sein und davon auszugehen, dass Männer nun mal so sind.

Vergleichen Sie diese Reaktionen nun mit den natürlichen Reaktionen eines Säuglings auf etwas, das ihm Angst macht oder ihn beunruhigt. Da würde nichts anders genannt, nichts ignoriert und nichts ausgesessen. Der Säugling würde schreien, zittern oder sich erschrocken verhalten – alles normale Reaktionen auf einen Verstoß.

Wir müssen uns fragen, warum die Frauen in unserer Familie uns nicht beigebracht haben, dass wir in Gedanken eine Liste mit den Charakterzügen der Männer führen sollten, mit denen wir uns einlassen. Warum haben wir nicht gelernt, dass wir auf Momente achtgeben sollten, die verraten, wer er wirklich ist, auch wenn er nicht will, dass wir es merken? Warum können wir nicht automatisch registrieren, wie wir uns fühlen, wenn wir diese Dinge erleben? Warum haben unsere Mütter uns nicht beigebracht, dass wir auf unseren Kiefer, unseren Bauch und jede andere Stelle unseres Körpers achten sollten, wo wir Anspannung empfinden und Wahrheit zurückhalten? Warum unterrichten Frauen Mädchen nicht in diesen Dingen in Ausdrücken, die sie verstehen können?

Tori sagt:
»Meine Mutter lernte erst im Teenageralter Englisch. Sie war verheiratet, bevor sie mitkriegte, dass Männer Schamhaare haben! Wie in aller Welt hätte sie mir als junger Frau helfen können, die Komplexitäten von Beziehungen zu verstehen? Stattdessen brachte sie mir bei, dass ›italienische Männer genau so sind‹. Als mein Vater sich Geliebte nahm und sie sogar bis an unsere Haustür kamen, sagte meine Mutter, so was täten Männer einfach. Wenn er trank und gewalttätig wurde, sagte sie: ›Wenigstens sorgt er gut für uns.‹ Sie verklickerte mir immer irgendwie, dass Frauen alle wie auch immer gearteten karmischen Folgen, die sich in ihrem Leben einstellen, einfach passiv akzeptieren sollten. Mir wurde immer wieder in vielfältiger Weise zu verstehen gegeben, dass ich machtlos war. Die Gesellschaft hatte Regeln, wie Frauen zu sein hatten, Geschlechterrollen waren etabliert und unumstößlich und die Entschuldigungen meiner Mutter für einen gewalttätigen, trunksüchtigen und oft ausfallend werdenden Ehemann lehrten mich, dass es in Familien eigentlich genau darum ging.«

Familien, die in Schwarz-Weiß-Schablonen denken, erziehen ihre Kinder dazu, die Welt auf allzu vereinfachende Weise zu sehen. Frauen, denen in ihren Familien beigebracht wurde, die Verhaltensweisen von Leuten entweder als gut oder schlecht anzusehen, ziehen es am Ende gewöhnlich vor, Leute nur noch für gut zu halten. Aber das Leben spielt sich größtenteils in den Grauzonen ab. Dies gilt insbesondere, bis wir einen Menschen gut genug kennen, um die Realitäten seines Charakters zu erkennen. Frauen, die dazu erzogen wurden, bedingungslos zu vertrauen, glauben, dass Vertrauen am Anfang stehen sollte, noch bevor sich ein Partner wirklich bewährt hat. Wenn sie jemandem »vertraut«, muss er »gut« sein, auch wenn sie nichts über ihn weiß. Wenn sie mit ihm eine Beziehung anfängt, ist er gut. Wenn er Polizeibeamter ist, dann muss er gut sein. Wenn er Pfarrer ist, dann ist er allemal gut.

Ein Gedankengang ist ganz besonders gefährlich, nämlich wenn eine Frau meint, dass er gut sei, wenn seine Verhaltensweisen »gut« sind. Wenn er eine Tür aufhält, ein Essen bezahlt oder ihr ein Kompliment macht, bedeutet das schlicht und einfach, dass er gute Manieren hat. Es bedeutet *nicht*, dass sein Charakter gut ist. Gute Manieren sind nicht gleichzusetzen mit gutem Charakter. Aber wegen ihrer familiären Prägung wissen manche Frauen nicht, wie sie solche zwiespältigen Informationen verarbeiten sollen. Sie können nicht verstehen, dass die Verhaltensweisen eines Mannes gut sein können, selbst wenn sein Charakter schlecht ist. (Modern ausgedrückt sprechen wir hier von einem »Poser« oder »Aufschneider«.) In den Augen dieser Frauen hat ein Mann entweder gut oder schlecht zu sein. Er kann nicht zugleich gute und schlechte Charaktereigenschaften haben. Dieser Widerspruch setzt eine Frau unter Druck, jeden Mann, mit dem sie in Kontakt kommt, entweder als gut oder schlecht zu etikettieren. Sie muss innerlich eine Entscheidung treffen. Familien, die Kinder zum Schwarz-Weiß-Denken erziehen, bereiten sie folglich darauf vor, Verhaltensweisen fälschlicherweise mit Charakter gleichzusetzen, eine Konditionierung, die dazu führen kann, dass das eingebaute Alarmsystem einer Frau unbrauchbar gemacht wird.

Äußere Gesten und berufliche Titel machen bei bestimmten Frauen mehr Eindruck als charakterliche Aspekte. Wenn er ein höflicher Lehrer ist, der freundlich mit Kindern umgeht, dann ist er »gut« – obwohl er vielleicht eine längere Vorgeschichte als Ladendieb und Lügner hat. Marla, die wir zu Anfang dieses Kapitels kennengelernt haben, sagt, was man ihr über Männer beigebracht habe, habe sich einzig und allein darauf gestützt, was für Jobs sie hatten und welche Manieren sie an den Tag legten. Ihre Mutter habe ihr eingeschärft, wenn Männer gute Manieren hätten, dann seien sie gut. Aber derselbe Kerl, der ihr die Autotür öffnete, versuchte später, sie zu vergewaltigen! Marla wusste nicht, wie sie sich entscheiden sollte, als sie einerseits die Ansichten Ihrer Mutter verinnerlicht hatte, andererseits aber auch Warnsignale wahrnahm, wenn sie mit einem bestimmten Mann zusammen war. Auch Marlas Mutter maß Berufen große Bedeutung bei. Feuerwehrleute seien »gute und tapfere Männer«, auch wenn sie ihre Frauen schlügen. »Geistliche« seien zu respektieren, »einfach so«. Marla wuchs in dem Glauben auf, dass man Männern mit bestimmten Berufen automatisch Respekt entgegenbringen musste und dass diese Männer vertrauenswürdig seien.

Ein anderer Bereich, der Hinweise darauf liefern kann, warum Frauen Warnsignale nicht beachten, ist ihre eigene psychische Verfassung. Familiensysteme, die jungen Mädchen beibringen, ihre eigenen Bedürfnisse zu ignorieren, legen den Grundstein für ein lebenslanges ungesundes Seelenleben. Frauen, die in Familien aufwachsen, die Gewalttätigkeit ignorieren, unangemessenes Verhalten entschuldigen, an Männer und Frauen unterschiedliche Maßstäbe anlegen und persönliche Grenzen verletzen, bekommen höchstwahrscheinlich als Erwachsene psychische Probleme.

Diese Probleme können niedriges Selbstwertgefühl, die selbstverständliche Hinnahme jeglicher Art von Behandlung in einer Beziehung, Verlassenheitsängste, Vertrauensprobleme, Abhängigkeiten, Koabhängigkeit, Essstörungen, Depression, Beklemmung, sexuelle Probleme und chronische Einsamkeit umfassen. Sie können auch andere psychische Störungen, diagnostizierte und nicht diagnostizierte, einschließen.

Es kann sein, dass einer Frau in der Kindheit abwegige und unvernünftige Botschaften vermittelt wurden, die zu dysfunktionalem Verhalten, Verzweiflung oder zu zerrütteten Lebensumständen führten. Auch dies kann Frauen dazu veranlassen, sich im späteren Leben mit gefährlichen Männern abzufinden. Bei Frauen, die als Kinder körperlich misshandelt oder sexuell missbraucht wurden, die als Erwachsene vergewaltigt wurden, die aus Elternhäusern stammen, wo ein Elternteil oder beide Eltern abhängig waren oder eine schwere psychische Krankheit hatten, oder die auf traumatische Erlebnisse als Pflegekinder zurückblicken, ist das Risiko, dass sie sich mit gefährlichen Männern einlassen, besonders hoch. Eine Frau, die selber eine Vorgeschichte als Opfer von Misshandlung oder Missbrauch hat, bleibt möglicherweise unbewusst empfindungslos und nimmt die eigenen Warnsignale nicht wahr, wenn sie sich bemerkbar machen. Sie braucht vielleicht eine Therapie, die ihr hilft, ihre Gefühle wieder zu verstehen, damit sie die Warnsignale in Zukunft erkennen kann. Vielleicht sind Sie sich über Ihre eigenen psychischen Probleme bereits im Klaren. So oder so, seien Sie sich bewusst, dass Depression, Einsamkeit und Misshandlung oder Missbrauch in der Kindheit Frauen konditionieren können, Warnsignale zu ignorieren.

Wie eine frühere Patientin sagte: »Wenn ich gewusst hätte, dass meine eigenen psychischen Probleme dazu beitrugen, mich zu den ekelhaften Kerlen zu führen, die ich mir andauernd aussuchte, wäre ich schon erheblich früher in Therapie gegangen oder hätte Medikamente genommen – alles, um den Kreislauf zu stoppen. Ich wusste nicht, dass mein verrücktes Benehmen und meine irre Männerauswahl teilweise durch meine eigene Störung forciert wurden.«

Ich möchte an dieser Stelle betonen, dass gefährliche und pathologische Männer sich nicht ausschließlich zu Frauen mit psychischen Problemen hingezogen fühlen. Geschichten, die Sie später lesen werden, drehen sich um Frauen aus stabilen und normalen Familien, die mit gefährlichen Männern zusammen waren. Die psychische Vorgeschichte einer Frau ist nur ein Grund, warum sie mit einem gefährlichen Mann zusammen sein könnte.

Toris Warnsignale

Niemand in ihrer Familie hatte Tori beigebracht, dass ihr Körper ihr mehr Wahrheit erzählen konnte als ihr Verstand. Als sie mit Jay zusammen war, pflegte sie wöchentlich zu sagen: »Er geht mir auf den Geist!« Ihren Freundinnen erzählte sie regelmäßig, dass sie wünschte, er würde ausziehen (obwohl sie es ihm nicht sagte). Binnen Kurzem lief Tori mit einem riesigen Abszess an ihrem Po herum. Ihr Alarmsystem hatte die ganze Zeit versucht, ihr eine Botschaft zu übermitteln, aber sie hatte sie ignoriert. Jetzt wurde ihr klar, dass ihr Alarmsystem auf Notbetrieb umgeschaltet hatte und für sie sichtbar offenbarte, was sie die ganze Zeit mit ihren Lippen gesagt hatte, aber worauf sie nicht achtgegeben hatte.

Obwohl sie sich ärztlicher Behandlung unterzog, litt Tori fast ein Jahr lang an dem Abszess. Ich sagte ihr: »Befreien Sie sich von Jay, und der Abszess wird verschwinden.« Einen Monat nachdem Jay gegangen war, war der Abszess weg.

Manchmal reagiert unser Alarmsystem weniger dramatisch als das von Tori. Es ist ein Flüstern in unserem Herzen, wenn wir nachts nicht schlafen können. Es ist ein befremdlicher Kommentar zu ihm von einer Freundin, der sich in unserem Kopf ständig wiederholt. Es ist der Knoten in unserem Magen, der nicht weggehen will. Es ist die bohrende Frage, auf die wir die Antwort kennen, die wir aber lieber ignorieren wollen. Vielleicht ist es die Laissez-faire-Haltung, die wir versuchen zur Schau zu stellen, wenn wir vorgeben, »nur zum Spaß« mit ihm zusammen zu sein – auch wenn unser zusammengepresster Kiefer uns alles andere als spaßig vorkommt.

Unter den Lügen, die wir uns erzählen, verbirgt sich die Wahrheit unseres Alarmsystems. Es will Ihre Beachtung finden, aber jahrelanges Ignorieren, Verleugnen, Rationalisieren, Bagatellisieren und Sich-selbst-Belügen haben den inneren Alarm, der Sie vor unguten Männern schützen will, gedämpft.

Ihre eigenen Warnsignale

Wahrscheinlich haben Sie schon eine recht genaue Vorstellung davon, wie die meisten Ihrer Warnsignale funktionieren, selbst wenn Sie sich dazu erzogen haben, ihnen keine Beachtung mehr zu schenken. Die gute Nachricht lautet, dass Sie sich wieder angewöhnen können, auf sie zu hören. Sie können das innere Alarmsystem, das Sie bislang ignoriert haben, wieder ins Bewusstsein rücken, und Sie können lernen, es zu Ihrem Schutz zu nutzen. Ob Sie Ihre Warnsignale wegen der unausgesprochenen Regeln der Gesellschaft oder aufgrund von Geschlechterrollen, familiärer Konditionierung, wegen Ihrer eigenen psychischen Probleme oder aus irgendeinem anderen Grund ignoriert haben – von jetzt an können Sie bessere Entscheidungen darüber treffen, was Sie mit den Informationen, die diese Warnsignale Ihnen liefern, anfangen wollen.

Ihre Vergangenheit einschließlich Ihrer bisherigen Partnersuche enthält umfangreiche Informationen, die Ihnen helfen können, damit aufzuhören, ständig Männer auszuwählen, die Ihnen schaden.

Aber nicht nur aus unseren eigenen Erfahrungen können wir etwas lernen. Kluge Frauen sind bereit zu lernen, wo immer sie können und von wem immer sie können. Wir können lernen, was andere Frauen bereit sind, uns über ihre Vorgeschichte und ihre Warnsignale beizubringen. Wir können lernen, wie andere Frauen ihre Warnsignale ignorierten und missachteten, und wir können uns die Folgen solcher Entscheidungen vor Augen führen. Wir können beschließen, uns diese Lektionen zu Herzen zu nehmen, und uns in unseren Entscheidungen von ihnen beeinflussen lassen. Auf diese Weise müssen wir nicht mit jedem gefährlichen Männertypus eine Beziehung anfangen, um über jeden von ihnen etwas zu erfahren. Genau deshalb bilden die Geschichten von Frauen über ihre Verhältnisse mit gefährlichen Männern einen wesentlichen Bestandteil dieses Buches. Lesen Sie jede Geschichte in den nachfolgenden Kapiteln mit der Unbefangenheit, die Ihnen gestattet, die besondere Botschaft zu spüren, die jede einzelne für Sie bereithält.

Was Sie von den Warnsignalen anderer Frauen lernen können

Während meiner Recherchen für dieses Buch wollte ich etwas über die Warnsignale von Frauen erfahren und darüber, wie Frauen auf sie reagierten oder nicht reagierten. Ich wollte wissen, welche Folgen es hatte, wenn Frauen beschlossen, ihre Warnsignale zu ignorieren oder zu beachten. Frauen berichteten mir durchweg das Folgende:

- Ja, es gab tatsächlich schon bei ihrem ersten Rendezvous mit einem gefährlichen Mann Warnsignale.
- Sie ignorierten die Warnsignale wissentlich.
- Die Warnsignale deuteten schon Probleme an, die nachher zum Abbruch der Beziehung führten. (Das bedeutet im Prinzip, dass die Warnsignale von Frauen den Ausgang einer Beziehungsgeschichte gut voraussagen konnten.)

Tatsächlich erzählte mir nicht eine einzige Frau, dass es keine Warnsignale gab. Frauen wiesen darauf hin, dass sie, nachdem sie mit dem gefährlichen Mann Schluss gemacht und einige Zeit damit verbracht hatten, die Beziehung aufzuarbeiten, erkannt hätten, dass es von Anfang an Warnsignale gab. Und diese Warnsignale hätten in der Tat in Zusammenhang gestanden mit den Gründen, warum die Beziehung endete. Auch fragten sich Frauen, warum sie gewartet hatten, bis die Beziehung vorüber war, um die Warnsignale überhaupt zu bemerken. Warum hatten sie nicht die ganze Zeit auf sie reagiert? Wie Sie inzwischen gelernt haben, gibt es viele mögliche Aspekte, die erklären könnten, warum Frauen dazu neigen, ihre inneren Alarmsysteme nicht zu beachten.

Die Frauen, mit denen ich gesprochen habe, schienen durchgängig bestimmte Empfindungen als Warnsignale zu erkennen und zu wissen, was sie bedeuteten. Und doch ignorierten sie diese Warnsignale weiterhin oder sprachen nicht mit anderen darüber. Zum Glück bedeutet dies, dass wir die Kontrolle über das haben, was wir mit den Informationen anfangen, die wir von unseren Alarmsystemen erhalten. Wenn wir unsere Warnsignale nicht beachten, schieben wir damit nur eine Erkenntnis auf, die wir im Grunde unseres Herzens bereits haben, nämlich dass eine Beziehung mit einem gefährlichen Mann keine Zukunft haben kann.

Nachfolgend finden Sie einige Beispiele dafür, wie die Erfahrungen, die Frauen mit Warnsignalen machten, sich im Laufe der Zeit manifestierten:

1. Oft wurden ihre Warnsignale von anderen (Familienmitgliedern, einer Freundin oder einer Exfreundin des gefährlichen Mannes) bestätigt. Frauen ignorierten nicht nur ihre eigenen Warnsignale, sondern auch die Bestätigung durch andere, wodurch sie mehr als eine Gelegenheit verpassten, sich zu schützen.
2. Selbst wenn es Warnsignale gab, zogen Frauen es vor, sich auf die guten Eigenschaften des Mannes zu konzentrieren und seine negativen, gefährlichen oder unbefriedigenden Charakterzüge oder Verhaltensweisen zu bagatellisieren, zu ignorieren, zu leugnen oder umzudeuten. Es war wichtiger, etwas Positives an ihm zu finden,

womit man sich anfreunden konnte, als seine gefährlichen Verhaltensweisen wahrzunehmen. Daher zogen Frauen es auch vor, sich auf das »Warum« seiner Probleme zu konzentrieren oder auf die traurige Geschichte seines Lebens, statt darauf, wie diese Probleme ihnen schaden könnten. Seine traurige Geschichte lenkte die Frauen davon ab, sich zu fragen: »Was muss ich für *mich* tun, jetzt, wo ich das weiß?«

3. Frauen glaubten gewöhnlich, sie würden die Ausnahme von dem sein, was ihre Warnsignale ihnen mitteilten. Sie glaubten, die Warnsignale würden sich diesmal als falsch erweisen, bei diesem Mann – aus irgendeinem wunderbaren Grund konnten sie es nicht logisch erklären. Diese Frauen hatten bereits Erfahrungen mit Warnsignalen und wussten, dass Warnsignale zuverlässig waren, trotzdem setzten die Frauen sich darüber hinweg. Wunschdenken triumphierte über Realität.

4. Frauen waren bereit, Zuwendung (normalerweise eine körperliche oder sexuelle Beziehung mitsamt dem Anschein emotionaler Bindung) als Entgelt für Mängel in der Beziehung zu akzeptieren. Die meisten Frauen erkannten schon früh einige der Handicaps des gefährlichen Mannes, betonten aber trotz ihrer eigenen Unzufriedenheit und trotz der Sorge über seine negativen Verhaltensweisen lieber, was er in die Beziehung einbrachte. Dies hängt damit zusammen, dass Frauen die Verhaltensweisen ihres Mannes bagatellisierten, ignorierten oder umdeuteten (siehe Pkt. 2 oben).

5. Sobald Frauen anfingen, die fehlerhaften Verhaltensweisen des Mannes zu akzeptieren, sagten sie sich jedes Mal, dass sie Eigenschaften von ihm, mit denen sie unzufrieden waren oder die ihnen Sorge bereiteten, ändern könnten. Doch diese Verhaltensweisen hingen oft mit dem zusammen, was ihn überhaupt erst gefährlich machte, und folglich hatten die Frauen am Ende durchweg keinen Erfolg damit, diese Seiten an ihm zu ändern.

6. Weil sie nicht allein sein konnten oder ihnen das Alleinsein unangenehm war, fanden viele Frauen sich trotz ihrer Warnsignale mit frustrierenden und gefährlichen Beziehungen ab. Oft spielte auch der Umstand, dass Frauen frisch geschieden waren oder in Scheidung lebten, eine Rolle. Auch Frauen, die aus zerrütteten Familienverhältnissen kamen oder als Kind Missbrauch erlebt haben, wählten öfter Männer aus, die ihnen nicht guttaten. Manche Frauen führten Einsamkeit, die Absicht, sich nicht »wirklich« mit ihm einzulassen, oder den Wunsch, ihrer Langeweile zu entfliehen, als Gründe an, warum sie Warnsignale nicht beachteten und mit Männern ausgingen, die sie gefährlich fanden, deren Verhalten sie störte oder die verheiratet oder mit einer anderen Frau zusammen waren.

7. Die meisten Frauen, die ich interviewte, machten sich nicht die Mühe, Informationen aus ihren eigenen zuvor gescheiterten Beziehungen zu sammeln. Viele konnten die Ähnlichkeiten zwischen all den gescheiterten Beziehungen, die sie gehabt hatten, nicht benennen. Die meisten unterbrachen ihre Partnersuche nicht lange genug, um sich näher mit Charakterfehlern zu befassen, die sich bei den gefährlichen Männern, mit denen sie zusammen waren, andauernd wiederholten. Ebenso wenig hatten die Frauen sich mit ihren eigenen Problemen – einschließlich psychischer Probleme – beschäftigt, die sie möglicherweise dazu verleiteten, sich diese Männertypen auszusuchen. Obwohl sie durchaus einräumten, dass sie ihre Warnsignale ignoriert hatten, erkannten sie nicht die Ähnlichkeiten bei den Männertypen, mit denen sie immer wieder zusammen gewesen waren.

8. Von den wenigen, die in der Lage waren, die gefährlichen Männertypen, mit denen sie zusammen gewesen waren, näher zu bestimmen, glaubten viele, es sei unwahrscheinlich, dass so etwas wieder passieren würde. Auch ohne psychologische Betreuung hielten sich fast alle diese Frauen für »aufgeklärt« und fühlten sich sicher, dass es nie wieder passieren würde, einfach weil sie »verletzt worden waren«. Die Tatsache, dass sie verletzt worden waren, vermittelte ihnen eine unrealistische Zuversicht, dass sie sich nie wieder für einen gefährlichen Mann entscheiden würden. Leider erzählen die Tatsachen oft eine andere Geschichte. Selbst einige der Frauen, die Geschichten für dieses Buch beisteuerten und die vollkommen überzeugt waren, dass sie aus ihrem Kummer gelernt hatten, führen wieder »gefährliche« Beziehungen.

9. Ein Großteil der Frauen wollte den gefährlichen Männern, mit denen sie sich eingelassen hatten, die Schuld geben. Sie sahen sich weiter als »Opfer« und »Ziele« von Männern, die auf leichte Beute aus waren. Aber auch wenn dies oft zutrifft: Was diese Frauen nicht verstanden, war, dass sie als Frauen, die Ja zum ersten Rendezvous und zu jedem weiteren Rendezvous sagten, gleichberechtigte Partner bei der Auswahl waren. Frauen, die mit der Partnersuche nicht lange genug pausierten, um zu beurteilen, warum sie mit zwei, drei, vier oder mehr gefährlichen Männern zusammen waren, und um zu untersuchen, was ihre beiderseitigen Auswahlmuster über sie beide verrieten, liefen verstärkt Gefahr, das Verhalten zu wiederholen, sprich: sich mit noch mehr gefährlichen Männern einzulassen. Dies waren die Frauen, die wahrscheinlich auch darauf warteten, dass er sie aus der Beziehung »befreite«, statt sie selbst zu beenden.

Die meisten der Frauen, die ich interviewt habe, waren Akademikerinnen. Sie waren intelligent und in ihren Arbeitsfeldern erfolgreich. Es waren also nicht überwiegend junge, unerfahrene, arme oder ungebildete Frauen, die sich für gefährliche Männer entschieden. Ebenso waren die jüngeren Frauen (zwischen 16 und 19 Jahren), die in meine Recherchen einbezogen wurden, gute Schülerinnen und stammten aus Familien der oberen Mittelschicht.

Auswirkungen

Es war schockierend zu sehen, dass manche Frauen aus lauter Langeweile beschlossen, sich mit gefährlichen oder psychisch kranken Männern einzulassen. Ebenso befremdlich war es zu sehen, dass Frauen mit diesem Verhalten fortfuhren, weil sie sich weigerten, sich mit ihrer Vorgeschichte auseinanderzusetzen. Am bemerkenswertesten jedoch war das überwältigende Verlangen der meisten Frauen, nicht alleine zu sein. Es herrschte beinahe eine unausgesprochene Angst vor lang andauernder »Verlassenheit«, von der sich herausstellte, dass die meisten Frauen sie mit »momentan ohne Partner« gleichsetzten. Wie kommt es, dass Frauen einen partnerlosen Zustand immer wieder mit der Aussicht gleichsetzten, nie wieder eine intime Beziehung zu führen?

Frauen, die sich mit gefährlichen Männern einließen, schlossen normalerweise schnell und intensiv mit ihnen Freundschaft, ließen sich innerhalb der ersten paar Monate bereitwillig auf eine sexuelle Beziehung ein und zogen Monate, nachdem sie den Mann kennengelernt hatten, mit ihm zusammen oder heirateten ihn kurz entschlossen während der ersten zwölf Monate der Beziehung. Andere waren bewusst und mit Freuden für verheiratete Männer verfügbar.

All das sind großartige Neuigkeiten für einen gefährlichen Mann, der auf der Suche nach der nächsten willigen Partnerin ist, aber es sind zweifelsohne *keine* guten Neuigkeiten für Frauen, die gesunde, sinnvolle Beziehungen finden wollen, die aber trotzdem ungesunde Beziehungsmuster haben. Zu viele Frauen gehen mit einem unbrauchbaren Glaubenssystem oder sogar mit Nachlässigkeit auf Partnersuche. Wir Frauen ignorieren zu oft unser eigenes Bewusstsein von Warnsignalen, distanzieren uns von der Realität des Charakters eines Mannes und akzeptieren inakzeptables Verhalten seinerseits – alles, um bloß nicht mit Einsamkeit oder Langeweile konfrontiert zu sein. Solche Einstellungen helfen, gefährliche Männer direkt ins Radar von Frauen zu rücken und umgekehrt.

Sagen Sie sich die Wahrheit

Wir sollten anfangen, uns die Wahrheit zu sagen. Uns selbst gegenüber ehrlich zu sein, was den Widerspruch zwischen unserem *Denken* und unserem *Handeln* betrifft, könnte unsere emotionale Gesundheit retten. Das schließt die Dinge ein, die Frauen sich selbst darüber erzählen, »warum« sie mit einem bestimmten Mann zusammen sind.

Die meisten der Frauen, die ich interviewt habe, sagten sich nicht die Wahrheit darüber, was sie taten oder warum sie es taten. Die Unwahrheiten, die sie sich erzählten, schienen eine Variation über das Thema zu sein: »Ich bin mit ihm zusammen, weil ich Unterhaltung suche.« Übersetzt hieß das für diese Frauen: »Ich will nicht wirklich eine Beziehung anfangen.« Doch sie waren mit Männern zusammen, die psychische Probleme hatten, gewalttätig oder anderweitig für sie schädlich waren. Andere Frauen sagten sich: »Mir ist durchaus klar, was ich tue. Ich war schon vorher auf diesem Weg. Ich bin verletzt worden, also bin ich auf der Hut davor, was hier abgeht« – während sie mit Männern zusammen waren, die ein heimliches Leben hatten oder emotional nicht verfügbar oder verheiratet waren. Weil sie »schon vorher auf diesem Weg waren«, glaubten diese Frauen, sie würden sich nicht umgarnen lassen, dabei bedeutet gerade die Tatsache, dass eine Frau sich aus freien Stücken regelmäßig mit einem gefährlichen Mann trifft, dass sie bereits umgarnt ist. Was genau verstehen Frauen unter »Unterhaltung«?

Die Lügen, die Frauen sich erzählten, reichten von glatter Verleugnung bis zu einer Art Narzissmus. Sie schienen zu glauben, dass sie über die unausweichlichen und natürlichen Folgen ihrer schlechten Partnerwahl erhaben seien. Oder sie redeten sich ein, dass sie nicht verletzt werden könnten, wenn sie »zwanglos« mit gefährlichen Männern »spielten«. Ihre Unfähigkeit, ihre wahren Motive zu identifizieren, zuzugeben, was sie taten, und die wahrscheinlichen Folgen ihrer Verhaltensweisen vorherzusehen, brachte sie in Gefahr. Diesen Frauen fehlten die grundlegenden Alltagsfähigkeiten; sie waren nicht in der Lage, Ursache und Wirkung, Wahlentscheidungen und Konsequenzen zu erkennen.

Verhaltensweisen, mit denen Frauen sich selbst sabotieren

Was ich zu Anfang dieses Kapitels sagte, lässt sich wiederholen: So gern wir unser Verhältnis mit einem gefährlichen Mann einzig und allein der Tatsache zuschreiben würden, dass er uns auswählte: Tatsache ist, dass Frauen durch Verleugnung zu dieser Dynamik beitragen. Wir sind keine Opfer; wir sind Freiwillige. Und die gute Nachricht dabei lautet: Wenn wir uns freiwillig anbieten, können wir auch aussteigen! Wir können das Angebot ablehnen oder eine Beziehung beenden. Wir können unseren Kopf aus der Schlinge ziehen, sobald wir unsere Verhaltensweisen, mit denen wir uns selbst sabotieren, erkennen – jene Verhaltensweisen, welche die Wahrscheinlichkeit erhöhen, dass wir eine schlechte Wahl treffen. Sehen wir uns nun einige dieser Verhaltensweisen, mit denen wir uns selbst sabotieren, etwas genauer an.

WARNSIGNALE LIEBER IGNORIEREN

Um zu vermeiden, dass sie sich auf gefährliche Männer einlassen, müssen Frauen verstehen, dass sie ihr Warnsystem nach und nach unbrauchbar machen, wenn sie es wiederholt nicht beachten. Wenn Sie ein Warnsignal bemerkt haben, dann wissen Sie, dass Ihr Alarmsystem funktioniert. Wenn Sie eine bewusste Entscheidung treffen, trotzdem mit diesem Burschen zu gehen, und sie bagatellisieren das Warnsignal, indem Sie sagen: »Er ist niemand, mit dem ich ernsthaft etwas anfangen würde – bloß jemand, mit dem man etwas unternehmen kann«, dann hören Sie nicht auf Ihr inneres Sicherheitssystem. Aber je häufiger Sie sich mit ihm treffen und je stärker Ihnen seine Handicaps bewusst werden, desto mehr sind Sie gezwungen, sich nur auf die »guten Dinge an ihm« zu konzentrieren. Sie versuchen, die Beziehung »amüsanter« zu gestalten, damit es beim Zusammensein mit ihm nur um »Zerstreuung« geht. Unterdessen sind Sie tatkräftig dabei, Ihr Alarmsystem unbrauchbar zu machen. Sie, die Person, der am meisten an Ihrem eigenen Wohlergehen gelegen sein sollte, stöpseln Ihre innere Alarmanlage aus. Niemand tut Ihnen das an. Das tun Sie sich selber an!

Nachdem Sie Ihr Sicherheitssystem langsam, aber methodisch unbrauchbar gemacht haben, beginnen Ihre Maßstäbe zu sinken. Da Sie nicht wissentlich mit jemandem zusammen sein würden, der immense Probleme hat, ignorieren Sie Anzeichen, zum Beispiel, dass er chronische Stimmungsschwankungen hat. Auch Ihre Grenzen verschieben sich. Sie befürworten nicht, dass irgendjemand mit einem Süchtigen zusammen ist, aber Ihr Mann ist eigentlich kein Süchtiger – er ist einfach so ein lustiger Bursche, der für sein Leben gern feiert. In letzter Zeit hat er eine Menge guter Gründe zum Feiern gehabt.

Und wer würde wissentlich bei einem gewalttätigen Mann bleiben? Aber auf eine Wand einzuhämmern ist nicht dasselbe wie Sie zu schlagen, also ist er nicht *wirklich* gewalttätig. Ihre Familie würde es niemals billigen, dass Sie mit einem verheirateten Mann eine Affäre haben, aber Sie reden sich ein, dass er sich bald scheiden lassen wird, was ihn in Ihren Augen verfügbar macht. Bald sind jene in Ihnen surrenden Warnungen nur noch eine betäubte Vibration.

FEHLENDE PERSÖNLICHE GRENZEN

Ein ebenso gefährliches Verhalten von Frauen, die sich mit gefährlichen Männern einlassen, sind fehlende Maßstäbe und Grenzen. Den Frauen, die ich interviewt habe (und auch den Frauen, die ich in der Privatpraxis behandelt habe), ist, wenn sie Langeweile haben oder einsam sind, nach eigener Aussage alles recht, was der Verbesserung dieser Gemütslagen dient. Dazu passen die Lügen, die sie sich selbst erzählen – dass sie keine richtige Beziehung anfangen wollen und dass sie, wenn sie lediglich eine oberflächliche Beziehung aufbauen, weder emotional noch körperlich gefährdet seien. Aber das ist natürlich ein Irrtum.

Frauen haben wiederholt unter Beweis gestellt, dass sie ihre eigenen Maßstäbe und Grenzen beim nächsten Mal umso leichter verletzen, je länger sie es bereits tun. Weitere Informationen über Grenzen finden Sie in Kapitel 11, aber fürs Erste ist es wichtig zu wissen, dass wir selbst dafür verantwortlich ist, welche Verhaltensweisen wir bei anderen akzeptieren. Das bedeutet, dass Verhaltensweisen, die uns nicht guttun, auf uns ziemlich normal wirken, wenn die einzige Sorte Männer, mit der wir bislang zusammen waren, »gefährliche« Männer waren. Je länger Sie sich ein bestimmtes Glaubenssystem zu eigen machen, desto mehr wird es zur Norm innerhalb Ihres Weltbildes. Frauen sind durchweg schockiert, wenn ihnen klar wird, dass sie mit vier oder fünf gefährlichen Männern zusammen waren. Alle wollen sie wissen, wie sie in ein derart zerstörerisches Verhaltensmuster geraten konnten. Es ist ihnen passiert, weil sie bei ihren persönlichen Grenzen niedrige Maßstäbe anlegten und weil sie in jeder Beziehung Warnsignale ignorierten.

Das ist nicht schwer zu begreifen. Wenn wir die emotionalen, spirituellen und körperlichen Warnsignale, die unser Körper und unsere Psyche uns treu und brav senden, weiterhin ignorieren, dann erziehen wir uns am Ende unweigerlich selbst dazu, jegliche eintreffenden Botschaft zu ignorieren. Sie erziehen sich dazu, den nächsten gefährlichen Mann zu akzeptieren, der Ihnen nur allzu gerne Zerstreuung bieten wird. Und, wie ich bereits früher erwähnte: Je länger Frauen mit gefährlichen Männern zusammen sind, desto stärker passen sie sich der ungesunden Beziehung an, um es leichter darin aushalten zu können. Das Ganze erinnert an das Stockholm-Syndrom, bei dem Menschen, die in Geiselhaft gehalten werden, anfangen, Mitgefühl für ihre Geiselnehmer zu empfinden. Es ist ein Weg, die Situation besser zu ertragen. Es ist zu widersinnig, eine Beziehung mit jemandem zu führen, dessen Denken und Verhalten beunruhigend sind. Also akzeptieren Frauen das ungesunde Denken und Verhalten ihres Partners, um die Unruhe, die sie empfinden, zu verscheuchen.

Einige Frauen, die in einem Krankenhaus, in dem ich arbeitete, an einem Programm teilnahmen, klangen selbst während der Gruppentherapiesitzungen so, als seien sie psychisch krank. Psychologische Tests bestätigten später, dass sie nicht krank waren. Sie waren, was wir schließlich als »pseudopathologisch« bezeichneten. Jede von ihnen hatte über so lange Zeit Beziehungen mit verschiedenen psychisch instabilen Männern geführt, dass alle irgendwann anfingen, pathologisch »aufzutreten«, obwohl sie vom Fachlichen her gesehen nicht als pathologisch diagnostiziert worden wären.

MANGELNDE EINSICHT

Viele Frauen meinen, dass sie weit mehr Einsicht besitzen, als sie tatsächlich im Alltag einsetzen. Sie mögen Einsicht haben, aber irgendwo bei ihren Bemühungen, einen Partner zu finden, haben sie ihre Einsicht hintangestellt und landen weiterhin in ausweglosen Beziehungen mit gefährlichen Männern. Diese Frauen haben nicht überlegt, was sie aus ihren früheren Beziehungsfehlschlägen lernen könnten. Sie ignorieren ihre eigene Vorgeschichte und die eigenen Verhaltensmuster. Sie machen Ausflüchte, warum sie ihr eigenes Leben keiner Prüfung unterziehen. Sie handeln impulsiv und auf Grundlage der Intensität emotionaler oder sexueller Anziehung.

Ihre mangelnde Einsicht ist ersetzt worden durch »magisches Denken«. Mit magischem Denken ignorieren sie Realität und ersetzen sie durch Fantasie. Sie verwerfen die Logik und setzen Wunschdenken an ihre Stelle. Sie erhoffen sich alles, aber von der falschen Person. Sie klammern sich an Märchen und Folklore, in denen Dornröschen von einem Prinzen wachgeküsst wird und sich in einem neuen Leben wiederfindet und Aschenputtel einer gestörten Familie dadurch entkommt, dass sie mit einem Prinzen tanzt.

Schlussfolgerungen

Uns allen stehen die folgenden grundlegenden Instrumente zur Verfügung, die helfen – wenn wir uns nur entschließen, sie zu benutzen:
- die Fähigkeit, unsere Warnsignale zu spüren und auf sie zu reagieren,
- die Fähigkeit, unsere früheren Erfahrungen zu deuten und aus ihnen zu lernen,
- die Fähigkeit, uns die Wahrheit über unsere eigenen Ansichten, Motive und Verhaltensweisen zu sagen,
- die Fähigkeit, durch bewusste Entscheidung anders auszuwählen.

Wenn wir den Punkten in dieser Liste zustimmen, liegt die Gesamt-verantwortung für die Wahl sicherer, gesunder Beziehungen bei uns. Um Gebrauch von diesen Instrumenten zu machen, müssen wir intuitiv zuhören, die unangenehmen Wahrheiten prüfen, die unsere früheren Entscheidungen uns aufzeigen, streng zu uns selbst sein, was unsere verborgenen Motive und unser vorsätzliches Abweichen von der Realität betrifft, bewusst andere Entscheidungen treffen und für diese Entscheidungen verantwortlich bleiben.

Bevor Sie zu dem Schluss kommen, dass Sie alles gelernt haben, was Sie lernen müssen, weil Sie in der Vergangenheit »verletzt worden« sind, lesen Sie die nächsten paar Kapitel über die Kategorien gefährlicher Männer und werfen Sie anschließend einen Blick auf den Test in Kapitel 11 mit dem Titel: »Laufe ich Gefahr, mich auf weitere gefährliche Männer einzulassen?« Nehmen Sie sich die Zeit, um zu erkennen, wie sehr Sie dazu neigen, sich auf eine weitere frustrierende, ungesunde, gefährliche Beziehung einzulassen.

Um sich daran zu erinnern, wie viel Sie aus den weisen Ratschlägen, die Ihre Warnsignale Ihnen vermitteln, lernen können, sollten Sie es außerdem so halten wie ich: Ich stelle mir gern vor, dass auf unser inneres Alarmsystem eingestellt zu bleiben nichts anderes heißt, als stets einen klaren Kopf zu behalten und seine fünf Sinne beisammen zu haben.

Und denken Sie abschließend daran, dass wir auch von anderen Frauen und deren Fehlern lernen können. Wenn wir unsere Warnsignale beachten, die Lektionen annehmen, die uns durch das, was wir gelebt und gelernt haben, angeboten werden, und auf das hören, was andere Frauen uns über ihre früheren ungesunden Beziehungen berichten, dann können wir uns sicherer, gesunder Beziehungen erfreuen.

Ein Geschenk von anderen Frauen

Im Folgenden werden wir uns ausführlich mit den verschiedenen gefährlichen Männertypen beschäftigen. Jedes der nachfolgenden acht Kapitel ist einer der in Kapitel 1 vorgestellten Kategorien gewidmet. Aber zunächst möchten ein paar der Frauen, die in diesem Buch ihre Geschichten erzählen, Sie an einigen ihrer Einsichten über verpasste Gelegenheiten, ihre Warnsignale zu erkennen, teilhaben lassen:

»Ich ignorierte frühere Berichte, dass er mit anderen Freundinnen körperliche Auseinandersetzungen hatte. Wie kam ich darauf zu meinen, es würde bei mir anders sein? Er erzählte mir sogar, eine frühere Freundin habe ein Messer benutzt, um von ihm wegzukommen.

Warum brauchte sie wohl ein Messer? Ich fand es merkwürdig, dass er seine Eltern und die meisten Leute in seiner Familie hasste. Andererseits erzählte er mir auch, dass sein Vater seine Mutter regelmäßig geschlagen habe. Heißt es nicht immer, der Apfel fällt nicht weit vom Stamm? Warum habe ich das nicht geglaubt? Er erzählte mir, er habe versucht, sich eine ›Katalogbraut‹ zu besorgen, um auf diesem Wege an eine gefügige Frau zu kommen. Wie konnte ich das so verdrehen, dass ich es in Ordnung fand?

Ich wusste schon früh, dass er mich an meinen Vater erinnerte, der Frauen immer schlug. Er mochte meinen Vater, und beide waren sie Alkoholiker. Die Warnsignale schrien mich an, und ich hörte nicht zu. Dass er so sehr wie mein Vater war, hätte als Hinweis eigentlich genügen sollen, aber weil er reich und berühmt war, wollte ich glauben, dass er mich heiraten würde. Aber ich musste lernen, nicht auf die Worte zu hören, die er sagte, sondern auf das, was sein Verhalten mir sagte und was meine Warnsignale mir zuschrien.«

Amy
(Amys Geschichte erscheint in Kapitel 9)

»Ich hätte nicht zulassen dürfen, mich von wirklich aalglatten Plauderern, die jede Menge oberflächlichen Charme versprühen, zu sehr einwickeln zu lassen. Zu charmant ist eindeutig ein Warnsignal. Sobald heute jemand ein Verhalten an den Tag legt, bei dem ich mich unbehaglich fühle, bin ich weg – nicht bloß weg aus seiner Gegenwart, sondern weg aus der Beziehung. Ich weiß jetzt, dass es einen Grund gibt, warum ich mich unwohl fühle in solchen Situationen. Ich habe gelernt, die Augen sehr weit offen zu halten – bei den Freunden und der Familie von dem Typen nachzuforschen und schon früh alles über einen Typen in Erfahrung zu bringen, um keine unliebsamen Überraschungen zu erleben. Wenn man nachforscht und es langsam angehen lässt, kann man immer leichter aussteigen, vorausgesetzt, man steckt nicht zu früh zu tief drin. Außerdem hat sich gezeigt, dass Art und Regelmäßigkeit ihrer Beschäftigungsverhältnisse eine Menge über die Typen verraten.«

Jenna
(Jennas Geschichte erscheint in den Kapiteln 10 und 13)

Die Frauen, die ihre Geschichten für dieses Buch freigegeben haben, möchten vor allem, dass Sie Folgendes wissen: Konzentrieren Sie sich nicht zu sehr darauf, was zwischen den Beziehungen dieser Frauen mit gefährlichen Männern und Ihren eigenen anders ist. Suchen Sie nicht nach Hintertürchen in diesen Geschichten, damit Sie in einer gefährlichen Beziehung bleiben und sich herausreden können, warum er »anders« sei als die hier dargestellten Männer. Bekräftigen Sie stattdessen, was zwischen den Geschichten dieser Frauen und Ihrer eigenen Geschichte ähnlich ist. Lernen Sie aus dem, was so viele Frauen erlebt haben, damit Sie künftig sicher sind und die Fähigkeit und Gelegenheit haben, eine bessere Partnerwahl zu treffen.

KAPITEL 3: **DIE KLETTE**

Sind Sie auf der Suche nach einem Partner, der Sie niemals verlassen wird? Na schön, hier ist er! Aber denken Sie daran, die Betonung liegt auf »niemals«. Wenn Sie sich Klaus Klette aussuchen, will er, dass es ewig währt.

Klaus Klette: Wenn seine grenzenlose Liebe Sie erstickt

Die Klette zieht naturgemäß Frauen an, die zu viel Zeit mit anderen gefährlichen Männertypen verbracht haben. Emotionale Räuber, gewalttätige Männer und emotional nicht verfügbare Männer (die Sie alle in den nächsten Kapiteln kennenlernen werden) lassen die lästige Klette wie ein Geschenk des Himmels erscheinen … zu Anfang. Es ist nicht ungewöhnlich, dass Frauen von Beziehungen mit anderen gefährlichen Männertypen in die Arme einer Zuwendung und Aufmerksamkeit schenkenden Klette flüchten. Doch obwohl Räuber, gewalttätige Männer, Süchtige und emotional nicht verfügbare Männer vielleicht auf den ersten Blick gefährlicher wirken, verletzen Kletten ihre Partner durch das verborgene Motiv unglaublicher Bedürftigkeit – einer Bedürftigkeit, die so extrem ist, dass sie zur Misshandlung werden kann.

Dies ist ein gemeinsames Problem von Frauen, die sich entweder mit lästigen Kletten oder deren Cousins, den (im nächsten Kapitel behandelten) ewigen Kindern einlassen. Diese Männer wirken beide anfangs so viel weniger unangenehm als andere gefährliche Männertypen, dass Frauen nicht darauf gefasst sind. Unter dem Deckmantel von »lammfromm und sanft« suchen sie nicht nach »gefährlich«. Frauen, die nach Verhältnissen mit beängstigenderen Typen gefährlicher Männer gebrannte Kinder sind, meinen relativ sicher zu sein, wenn sie mit einem Burschen von der Konsistenz weicher Spaghetti eine Beziehung eingehen. Aber täuschen Sie sich nicht: Kletten haben etwas Krankhaftes.

Kletten scheinen emotional einfühlsam zu sein: eine Eigenschaft, die Frauen unwiderstehlich finden. Beinahe wie eine ihrer Freundinnen können sie mitfühlen, Verständnis zeigen und wegen früherer schmerzlicher Erfahrungen weinen. Zu viele Frauen stellen sich der Herausforderung, zu versuchen, den Schaden zu reparieren, den diesen Männern von ihren Geschlechtsgenossinnen beim Unternehmen Partnersuche zugefügt wurde.

In Wirklichkeit stößt das Einfühlungsvermögen, das Frauen anfangs reizt, sie am Ende ab. Es kaschiert lediglich schwere neurotische Probleme bei der Klette. Unerfüllte Bedürfnisse aus der frühen Kindheit eines solchen Mannes sind höchstwahrscheinlich schuld an seinem extremen Bedürfnis, sich mit Ihnen anzufreunden. Aber was als bloßer Wunsch nach Zuneigung anfängt, wird zur Erstickung. Irgendwann beginnt sein Klammern ihr die Luft zum Atmen zu nehmen. Und was sie weiterhin in Form von erwiderter Aufmerksamkeit in ihn investiert, stellt ihn nur für kurze Zeiträume zufrieden. Während das ewige Kind mütterliche Aufmerksamkeit von Ihnen will (er will bedient und verwöhnt werden), ist die lästige Klette bereit, diesen Teil für Sie zu erledigen. In dem übersteigerten Bedürfnis, von Ihnen auch nicht eine Minute allein gelassen zu werden, wird die Klette Sie mit persönlicher Aufmerksamkeit erschöpfen. Ein solcher Mann wird mit Freuden Ihre ausgeatmete Luft atmen. Er ist (allzu) bereit und (allzu) fähig, Ihnen mehr Aufmerksamkeit zuteil werden zu lassen, als sie jemals ertragen können.

Kletten sind emotional bedürftige Männer. Viele von ihnen könnten für die Diagnose »ängstlich-vermeidende Persönlichkeitsstörung« (siehe Anhang) infrage kommen. Wenn Sie anfangen, ihnen Grenzen zu setzen, schrumpfen sie zu Opfern und tun so, als würden Sie um etwas bitten, das sie umbringen würde. Aber die meisten Frauen bitten nur um ein wenig Freiraum oder Zeit mit Freundinnen. Zum Beziehungs-Instrumentarium einer Klette gehören Schuldgefühl und Forderungen nach Zeit und Aufmerksamkeit, die er bei einer Frau einsetzt, damit diese bei ihm bleibt, weil die Klette selber nur wenige Freunde oder Interessen hat. In Ermangelung eines eigenen Lebens hält die Klette ihre Forderungen an Sie nicht für überzogen. Aber das Aufgeben Ihrer Interessen, Ihres Freundeskreises, Ihrer Familie und Ihres Lebens ist erst der Anfang dessen, was erforderlich ist, um eine Klette davon abzuhalten zu schmollen, Wutanfälle zu bekommen oder paranoid zu werden. Je mehr Sie aufgeben, desto sicherer fühlt ein anhänglicher Mann sich am Anfang. Aber dann kommt die nächste Bitte, dass Sie Ihre Bedürfnisse aufgeben – und die nächste und die nächste. Die Latte wird ständig höher gelegt, bis sie die Fähigkeiten jeder Frau übersteigt.

Will er zunächst nur im Mittelpunkt Ihrer Aufmerksamkeit stehen, so »braucht« er Sie schon bald »vollständig«. Zugleich verwandelt sich die Aufmerksamkeit, die er Ihnen erweist, im Zuge der Versuche, Sie daran zu hindern, ein Leben jenseits von ihm zu führen, in Eifersucht und Paranoia. Die Paranoia einer Klette ist ein verstecktes Instrument. Der anhängliche Mann wird sich paranoid verhalten (egal ob er wirklich so empfindet oder nicht), um Sie dahin zu bringen, jene Bereiche

Ihres Lebens aufzugeben, von denen er fürchtet, Sie könnten sie ohne ihn erleben. Seine Paranoia kann sich um Ihre Freundinnen, Ihren Job, Ihre Familie oder Männerfreundschaften drehen. Im Grunde kann jedes äußere Leben, das Sie führen, in einem anhänglichen Mann Paranoia auslösen. Neurotisch und abhängig, wie er ist, kann er sein Selbstgefühl nur in Beziehungen finden. Deshalb eignet sich *jede Beliebige*, um den Fokus seiner Wahrnehmung von seiner fehlenden Selbstidentität fernzuhalten. Die Frauen, mit denen er zusammen ist, sind ihm an und für sich nicht wirklich wichtig, Sie sind nur insofern wichtig, als sie ihm helfen, um die Empfindung seiner Ängste herumzukommen.

Kletten beschäftigen sich unablässig mit Kritik (echter oder vermeintlicher) und Zurückweisung. Sie reagieren überempfindlich auf die kleinste Korrektur ihrer Verhaltensweisen. Eine Klette hält sich in den meisten Situationen für unfähig und kommt sich ungeheuer minderwertig vor. Ihr Auftreten kann man als schüchtern, leise, ängstlich und manchmal angespannt beschreiben.

Kletten meiden Verantwortung bei der Arbeit. Sie fürchten die Kritik, die mit einer beruflichen Beförderung einhergehen kann, weshalb sie gewöhnlich auf niedrigen Stufen ihrer Karriereleiter verharren. Eine Klette fürchtet die Missbilligung durch Arbeitskollegen, den Chef, einfach durch jeden. Dadurch bleibt der anhängliche Mann ganz unten in der Hierarchie, wenn Beförderungen anstehen, weil er sich nicht meldet. Genauso unbeholfen und schwerfällig wie bei der Arbeit ist der anhängliche Mann in gesellschaftlichen Situationen, weshalb er nicht mit Ihren Freunden herumhängen will. In seinen Augen haben viele alltägliche Aktivitäten einen bedrohlichen Charakter.

Als Mann mit einer ängstlich-vermeidenden Persönlichkeitsstörung findet er in jeder Beziehung irgendeine Verstärkung seines Bildes von sich als kraftlos und ohnmächtig. Da Frauen ihn verlassen, ändert sich die Art der Bekräftigung dieser Selbstwahrnehmung unablässig mit der nächsten Frau, die eintrifft. Dieser Mann fühlt sich niemals sicher, weil sein Selbstkonzept immer von der Frau abhängt, mit der er gerade zusammen ist. Am Ende einer Beziehung wird er hektisch. Er versucht ihr Ende abzuwenden, weil er spürt, wie sein Selbstgefühl schwindet. Das Fehlen einer eigenen Persönlichkeit lässt Frauen zum Hauptfokus seines Lebens werden, damit er Einsamkeit und Gefühle der Zurückweisung vermeiden kann.

Kletten werden verlassen, weil Frauen irgendwann erschöpft sind. Dass Frauen aus dieser erstickenden Umklammerung flüchten, hat bei Kletten Tradition. Frauen geben ihnen mehr, als sie Neugeborenen geben. Kletten kosten enorm viel an emotionalen Ressourcen – aber trotzdem bleiben ihre Bedürfnisse unerfüllt. Was Kletten wollen und brauchen, ist mehr, als irgendeine Frau zu bieten imstande ist. Die

Bedürfnisse einer Klette können und werden Sie niemals erfüllen. Sie sind ein schwarzes Loch, das die Seelen der Frauen einsaugt, das aber niemals gefüllt wird. Welches auch immer ihre Kindheitsdefizite waren – klar ist, dass Kletten das, was ihnen im Kindesalter vorenthalten wurde, niemals dadurch bekommen werden, dass sie ihren erwachsenen Beziehungen das Leben austreiben.

Mit Kletten ist schwer Schluss zu machen. Sie weinen, klammern, drohen, sich etwas anzutun, rufen immer wieder an und sind nahe am Stalking, bloß um nicht »verlassen« oder »abgewiesen« zu werden. Obwohl dieses ganze Drama manchen Frauen schmeichelhaft vorkommen mag, seien Sie sich bewusst, dass es nicht um Sie geht. Es geht nicht um Ihre Person, nicht um Ihre gemeinsamen Träume oder die Einzigartigkeit Ihrer Beziehung. Es ist lediglich so, dass Sie ein atmendes Objekt sind, dessen Gegenwart ihm hilft zu vergessen, was er am meisten fürchtet: Zurückweisung. Frauen machen häufig den Fehler zu meinen, dass sie schnell aus seinem Leben entschwinden können, wenn sie sein Selbstwertgefühl »aufpeppen«. Sie schieben die Trennung von ihm auf, um sein nachlassendes Selbstwertgefühl aufzubauen. Ein Problem hierbei: Seine Selbstachtung wird niemals aufgebaut, sodass es niemals einen guten Zeitpunkt gibt, die Sache zu beenden.

Welchen Frauentyp sie suchen

Da Kletten unvermittelt auftauchen, um die von anderen gefährlichen Männern hinterlassenen Wunden zu heilen, sind Frauen, die gerade niederschmetternde Trennungen oder schmutzige Scheidungen hinter sich haben, gute Ziele für sie. Frauen, die sich immer wieder Männer ausgesucht haben, die narzisstisch, selbstbezogen oder emotional nicht verfügbar sind, bieten Kletten das ideale Jagdrevier. Weil Kletten »sensible« Frauen besonders mögen und sich auf ihre Sprache verstehen, ist es Musik in den Ohren von Frauen, aus dem Mund eines Mannes genau das zu hören, was sie empfinden, weil es auch ihm schon so erging. Frauen finden einen unmittelbaren Draht zu Männern, welche die Sprache jener sprechen, die von früheren Partnern abserviert und falsch behandelt wurden.

Frauen bezeichnen Kletten gewöhnlich als die »Guten« oder »die letzten echt netten Männer«, weil ihr wahrer Status als immerwährende Opfer durch gegenseitiges Wundenlecken überdeckt wird, das darauf beruht, dass beide schon schlechte Beziehungen erlebt haben. Er kommt ihr eher vor wie ein »Freund«, der sich von seinem eigenen großen Kummer erholt, als dass er sich wie ein kranker Mensch aufführt. Kletten verlassen sich darauf, dass man sie für aufrichtig, hilfsbereit und für »Frauenversteher« hält, die nichts lieber wollen, als einem

Gegenüber Geschichten über ihre leidvolle Vergangenheit anzuvertrauen.

Kletten fantasieren von idealisierten Beziehungen, vor allem weil sie selbst nie eine solche Beziehung hatten. Frauen, die diese Fantasien teilen, werden unweigerlich in die »Vorstellung«, die eine Klette sich von Beziehungen macht, hineingezogen. Für das Ohr klingt das alles prima – das einzige Problem ist, dass die Klette es noch nie gelebt hat.

Frauen, die in Familien mit neurotischen Männern aufwuchsen, sind vor diesem gefährlichen Männertyp möglicherweise nicht auf der Hut. Frauen, die nicht als abweisend und kritisch angesehen werden wollen, landen bei Kletten, weil sie, obwohl ihre Warnsignale vielleicht schon bald, nachdem sie einen solchen Mann kennengelernt haben, aufzuleuchten beginnen, »seine Gefühle nicht verletzen« wollen, indem sie die Beziehung beenden. Dies ist genau die Sorte Frau, mit der eine Klette rechnet! Sein Wissen darum, dass sensible Frauen – genau wie er – verletzt worden sein könnten, macht diese Frauen zu wahrscheinlichen Kandidatinnen, die vermeiden wollen, jemand anderen zu verletzen. Es ist eine Theorie, die sich bislang bei seiner Partnersuche immer wieder ausgezahlt hat.

Frauen, die meinen, sie könnten einen Mann so lieben, dass er seine verheerende Vergangenheit hinter sich lässt, fühlen sich besonders hingezogen zu lästigen Kletten (genau wie zu den psychisch Kranken und ewigen Kindern). Frauen, die glauben, dass die Klette »einfach nur die Liebe einer guten Frau braucht«, sind auf dem Holzweg. Denn es kann Jahre dauern, bis Sie nach einem Verhältnis mit einer Klette sich selbst und Ihr Leben wieder aufgebaut haben.

Ihre Masche – warum sie bei Frauen erfolgreich sind

Kletten sind erfolgreich, weil sie sich in der Zeit, in der eine Frau in Not ist, glänzend verkaufen können. Da sie offensichtlich das Gegenteil der Männer sind, die Frauen zuvor wehgetan haben, haben sie die Möglichkeit, der Held zu werden, den Sie niemals verlassen werden.

Ihre Aufmerksamkeit ist übertrieben, doch am Anfang halten Sie es für die Aufmerksamkeit, die Sie Ihr ganzes Leben lang gesucht haben. Ausnahmsweise einmal ist Fußball nicht wichtiger als Sie. Und auch nicht seine Kumpels (es gibt keine!) oder gar sein Beruf. Keine anderen Frauen hängen bei ihm rum, um die Sie sich Gedanken machen müssten. Für manche Frauen ist das so radikal anders als ihre früheren Beziehungen, dass sie sich fragen, ob »Beziehungen so eigentlich schon immer hätten sein sollen«.

Kletten können in Worten ausdrücken, was wie vernünftige Vorstellungen über Beziehungen klingt. Das liegt daran, dass eine solche

Beziehung so selbstverständlich in ihren Fantasien existiert. Ihre Fantasien beinhalten, niemals abgewiesen zu werden, und umfassen Visionen von einem erfüllten und aktiven Leben. Über diese Träume reden zu können, als seien sie real, kann verlockend sein für Frauen, die entweder selber schüchtern sind oder einen Mann wollen, der bereit ist, »sich für etwas einzusetzen«. Doch mit diesen von Selbstunsicherheit geleiteten Männern scheinen sich diese Träume und Vorstellungen in der realen Welt niemals zu verwirklichen.

Eine Klette beeilt sich, Sie in den Mittelpunkt seiner Welt zu rücken. Natürlich erwartet ein solcher Mann vollständige und totale Erwiderung, weil er auch der Mittelpunkt Ihrer Welt sein will. Das Liebeswerben geschieht flott, und Sie haben ein Gefühl unmittelbarer Vertrautheit. Es ist ein Verhältnis rund um die Uhr, sieben Tage die Woche. Seine größte Angst ist, von Ihnen abgewiesen zu werden, weshalb er das Tempo seiner Werbung forciert, um für eine feste Verbindung zu sorgen, bevor sich zu viel Realität einschleicht. Der Mittelpunkt seiner Welt zu sein bedeutet schon bald, auf Ihren Umgang mit allen und allem anderen zu verzichten.

Es ist wichtig anzumerken, dass Kletten – und genau genommen jeder der in diesem Buch beschriebenen gefährlichen Männer – vor allem deshalb erfolgreich sind, weil sie begabte Frauenköderer sind, zumindest am Anfang. Und einige sind begabter als andere. Aber diese Männer sind auch deshalb gefährlich, weil viele Frauen ihre gerissenen Annäherungsversuche erst bemerken, wenn sie bereits Lehrgeld gezahlt haben.

Geschichten von Frauen

Schauen Sie, ob Sie sich mit Willows und Patrinas Gefühl der Erstickung identifizieren können, wenn Sie von ihren Kletten und ihren Versuchen, ihnen zu entfliehen, lesen.

WILLOWS GESCHICHTE

Willow versteht nicht, wo sie einen Fehler gemacht hat. Ihre erste Liebe war Michael, ein großzügiger und ausgeglichener junger Mann. Es fing zunächst gut an. Sie war mit jemandem zusammen, der anständig, selbstbewusst und vernünftig war, aber ihre nächste Wahl, Dane, war ein Frauenheld. Seine unausgesprochene Philosophie lautete »Nicht-Monogamie um jeden Preis«. Er hatte eine narzisstische Seite und interessierte sich ausschließlich für sich und seine Bedürfnisse. Willow verlobte sich mit ihm, und als die Sache einvernehmlich endete, konnte sie von Glück sagen, dass die Verbindung nicht zustande gekommen war.

Sie gab nicht acht, als Garrett hereinspazierte. Sie ging aufs College und arbeitete Teilzeit für eine Leiharbeitsfirma. Man setzte sie in ein Büro, in dem Garrett arbeitete. Ihr Herz war müde von zu vielen gescheiterten Anläufen mit Dane, und sie wollte einfach eine gewisse Auszeit von der Partnersuche. Garrett bat sie, mit einer Gruppe aus dem Büro zum Mittagessen zu gehen. Es schien ziemlich harmlos zu sein, und sie hielt es für eine gute Möglichkeit, die Belegschaft kennenzulernen.

Garrett war das Gegenteil von Dane. Und wenn Dane »schlecht« war, dann, so glaubte die 20-jährige Willow, wäre es »gut«, jemanden mit entgegengesetzten Wesenszügen zu finden. Garrett war ganz anders als Dane. Dane war auf sich selbst, seine Karriere, seine Freunde und andere Frauen fixiert. Garrett konzentrierte sich ganz auf Willow, das Scheitern ihrer Beziehung und alles, worüber sie sonst noch reden wollte.

Nachdem sie mittags ein paar Mal mit der Gruppe zu Tisch gegangen waren, fingen Garrett und Willow an, allein zu Mittag zu essen. Genau zu diesem Zeitpunkt sagte Garrett, er lebe getrennt und habe eine zweijährige Tochter. Willow war sich nicht sicher, was sie davon halten sollte. Er war noch verheiratet und hatte ein Kind, das noch so klein war. Sollte er nicht versuchen, eine Lösung dafür zu finden? Aber er sagte, sie seien jetzt seit einem Jahr getrennt, und erklärte, dass seine Frau vor ihrer Trennung eine Affäre gehabt habe. Er fühlte sich von ihr zum Opfer gemacht, und er war sich sicher, dass es mit Scheidung enden würde.

Willows Ziel war es, einfach »zu sehen, was passiert«, und die Sache langsam angehen zu lassen. Schließlich hatte Dane eine emotionale Nummer mit ihr abgezogen. Aber wie es schien, ging Garrett zügig vor. Er war irgendwie erdrückend für sie. Er erwies ihr so viel Aufmerksamkeit, und sie war sich nicht sicher, ob das gut war oder nicht, vor allem weil sie gerade aus einer Beziehung mit Dane kam, wo Aufmerksamkeit Seltenheitswert gehabt hatte.

Garrett wollte jede Sekunde jedes Tages mit Willow verbringen. In seinem eigenen Bedürfnis voranzukommen, schien er sie förmlich zu verschlingen. Bald stellte Willow fest, dass es nicht angesagt war, über ihre früheren Beziehungen zu sprechen oder darüber, wie sie Dinge aufarbeitete. Garrett fing an, sich jedes Mal verletzt und eifersüchtig aufzuführen, wenn sie über Dane oder gar ihre männlichen Freunde sprach. Dann begann er, sich misstrauisch gegenüber ihren Freundinnen zu benehmen. Aus Garretts Sicht schien es für Willow keinen anderen sicheren Ort zu geben, um irgendwelche Freundschaften zu pflegen, als innerhalb ihres engsten Familienkreises.

Obwohl Willow wegen Garretts Eifersucht auf ihren gesamten Freundeskreis Warnsignale spürte , funktionierte sie ihre Warnsignale in etwas um, das sie akzeptieren konnte. Sie kam zu dem Schluss, er sei »bloß verletzt, weil er gerade eine Scheidung hinter sich hat, sein Kind verloren hat und seine Frau eine Affäre hatte. Er braucht jetzt ein bisschen Zuwendung, und dann wird er sich wieder fangen.« Aber Willow blieb Monat für Monat das vorrangige Objekt seiner Aufmerksamkeit. Zugleich bestand er darauf, das ihre zu sein, unter Ausschluss von allem anderen, was sie vielleicht hätte tun wollen.

Das College wurde zum Problem. Als sie ihren Abschluss machte, fragte Garrett, ob sie wirklich Anwaltsgehilfin werden wolle. Ihm war nicht wohl bei dem Gedanken, dass sie so viel Zeit mit Anwälten verbrachte, wie es die Stellung erfordern würde. Er schlug vor, vielleicht solle sie stattdessen Gerichtsschreiberin werden.

Willow hatte aufgehört, in der Leiharbeitsfirma zu arbeiten. Bei jeder Stelle, die sie annahm, wollte Garrett zu ihr ins Büro kommen, um sie »zum Mittagessen abzuholen«, während er in Wirklichkeit inspizierte, wie viele andere Männer in dem Büro waren. Er sagte ihr, er täte es, weil Willow so attraktiv sei und »alle Männer Abschaum« seien, dem man nicht trauen könne.

Willows Freundinnen fingen an, sich zu beschweren, dass sie nie bei einem Mädelsabend auftauchte oder mit ihnen shoppen ging. Willow fand, es sei einfach zu anstrengend, Garrett dazu zu bringen, dass er ihr erlaubte, abends auszugehen, und danach bei Garrett wieder wochenlang bekräftigen zu müssen, dass sie »brav« gewesen sei. Willows Familie fing an, ihr zu erzählen, man halte Garrett für einen »Schlappschwanz« und für zu bedürftig, anhänglich und abhängig. Aber Willow verglich ihn immer wieder mit Dane. »Wenigstens treibt er sich nicht rum«, dachte sie. Dennoch gab es sehr viel mehr in Garretts Verhalten, um das man sich hätte Gedanken machen müssen, als Willow erkennen wollte. Statt Garretts Verhalten mit dem von Michael zu vergleichen, der ein emotional recht gesunder junger Mann gewesen war, verglich sie ihn mit Dane, der schrecklich gewesen war. Kletten verstehen es, viel besser auszusehen als andere gefährliche Männertypen, wenn ihre Verhaltensweisen nebeneinander betrachtet werden.

Garrett hatte nur einen einzigen Freund. Aber er wollte nie irgendetwas anderes mit dem Freund unternehmen, als mit Willow im Schlepptau bei ihm zu Hause vorbeizuschauen. Garrett hatte nur sehr wenige außerhäusliche Hobbys. Die meisten Dinge, an denen er Freude hatte, konnte er in der Garage tun, während Willow zu Hause war. Er brauchte die ständige Rückversicherung, dass er »niemals verlassen würde«, und meinte, er würde sich schon verlassen vorkommen, wenn Willow bloß mit einer Freundin Tennis spielen wollte.

Bedauerlicherweise heiratete Willow Garrett und das obsessive Misstrauen ging weiter. Unmittelbar nach der Hochzeit wollte Garrett in einen anderen Bundesstaat ziehen. Willow entging das Warnsignal, dass er sie von ihrer Familie absondern wollte. Sobald sie sich eingerichtet hatten, wollte Garrett nicht mehr, dass Willow als Anwaltsgehilfin arbeitete. Ihre ganze harte Arbeit auf dem College würde sich nicht auszahlen. Sie nahm einen Job in einer anderen Branche an, und es dauerte nicht lange, bis er überwachte, was sie trug, um welche Zeit sie zur Arbeit ging und wann sie dort eintraf.

Die Probleme wuchsen, und Willow erkannte, dass Garretts Obsessionen und Bedürftigkeit wahrscheinlich seine erste Ehe zerstört hatten. An dem Abend, als Willow zu dem Schluss kam, dass sie nicht mehr länger in der Ehe bleiben könne, kauerte Garrett sich in Embryonalstellung auf den Fußboden, weinte und schüttelte sich und drohte, sich umzubringen, »wenn ihn noch einmal eine Frau verlassen würde«. Weitere Versuche, ihn zu verlassen, führten zu weiteren Drohungen, sich etwas anzutun. Doch Willow ging, und Garrett wurde in ein psychiatrisches Krankenhaus eingeliefert, bis er sich wieder fing. Als er entlassen wurde, war Willow wieder zu ihrer Familie gezogen. Garrett begann schwer zu trinken und machte für seine Trinkerei »Frauen, die ihn andauernd verließen«, verantwortlich. Er hatte eine Beziehung nach der anderen, wobei er seine Bedürftigkeit und Abhängigkeit, wie Willow es ausdrückte, einsetzte, »um emotionale Geiseln zu nehmen«.

PATRINAS GESCHICHTE

Patrina lernte Isaac auf dem College kennen. Sie studierte im Hauptfach Journalismus und er Kunst. Es war Patrinas erste Langzeitbeziehung. Ihre Highschool-Jahre hatte sie mit zwanglosen Verabredungen ohne große Liebesaffären verbracht. Sie fand, auf der Highschool sei sie noch nicht alt genug gewesen, um sich richtig zu verlieben. Isaac andererseits war bereits in ein Dutzend Frauen »bis über beide Ohren verliebt« gewesen, die ihn alle »untröstlich« verlassen hätten, wenn man ihn so reden hörte.

Patrina sagt:
»Isaac fing etwa drei Monate, nachdem wir uns kennengelernt hatten, an zu klammern. Er wurde wahnsinnig anhänglich und bedürftig, nachdem ich eine Weihnachtskarte von einem früheren Freund erhalten hatte. Trotzdem hielten wir drei Jahre durch, was mir nicht zur Ehre gereicht.

Seine Bedürftigkeit im Anschluss an jegliche Interaktion, die ich mit Männern hatte, war erbärmlich. Er konnte nicht mal ertragen, dass ich ins Nebenzimmer ging, wenn ich an dem betreffenden Tag mit einem Mann gesprochen hatte. Jedes Mal kam er mir hinterher und warf mir vor, mich nicht um ihn zu kümmern, weil ich in das andere Zimmer gegangen sei! Tag für Tag löcherte er mich wegen jedem Mann, mit dem ich geredet hatte – dem Tankwart, dem Typen von der chemischen Reinigung, jedem! Es war bemitleidenswert, und ich wurde immer trauriger, während ich zusah, wie diese leere männliche Hülle versuchte, eine Beziehung mit einer Frau zu führen.

Isaacs Angst vor meiner Interaktion mit Männern steigerte sich. Wenn ich irgendein Gespräch mit einem männlichen Wesen gehabt hatte, wurden Isaacs sexuelle Nachstellungen unerträglich. Er hatte ein zwanghaftes Bedürfnis nach körperlicher Nähe. Das war Teil seiner fixen Idee, mich zu kontrollieren und sein eigenes Bedürfnis nach Zuwendung zu bestätigen. Sex mit ihm war wie ein Reparaturvorgang. Er versuchte seine Seele zu reparieren und bediente sich dazu einer sexuellen Verbindung mit mir. Ich kam mir vor wie das Objekt, an dem ein Hund sein Bein hebt, um anzuzeigen, dass es ihm ›gehört‹. Es war meine erste Bekanntschaft mit der Vorstellung, dass Abhängigkeit nicht Liebe ist.

Dieses eifersüchtige, bedürftige, anhängliche, besitzergreifende und dominante Verhalten vertrieb mich schließlich von Dr. Jekyll / Mr. Hyde, wie schon ein Dutzend Frauen vor mir. Was drei Jahre lang dafür sorgte, dass ich mich nicht trennte, war die Tatsache, dass ich dachte, ich würde seine zärtliche und empfindsame Seite lieben. Er benahm sich, als würde er mich über alles lieben. An guten Tagen behandelte er mich, wie es nie jemand getan hatte, und ich war überzeugt (zumindest am Anfang), dass sein außergewöhnlich anhängliches Verhalten genau das war – etwas Außergewöhnliches, eine Ausnahme. Aber im Laufe der Zeit erlebte ich es regelmäßig und täglich. Mir wurde klar, dass nicht ich es war, die er liebte. Er fürchtete das Alleinsein mehr, als er das Bedürfnis empfand, jemand anderen zu lieben. Ich lenkte ihn von sehr viel emotionaler Arbeit ab, die er selbst hätte leisten müssen. Wir versuchten es mehrmals mit psychologischer Beratung und Paartherapie, aber die Probleme wurden nie gelöst, weil er sie nie wirklich anging. Das Ableugnen seines Verhaltens ging so weit, dass es uns niemals gelang, ans Licht zu bringen, geschweige denn auszuräumen, was seine Psyche so schwer geschädigt hatte, dass er so wurde. Dass er mir viel bedeutete, sorgte allerdings nicht dafür, dass er sich sicher fühlte. Dass ich ihm viel bedeutete, brachte ihn sogar wirklich um den Verstand. Er konnte eine Frau, die ihn gern hatte, nicht ebenso gern haben, ohne sie zu verfolgen und unglücklich zu machen.«

Bei diesem Verhalten gilt die höchste Alarmstufe – eine Checkliste

Die Klette

- braucht Sie so sehr und kann es nicht ertragen, ohne Sie zu sein

- bittet, bettelt, weint, schmollt und verpflichtet Sie moralisch, bei ihm zu sein, Ihre Pläne für ihn zu ändern, ihn nicht zu verlassen

- droht, sich etwas anzutun, sollten Sie gehen

- macht Sie für seine Bedürftigkeit verantwortlich, indem er behauptet, seine Verletzlichkeit sei Folge seiner Liebe zu Ihnen

- will die ständige Bestätigung seiner Begehrtheit

- will die ständige Bestätigung, dass Sie sich nicht für andere Männer interessieren, und will Zusicherungen, dass Sie ihn nicht zurückweisen werden

- macht sich schlecht, damit Sie ihn aufbauen

- weckt Ihr Mitleid, damit Sie die Beziehung mit ihm weiterführen

- hat sehr wenige enge Freunde

- hat, wenn überhaupt, nur sehr wenige äußere Interessen

- sieht sich als Opfer – hatte mehrere »Entmutigungen« im Leben

- hat mehrere gescheiterte Beziehungen hinter sich

- hat vielleicht ein ungewöhnliches Verhältnis zu seiner Mutter

- erzeugt in Ihnen das Gefühl, keine Luft mehr zu bekommen, wenn Sie längere Zeit mit ihm verbringen

Ihre Verteidigungsstrategie

Kletten scheinen Sie zu Anfang der Beziehung anzubeten. Sie wirken so loyal und treu, dass ihnen fast schon ein altertümlicher Charme anhaftet. Sie handeln galant und ehrenwert. Sie erweisen Ihnen die Aufmerksamkeit, die in einigen Ihrer früheren Beziehungen wahrscheinlich gefehlt hat. Aber sie sind etwas zu interessiert; sie wollen Sie etwas zu häufig sehen; sie sind eine Spur zu loyal und treu, noch bevor sie gemeinsam mit Ihnen etwas vorzuweisen haben.

Es ist immer eine gute Verteidigungsstrategie, in einer Beziehung auf die Bremse zu treten. Machen Sie langsamer und warten Sie ab, wie ein Mann auf Ihren Tempowechsel reagiert. Wenn er reagiert, indem er größere Nähe sucht oder Sie mehr zu »brauchen« scheint, als Ihnen angenehm ist – aufgepasst! Er ist mehr daran interessiert, sein Gefühl der Zurückweisung oder Verlassenheit abzuschwächen, als daran, Ihre Grenzen zu respektieren. Wenn er anfängt, dort aufzukreuzen, wo er Sie vermutet, wenn Sie darum gebeten haben, die Beziehung in anderem Tempo anzugehen, dann nehmen Sie die Warnsignale zur Kenntnis! Seine grenzenlose Liebe ist nur ein Deckmantel für neurotische Verhaltensweisen.

Wir haben es hier mit Männern zu tun, deren Beziehungen regelmäßig gescheitert sind, weil sie ihre Partnerinnen mit ihrer Zuneigung erstickten. Wenn man sie so reden hört, war ihnen gegenüber nie jemand treu oder loyal. Sie sind die Opfer herzloser Frauen. Sollten Sie feststellen, dass Ihnen ein Mann leidtut oder Sie nur mit ihm zusammen sind, weil Ihr vorrangiges Gefühl für ihn Mitleid ist, dann sind Sie wahrscheinlich mit einer Klette zusammen. Sparen Sie sich Ihr Mitleid für die Wohltätigkeitsarbeit auf; in einer Liebesbeziehung sollte es nicht das vorherrschende Gefühl sein.

Kletten neigen zu Depression und Angst, also halten Sie auf jeden Fall auch nach diesen Symptomen Ausschau. Soziale Phobien sind stark ausgeprägt bei Kletten, was erklärt, warum sie keinen Gefallen an Ihren Freunden finden oder es sie nicht nach sozialen Aktivitäten verlangt. Darüber hinaus können Kletten Eigenschaften haben, die jenen der ewigen Kinder ähneln und sich teilweise mit ihnen decken (siehe das nächste Kapitel), was sie übertrieben bedürftig und abhängig macht.

Kletten haben oft ein ungewöhnliches Verhältnis zu ihren Müttern. Als Erwachsene sind sie vielleicht zu vertraut und zu verstrickt mit ihren Müttern, oder sie haben möglicherweise unerreichbare oder dominante Mütter. Keine dieser Spielarten des Bemutterns wird durch eine Beziehung mit Ihnen wiedergutgemacht. Sie können einfach nicht in Ordnung bringen, was mit einer Klette nicht stimmt. Hinter dieser ganzen innigen Zuneigung und Anhänglichkeit verbirgt sich ein neurotisches Verhalten.

Vergessen Sie nicht, dass Sie sich am besten vor Kletten schützen, wenn Sie selber das Tempo der Beziehung in die Hand nehmen und dann achtgeben, wie er reagiert. Frauen müssen sich dagegen wehren, von seiner grenzenlosen Liebe eingelullt zu werden, und stattdessen zuhören und genau aufpassen, wenn er über seine Auffassungen von Beziehungen, Zurückweisung, Einsamkeit und Untreue redet. Abhängigkeit ist nicht Liebe.

Weibliche Einsichten

In der Rückschau sagt Willow heute Folgendes über ihre Beziehung mit Garrett:

»*Jetzt, wo ich darauf zurückblicke, denke ich, dass es tatsächlich ein Problem ist, wenn niemand in deiner Familie einen Burschen für okay hält und wenn deine Freunde darüber reden, warum er dich so sehr braucht. Es ist kein Kompliment, so sehr gebraucht zu werden, denn er braucht ›dich‹ an sich nicht wirklich; er will nur nicht allein sein. Ich hätte eine Reklamepuppe sein können, und das hätte gereicht, damit er vermieden hätte, sich mit sich selbst auseinanderzusetzen. Sollten wir als Erwachsene wirklich jemand anderen ›brauchen‹, um erfüllt zu sein? Wenn er nicht in sich selbst Erfüllung findet, werde ich das sicher nicht für ihn erledigen. Es gibt einen Grund, warum er nicht erfüllt ist. Ein anderer Mensch wird dich nie veranlassen, etwas zu sein, das du nicht schon bist. Er redete dauernd darüber, dass ich alles für ihn sei – aber ich war kaum zwei Monate weg, da lebte er schon mit einer anderen, älteren Frau zusammen. Er brauchte bloß irgendjemanden, um zu vermeiden, allein zu sein. Mehr war auch ich nicht für ihn. Er lebte gerade in Scheidung, als ich ihn kennenlernte, und er wollte sich nicht mit sich auseinandersetzen, also füllte ich seine Zeit aus. Die Frau, die nach mir kam, hielt es nicht lange aus. Dann war da eine wirklich junge Frau, aber die hielt es auch nicht aus. Danach ließ er sich mit einer Frau ein, die eine schwere chronische Krankheit hatte, wahrscheinlich weil er glaubte, sie würde nicht wagen, irgendwo anders hinzugehen, aber sie tat es. Seine unablässige Verehrung erregte meine Aufmerksamkeit, nachdem Dane mir kaum Beachtung geschenkt hatte. Aber auch zu viel Aufmerksamkeit ist heute ein Warnsignal für mich.*«

KAPITEL 4: **DAS EWIGE KIND**

Ein charakteristisches Merkmal dieser Kategorie gefährlicher Mann ist, dass Sie schnell merken, dass seine Ähnlichkeit mit einem Kind in Wirklichkeit Kindlichkeit ist. Und wie attraktiv kann die nach einer Weile sein?

Tommy Teenager

Wie könnte ein harmlos wirkendes ewiges Kind irgendjemandem das Herz brechen? Was um alles in der Welt könnte diesen ewigen kleinen Jungen für eine Frau gefährlich machen? Wie sein Cousin, die Klette, ist er nicht zwangsläufig gewalttätig, süchtig oder räuberisch. Er hält nicht nach anderen Frauen Ausschau oder verbirgt sein Leben hinter geschlossenen Türen. Seine einzige Sünde ist, dass er da ist, ständig ... wie ein Kleinkind um Ihre Knie. Ja, er ist verfügbar – *immer* verfügbar, viel *zu* verfügbar.

Wie lästige Kletten sind auch ewige Kinder die natürliche Wahl für Frauen, die bislang mit furchterregenderen Männertypen zusammen waren. Sich passivere Männer auszusuchen scheint in ihren Augen eine sicherere Option zu sein. Die Loyalität eines ewigen Kindes wirkt erfrischend, wenn man zuvor mit ein paar Burschen zusammen war, die zu viel »Testosteron« zur Schau stellten.

Vielen dieser ewigen Kinder ist es nicht gelungen, erwachsene Persönlichkeitsstrukturen zu entwickeln. Stattdessen wurden sie in ihrer Frühentwicklung gehemmt, was schließlich, wie in Kapitel 1 erörtert, eine ausgewachsene Persönlichkeitsstörung zur Folge haben kann. Frauen, die mit einem ewigen Kind zusammen sind, wollen sofort wissen, warum er so ist, wie er ist. Ihnen blutet das Herz, wenn sie die traurige Geschichte seiner gehemmten Entwicklung hören. Sie fragen sich, wie ihre Liebe seine Sehnsüchte nach einer Mama »heilen« könnte. Aber vergessen Sie nicht, pathologische Männer sind nicht heilbar – nicht einmal jene, die eine Mutter »brauchen«.

Nach der Theorie der Persönlichkeitsentwicklung suchen ewige Kinder Frauen, die Mutterersatz sein werden, weil sie in ihrer Kindheit durch ihre eigenen Mütter – oder deren Fehlen – verletzt wurden. (Dies kann sogar auf homosexuelle Männer zutreffen, deren Persönlichkeit sich in der Kindheit nicht hinreichend entwickeln konnte. Sie suchen vielleicht keine Frauen als Partnerinnen, aber sie suchen mütterliche Figuren als enge Freundinnen.) Die gehemmte Frühentwicklung des ewigen Kindes könnte durch beliebig viele Faktoren verursacht worden sein, darunter Missbrauch in der Kindheit; Eltern, die nicht unterstützend, nicht fürsorglich oder nicht interaktiv waren; süchtige Eltern oder eine chronische Kinderkrankheit, um nur einige zu nennen.

Ewige Kinder streben nach dem ewig abwesenden Elternteil. Vielleicht war es der Vater, der nie da war, als sie aufwuchsen, oder die Mutter, die emotional nie präsent für sie war. Viele ewige Kinder haben komplizierte Probleme mit ihren Müttern, die mit Verlassenheit und Trennung zusammenhängen. Aber entscheidend ist, dass sie sich stets nach einer unerreichbaren Elternfigur sehnen. Dies bedeutet, dass der Elternteil, der damals unerreichbar war, selbst dann für immer abwesend ist, wenn jemand anderes für sie als Eltern-Ersatz fungiert, zum Beispiel eine Frau, mit der sie zusammen sind. Das Loch in ihrer Seele hat die Gestalt des abwesenden Elternteils. Noch wichtiger ist aus Sicht dieser Männer aber, dass dieses Loch *niemals* durch etwas, das Ihre Gestalt hat, gefüllt werden kann.

Die gehemmte und unerfüllte emotionale Entwicklung mancher ewiger Kinder führt dazu, dass sie sich benehmen wie Zehnjährige, während andere großmäuligen, rebellischen 14- oder 16-Jährigen ähneln. Um diese pathologischen Männertypen zu entdecken, müssen Sie nach dem Verhalten eines zehn- bis 16-jährigen Jungen Ausschau halten. Dies erlaubt Ihnen, kindliches Verhalten als das zu sehen, was es ist, und Sie erkennen die Kindlichkeit des Mannes mit offenen Augen, wenn Sie seine traurige Geschichte hören.

Ewige Kinder haben ein kleines Ego, wie es der Altersgruppe, der sie so ähneln, zukommt. Sie brauchen ständige Bestätigung, was ihre Entscheidungen, Urteile und Handlungen betrifft. Auf viele könnte die Diagnose »dependente Persönlichkeitsstörung« (siehe Anhang) passen. Obwohl ihre Symptome denen ihrer Cousins, der lästigen Kletten, ähneln, sind ihre Motive, die Art und Weise, wie sie verletzt wurden, und der Frauentypus, den sie suchen, ein wenig anders. Für Frauen, die sich mit ihnen einlassen, sind die Endergebnisse dennoch dieselben. Etwa so, als würden Sie einen 14-jährigen Jungen ermuntern wollen, ein Mädchen zum Tanz aufzufordern, werden Sie Ihr Leben damit zubringen, das schwächelnde Selbstwertgefühl des ewigen Kindes zu stärken und seine mangelnde Lebenstüchtigkeit und Alltagstauglichkeit zu kompensieren. Er braucht ewig, um eine Entscheidung zu treffen, und selbst dann schafft er es nur nach sehr viel Unterstützung beim Abwägen des Für und Wider. Ob er bei seiner Entscheidung bleibt oder nicht, steht auf einem anderen Blatt. Aufgrund seiner Entscheidungsschwäche passiert in seinem Leben nicht viel. Es wird in Ungewissheit vertan – nachdenken, Optionen abwägen, auswählen, aber kaum etwas *tun*.

Weil das ewige Kind noch immer versucht, seine Kleine-Jungen-Bedürfnisse erfüllt zu bekommen, will er von vorne bis hinten bedient werden. Die von Frauen, die sich mit ihm einlassen, übernommene Mama- und Dienstmädchenrolle passt gut zu seinen Versuchen, ein wenig Fürsorge zu ergattern. Ein solcher Mann versucht das Loch in seiner Seele zu füllen, das die in seinen jungen Jahren geschehene Vernachlässigung hinterlassen hat. Wenn Sie für ihn sorgen, sagt er, er fühle sich »gut« oder komme sich »besonders« vor. Doch in Wahrheit wird der Schaden aus seiner Kindheit *nicht* behoben, indem Sie in die Rolle seines Dienstmädchens schlüpfen.

Das ewige Kind beteiligt sich an vielen Erwachsenenpflichten nicht. Sie werden feststellen, dass ihm das Interesse, die Fähigkeit oder Bereitschaft fehlt, bei routinemäßigen Erwachsenenaufgaben behilflich zu sein. Das Streichen des Hauses ist wahrscheinlich aus der Mode, mitsamt dem Bezahlen der Rechnungen, der Beförderung der Kinder zur Schule oder sonst irgendetwas, dessen Erledigung man von einem erwachsenen Mann erwarten könnte. Aber er wird sich als Hans Dampf in allen Gassen präsentieren, wenn es darum geht, mit den Kindern Sport zu treiben, Zeichentrickfilme anzuschauen oder in Ihrem Wohnzimmer Profi-Ringkämpfe nachzustellen. Sein größter Beitrag zum Familienleben wird darin bestehen, mit den Kindern zu spielen.

Shayla, die mit einem ewigen Kind verheiratet war, erklärt es folgendermaßen:
»Emotional war Dan dreizehn Jahre alt. Ich habe auch einen halbwüchsigen Sohn, und die beiden hingen zusammen ab und spielten Basketball. Es ist schön, wenn ein Dad mit seinem Sohn abhängt, aber das, worüber wir hier reden, war keine elterliche Unterweisung. Im Endeffekt musste ich sie beide zum Abendessen rufen, beiden sagen, sie sollten sich die Hände waschen, beiden sagen, sie sollten den Basketball nicht mit an den Tisch bringen, beide fragen, ob sie ihre Vitamine genommen hätten, und beide fragen, ob sie an diesem Tag zur Arbeit beziehungsweise zur Schule gegangen seien. Weil er zu viel Geld für Sportsachen und Musik ausgab, musste ich letztendlich jede Woche Dans Gehaltsscheck an mich nehmen – so wie ich darauf achten musste, dass mein Sohn sein Geld nicht komplett für Videos ausgab. Der einzige Unterschied zwischen Dan und meinem Sohn war, dass ich mit einem von ihnen Sex hatte.«

Das Delegieren von Aufgaben ist ein weiteres Reizthema. Ganz wie ein 13-Jähriger beginnt das ewige Kind nichts auf eigene Faust, sodass Sie

ihm eine Aufgabe zuweisen müssen und er daraufhin einen Macht-
kampf mit Ihnen anzettelt. Obwohl es ihm gefällt, dass Sie ihn anwei-
sen, die Dinge zu erledigen, die selbst zu erledigen er nicht schafft,
bereitet einem solchen Mann die notwendige Kontrolle seines Verhaltens dennoch Probleme. Arbeitssuche, häusliche Pflichten, Hobbys
und Männerfreundschaften – all das geschieht für das ewige Kind
nicht ohne Drängen und Drohen und Anleitung Ihrerseits. Folglich hat
dieser Mann nur wenige äußere Interessen, sodass er immer in Ihrer
Nähe ist, wie ein kleines Kind, das sich an Ihrem Rockzipfel festkrallt.
Er braucht die unentwegte Bestätigung, dass alles gut werden wird,
bevor er auf das Drängen und die Drohungen reagiert.

Wie ein Elfjähriger wird das ewige Kind im Bett liegen und spezielle
Krankenpflege wegen einer Halsentzündung wollen. Und im Falle
anderer kleinerer Erkrankungen können Sie davon ausgehen, dass
seine Schmerzgrenze niedrig und sein Hätschelbedarf groß sein werden. Wenn er nicht bedient wird, ob krank oder nicht, schmollt er.
Shayla sagt: »Sowohl mein Sohn als auch mein Mann hatten die Grippe,
und es war ein Wettstreit zwischen ihnen, wie viele Male ich jedem von
ihnen helfen würde. Sie notierten Punkte und klatschten sich ab, wenn
sie ihre Medizin im Bett verabreicht bekamen.«

Es dauert nicht lange, bis die Partnerin des ewigen Kindes völlig
erledigt davon ist, die Last des Lebens einer anderen Person auf ihren
Schultern zu tragen. Aber alles an diesem Mann gemahnt Sie an all die
weiblichen Wesen, die ihn früher im Stich ließen. Die Beweislast, dass
die Frauen in seinem Leben sich reinwaschen können, liegt einzig und
allein bei Ihnen. Wenn Sie eine gute Koabhängige und zudem wild entschlossen sind, ihm mit Ihrer Liebe zu Wohlbefinden zu verhelfen,
wird diese Dynamik Sie als Geisel in der Beziehung festhalten – bis
weit in den Burnout hinein.

Welchen Frauentyp sie suchen

Für manche Frauen sind ewige Kinder unter allen Typen, die zur Auswahl stehen, die Nummer eins. Frauen mit allzu fürsorglichen Persönlichkeitsstrukturen suchen sich diese Jungen in Männergestalt als
Partner aus. Es sind keineswegs Frauen, die andere bloß gern ein bisschen verhätscheln. Es sind Frauen, die ihren Lebenssinn darin finden,
emotional abhängige Männer zu retten und großzuziehen. Es ist eine
symbiotische Beziehung, die darauf beruht, dass der Mann eine Mama
und die Frau ein Kind braucht. Irgendwo unterwegs verschlingen sich
die kindlichen Bedürfnisse des Mannes und die erzieherischen Bedürfnisse der Frau ineinander – und statt dass jeder von ihnen einen Therapeuten aufsucht, finden sie in einer Beziehung zueinander. Frauen

mit einer Vorgeschichte als kindliche Missbrauchsopfer sind wahrscheinliche Kandidatinnen für diese Sorte Männer. Eine Frau, die missbraucht wurde, schließt sich vielleicht einem ewigen Kind an, damit sie die Art von Fürsorge, die sie in ihrer Kindheit gebraucht hätte und nicht bekam, nun kopieren kann, indem sie sie einem Mann im Erwachsenenalter angedeihen lässt. Doch wenn eine Frau versucht, die Befriedigung ihrer eigenen Bedürfnisse durch übertriebene Fürsorge für einen Partner zu erreichen, zahlt sich das in der Regel für sie nicht aus. Stattdessen hat sie am Ende noch eine weitere Person am Hals, die weder fürsorglich noch wertschätzend ist.

Manche Frauen verwechseln ihren Beruf mit ihrem Privatleben. Frauen, die in Pflege- und sozialen Berufen arbeiten – beispielsweise Krankenschwestern und andere im medizinischen Bereich Tätige, Sozialarbeiterinnen, Pfarrerinnen und Lehrerinnen –, laufen Gefahr, sich mit ewigen Kindern, Kletten, Süchtigen, psychisch kranken Männern oder Männern, die irgendeine Kombination daraus sind, einzulassen und sie zu heiraten. Ebenso sind Frauen, die sich regelmäßig ehrenamtlich in der Kirchengemeinde engagieren oder sich als Langzeitpflegekräfte für Angehörige und Freunde anbieten, vielleicht nicht auf der Hut vor Männern, deren Bedürfnisse ihnen als so natürlich vorkommen. Das Sprichwort »Wohltätigkeit beginnt zu Hause« gewinnt eine neue Bedeutung bei Frauen, die es wortwörtlich nehmen und tatsächlich glauben, dies bedeute, die Art von Person zu heiraten, der sie in ihrem Beruf oder durch ihre ehrenamtliche Arbeit dienen. Ganz im Gegenteil, Wohltätigkeitsarbeit muss in der Mission, in der Kirche, im Krankenhaus oder beim Sozialamt verbleiben; sie sollte *nicht* in Ihre Partnersuche und nicht in Ihr Beziehungs- und Eheleben einfließen.

Frauen, die weitere Kinder wollen, halten oft unterbewusst nach ewigen Kindern Ausschau, um damit ihr Bedürfnis nach weiteren Kindern ein wenig zu stillen. Dies bedeutet nicht, dass Frauen, die Kinder wollen oder die sich sehr gern um die Alten oder die Kranken kümmern, pathologische Pflegerinnen und Erzieherinnen sind und dass etwas mit ihnen nicht stimmt. Aber es gibt in der Tat Persönlichkeitstypen, die diese Art von gestörtem Mann attraktiv finden. Und zwar, weil sein Bedürfnis nach Fürsorge, Anleitung, Führung und allgemeinem Beistand mit ihrem Verhaltensmuster aus Geben, Geben und Geben unmittelbar konform geht.

Merkwürdigerweise mögen auch manche willensstarken und dominanten Frauen ewige Kinder, zum Beispiel Powerfrauen in leitenden Positionen. Diese gefährlichen Männer genießen die Struktur und Kontrolle, die solche Frauen in die Beziehung einbringen. Und sie werden sich diese Struktur und Kontrolle nehmen, wie sie nur können, auf jede erdenkliche Weise – entweder in Gestalt der sanften, fürsorglichen Mutterfigur oder der bestimmenden Aufgabenverteilerin. Jede Frau, die sein Leben organisieren und steuern wird, ist ein Ziel für das ewige Kind.

Seine Angst, verlassen zu werden, veranlasst ihn, nach dem Ende der einen Beziehung schnell die nächste anzufangen, weil er dringend eine neue Quelle der Fürsorge braucht. Es fällt ihm schwer, allein zu sein, und bei seinen Versuchen, Gefühle von Einsamkeit und Verlassenheit zu bannen, will oder braucht er ständig Menschen um sich. Frauen, denen egal ist, wie viele Partnerinnen ein Mann hatte, sind für ein ewiges Kind verlockend.

Frauen, die mit einem ewigen Kind zusammen sind, müssen sich für diese Männer aufopfern. Ein ewiges Kind schafft ein Szenario, bei dem eine Frau mit Freuden alles Erdenkliche tun wird, um zu beweisen, dass sie nicht so sein wird wie die Mutter, die ihn so ungeliebt und verletzt zurückließ. Diese Männer manipulieren ihre traurigen Geschichten und das weiche Herz einer Frau, um ein Dilemma zu schaffen, durch welches die Frau in eine ausweglose Situation gerät. Um sich zu bewähren und damit er sich »geliebt fühlt«, muss sie bei der Aufrechterhaltung permanenter Aufmerksamkeit und grenzenloser Liebe übermenschliche Anstrengung zeigen. Dass sie müde ist oder sich um ihre eigenen Bedürfnisse kümmert, ist nicht einkalkuliert. Diesem verletzten Mann ihre Liebe zu beweisen ist ein täglicher 24-Stunden-Job, der niemals enden wird.

Ihre Masche – warum sie bei Frauen erfolgreich sind

Ewige Kinder sind oft verspielt und kindlich. Vom weiblichen Radar erfasst werden sie, weil sie wie »große Kinder« sind. Sie haben nichts offenkundig Bedrohliches an sich. Die harmlose Unorganisiertheit eines ewigen Kindes, die Sie vielleicht an Ihren kleinen Bruder erinnert, hat sogar etwas »Süßes«. Sie erleben seine empfindsame Seite, wenn er über sein gestörtes Familienleben spricht. Er braucht eine Frau, die sein Haus, seine Garderobe, sein Leben auf Vordermann bringt. Er ist bloß ein großer, bekloppter Typ, irgendwie wie alle Freunde Ihres Bruders. Er ist wie der Junge von nebenan, an den Sie sich aus Ihrer Kindheit erinnern.

Ewige Kinder mögen Frauen, die sie »mein Baby« oder »im Grunde nur ein großes Kind« nennen. Sie werden vor keinem Ihrer Hinweise auf ihr kindisches Gehabe und Betragen zurückschrecken. Sie suchen Frauen, die das Heft in die Hand nehmen, die einen organisierten Eindruck machen und die Kinder haben. Alleinstehende oder geschiedene Frauen mit einer starken pflegerischen Ader finden diese Männer besonders attraktiv. Frauen mit eigenen ungelösten Mutterproblemen sind vor diesem gefährlichen Männertypus womöglich nicht auf der Hut; beide werden Zeit damit verbringen, über ihre unzulänglichen Mütter zu jammern.

Binnen Kurzem jedoch werden all seine Probleme mit Frauen nach und zu Tage treten. Die Verantwortung dafür, »sich geliebt zu fühlen«, wälzt er auf seine Partnerin ab. Er gibt ihr die Aufgabe, seine Jahre der Misshandlung, der Einsamkeit und unerfüllter Bedürfnisse nach Bemutterung irgendwie zu bewältigen. Diese Bedürfnisse für ihn zu erfüllen ist unmöglich, aber das weiß sie noch nicht. Sie muss in einer Tour außerordentliche Meisterleistungen der Hingabe vollbringen, um zu beweisen, dass sie diejenige ist, die ihn lieben wird, im Gegensatz zu den Frauen, die ihn im Stich gelassen haben. Dies ist emotionale Geiselnahme in ihrer extremsten Form.

Aber das ewige Kind ist, was pathologische Bedürftigkeit betrifft, ein Fass ohne Boden. Ein solcher Mann ist ein geborstenes Gefäß, das nicht halten kann, was hineingegossen wird. Die ganze Liebe, die man ihm schenkt, entschwindet durch die Risse in seiner verwundeten Seele. Er erschöpft die Beziehung, weil er so viel Liebe braucht, dass es nie genug sein kann. Eine Frau, die ein ewiges Kind liebt, kommt sich in ihren Versuchen, es zu lieben, am Ende unzulänglich vor. Sie fühlt sich erschöpft, weil sie ihm mehr gegeben hat als irgendjemandem sonst in ihrem Leben, und dennoch ist sie, ihm zufolge, gescheitert.

Ewige Kinder übernehmen kaum Verantwortung für ihre eigenen emotionalen oder körperlichen Bedürfnisse und wälzen einen Gutteil der Verantwortung für die Erfüllung dieser Bedürfnisse auf ihre Partnerinnen ab. Es ist ein Vollzeitjob ohne Vorteile für die Frau.

Dabei sind ewige Kinder sehr schwer zu verlassen. Eine Frau mit einem großen Herzen, eigenen Kindern oder Problemen mit ihrer eigenen Mutter fühlt sich, wenn sie einen solchen Mann verlässt, genauso, als würde sie ein Kind verlassen. Sie macht sich Gedanken und überlegt: »Wie in aller Welt will er jemals alleine zurechtkommen?« Wie im Falle seines Cousins, der Klette, müssen Sie daran denken, dass Abhängigkeit nicht Liebe ist.

Geschichten von Frauen

Laura versuchte Babysitterin zu sein für eine nicht enden wollende Parade von ewigen Kindern. Shayla lernte ihre Lektion zum Glück beim ersten Mal. Erleben Sie in beiden Fällen, wie das Verhätscheln ihrer Männer sich für diese zwei Frauen nicht auszahlte.

LAURAS GESCHICHTE

Laura war erst sechzehn, als sie anfing, mit ewigen Kindern auszugehen. Sie stammt aus einer Familie der oberen Mittelschicht. Sie war das
jüngste Kind, und von ihrer Familie, die vernarrt in sie war, erhielt sie
all die Aufmerksamkeit, die dem Nesthäkchen vorbehalten ist. Ihr
Vater arbeitete in der Baubranche, und ihre Mutter war Sozialarbeiterin. Laura führte ein ausgeglichenes und behagliches Leben. Indem sie
ihrer Mutter bei der Arbeit zusah, lernte sie alles darüber, wie man
Barmherzigkeit gegenüber jenen übte, die sich abrackerten, und den
Niedergeschlagenen eine helfende Hand reichte. Aber am Ende ver-
wechselte Laura Sozialarbeit als Beruf mit einem Leben aus lauter
Beziehungen mit ewigen Kindern.

Laura schloss ihre Ausbildung als staatlich geprüfte Schwesternhelferin ab, als sie noch auf der Highschool war. Bald darauf fing sie an,
ewige Kinder zu sammeln, wie andere junge Mädchen Stofftiere sam-
melten. Die traurigen Geschichten der Jungen, die einander merkwürdig ähnelten, zerrissen ihr das Herz. Die meisten von ihnen hatten
traurige Geschichten mit Müttern – Mamas, die sie zu jung bekommen
hatten und ihre Bedürfnisse emotional nicht erfüllen konnten. Ihre
frühen Probleme hatten in ihren Seelen Löcher hinterlassen – so groß
wie Texas –, von denen Laura meinte, nur sie könne sie füllen.

Die Geschichte jedes neuen Jungen war trauriger als die vorherge-
hende: Pflegefamilien, abhängige Mütter, unbekannte Väter, Vernachlässigung, Hunger beim Schlafengehen. Je trauriger die Geschichte,
desto fester schien sie entschlossen zu sein, eine Beziehung anzufangen. Sie gaben einander die Klinke in die Hand, während Laura die
Zeche für Verabredungen bezahlte, ihre chronische Arbeitslosigkeit
subventionierte und versuchte, ihnen mit Geld die Probleme vom Hals
zu halten. Sie nutzten ihr Herz, ihre Brieftasche und ihr Vertrauen aus.

Lauras Erziehung hatte sie in ihrer Auffassung bestärkt, dass er sich
in jemanden wie sie »verwandeln« würde, wenn *sie* nur stabil genug
wäre. Also umgab sie jeden Mann mit ihren Familienmitgliedern und
hoffte wider alle Vernunft, dass deren Stabilität auf ihn abfärben
würde. Wie andere Frauen in Pflegeberufen fand auch Laura, dass ihr
Leben als staatlich geprüfte Schwesternhelferin mit der Übernahme
der Rolle der Betreuerin in ihren Beziehungen vereinbar sei. Sie nutzte
ihre Fähigkeiten, um zu versuchen, jedes traurige ewige Kind emotional gesund zu pflegen.

Es begann mit David, einem spindeldürren, unterernährten Halbwüchsigen, der von früher Jugend an auf der Straße gelebt hatte. Seinen

Dad hatte er nie gekannt, und seine Mutter war sehr jung gewesen, als sie ihn bekam, und rutschte dann in die Sucht ab. Von einem der Freunde seiner Mutter war er sexuell missbraucht worden. Seine Mutter kam oft wochenlang nicht nach Hause, sodass er schließlich einfach wegging und auf der Straße lebte. Bald war Laura seine Rettung! Ihre Familie kam ins Spiel – ihre Mutter, die Sozialarbeiterin, die sich Davids traurige Geschichten anhörte; ihr Vater, der versuchte, ihm bei der Arbeitssuche zu helfen; ihre Schwester, die ihn zu Arbeitsstellen fuhr und wieder abholte. Aber letzten Endes wollte David einfach nur in Embryonalstellung im Bett liegen und darauf warten, dass seine Mama nach Hause kam.

Dann war da Charleton. Auch seine Mutter war eine Suchtkranke, und er war seinen Großeltern übergeben worden, die ihn aufziehen sollten. Jetzt war seine Mutter im Gefängnis und hatte Aids. Wieder war Laura die Rettung! Sie unterstützte ihn nach Kräften, solange er nicht arbeiten konnte, weil er wegen seiner Mutter deprimiert war. Sie finanzierte ihre gemeinsamen Verabredungen, einschließlich des Abschlussballs der Highschool, und alles andere. Sie beförderte ihn zum Gefängnis und wieder zurück, damit er seine Mutter besuchen konnte, und schließlich ans Bett seiner Mutter, als sie starb.

Der Nächste war James. Sein Vater ließ die Familie im Stich, um nach einer strafrechtlichen Anklage das Land zu verlassen. Die Mutter taumelte zwischen Alkoholismus, Drogensucht, chronischer Armut und Arbeitslosigkeit hin und her. Auch James hatte sich seinen Lebensunterhalt als Kleinkrimineller verdient. Er sagte, dass in seiner Familie noch nie jemand gearbeitet habe und dass er »nicht wüsste, wie«, weil er kein Vorbild habe. Laura war die Rettung! Sie nahm sich eine Wohnung, arbeitete in zwei Jobs und brachte James gleich bei sich unter. Er würde »lernen, wie« man arbeitete und produktiv war. Lauras Vater führte mit ihm lange Gespräche über Arbeitsethik. Mama, die Sozialarbeiterin, stellte Finanzierungspläne auf, nach denen sie leben sollten. James spielte Videospiele und hing mit Freunden herum, fand aber nie einen Vollzeitjob oder eine dauerhafte Stelle. Er beging weitere Verbrechen und landete wieder im Gefängnis. An diesem Punkt endete die Beziehung zwischen James und Laura.

Laura hatte mehrere Jahre im Such- und Rettungstrupp für »traurige junge Männer« verbracht. Und alle Männer, mit denen sie sich eingelassen hatte, wollten sich gerne retten lassen. Dennoch erlangte Laura niemals Heldenstatus oder gewann den Silver Star*.

---

*   Orden der US-Streitkräfte, verliehen für besondere Tapferkeit vor dem Feind [Anm. d. Übers.].

Shayla war eine umwerfende Frau. Gepflegt und gewissenhaft, arbeitete sie als psychiatrische Krankenschwester. Gewiss war sie gut genug ausgebildet, um Dans seelische Probleme zu erkennen. Aber er schlüpfte unter ihrem Warnradar hindurch und nistete sich in ihrem Leben ein, unerkannt. Sie heirateten und bekamen drei Kinder. Shayla zählte ihn als das vierte Kind. Sie sprach oft darüber, wie sie die Kinder zum Naseputzen, für Vitamine und Pausenbrotdosen antreten ließ. Genau dort stand Dan mit ihnen an.

Sie lernte ihn auf dem College kennen, als sie psychiatrische Schwesternpraktikantin war. Dan war ein gutaussehender Footballspieler. Sie merkte schon früh, dass er etwas unorganisiert und unmotiviert war. Zum Glück brachte Football ihn dorthin, wohin sein Studium ihn niemals bringen würde. Für seinen fehlenden Erfolg im realen Leben hatte er jede Menge Ausreden parat. Bald infizierte dieses Verhaltensmuster seine Beziehung mit Shayla. Dan war unmotiviert, nicht entscheidungsfreudig, kindlich und verantwortungslos. Selbst nachdem die Kinder geboren waren, gab er regelmäßig Jobs auf, bloß weil er »keine Lust hatte, zur Arbeit zu gehen«. Ein immer größerer Teil der Verantwortung entfiel auf Shayla. Sie ging arbeiten, organisierte die Aktivitäten der Kinder und seine, kochte, putzte und bezahlte sämtliche Rechnungen – aber all das war erst der Anfang der Fürsorge für Dan.

Zu seinen Macken gehörte, dass er Jobs aufgab, wenn ihm langweilig war oder er keine Lust zum Arbeiten hatte, dass er Geld für Sportsachen ausgab statt für die Hypothek, dass er Partei für die Kinder gegen Shayla ergriff und den Standpunkt eines Kindes vertrat, dass er statt richtiger Jobs Projekte ausprobierte, die schnellen Reichtum versprachen, und dass er ihre gemeinsamen Ersparnisse für aufwendige Angeltouren oder neuartiges Spielzeug für sich selbst verplemperte.

Bald hatte Shayla zwei Jobs, dann drei – sie machte alles, was erforderlich war, um ihre Familie über Wasser zu halten, während Dan im Garten hinter dem Haus mit den Jungs Basketball spielte. Zu den Abenden gehörte, dass Shayla ausgeklügelte Pläne und Programme für Dan ausarbeitete – Jobs, die er ausprobieren, Projekte, die er im Haus erledigen, und Besorgungen, die er machen sollte. Aber nichts von alledem wurde jemals gemacht. Er ging immer eine Weile auf Stellensuche und gab es dann wieder dran. Fing ein Projekt an und verlor das Interesse. Nörgelte, wenn er Besorgungen machen musste. Shayla wurde immer erschöpfter. Am Ende war ihre einzige Lösung, eine der Belastungen in ihrem Leben loszuwerden, und die größte war Dan. Dan geriet in Panik bei dem Gedanken, Shayla zu verlieren. Wer würde ihm helfen, damit bei ihm alles geregelt ablief? Wer würde sich um seine

Bedürfnisse kümmern, ihn an Termine erinnern, für ihn da sein? Er fürchtete den Verlust eines weiblichen Vorbilds in seinem Leben.

Weil Dan es nicht schaffte, sich in einem Job lange zu halten, hatte er nicht viele Beschäftigungsverhältnisse vorzuweisen. Demzufolge hatte er Anspruch auf Ehegattenunterhalt von Shayla. Bald wurden die Kinder herangezogen, damit sie mithalfen, sich um Dan zu kümmern. Ihre Wochenenden in seinem Haus wurden mit Aufräumen vertan und dem Spülen des Geschirrs, das schmutzig gemacht worden war, als sie überhaupt nicht da waren. Mit den Einkünften aus ihren Teilzeit-jobs wurden Dinge bezahlt, für welche die meisten Väter normaler-weise aufkamen. Selbst die Kinder spürten allmählich die Bürde der Betreuung ihres Dads.

Dans nächste Eroberung war eine Grundschullehrerin. Wie Shayla ignorierte auch sie Dans eingeschränkte Leistungsfähigkeit und heira-tete ihn bald. Ihr Gehalt stützte ihn ein paar Jahre, bis sie kräftemäßig am Ende war. Trotzdem war Dans größte Angst, wer sich um ihn küm-mern würde. Wer würde die Mutterrolle ausfüllen, wenn seine zweite Frau ihn verließ?

Bei diesem Verhalten gilt die höchste Alarmstufe – eine Checkliste

Das ewige Kind

- will ständige Bestätigung

- will bedient werden und weigert sich, grundlegende Dinge selbst zu erledigen

- hilft bei Erwachsenenpflichten nicht mit

- erwartet Sonderbehandlung, weil er bedürftig ist

- schmollt, wenn Sie ihn nicht bedienen

- behauptet, er möchte, dass Sie Dinge für ihn tun, weil er sich dann gut fühlt

- will, dass man ihm sagt, was zu tun ist, und braucht Führung, um irgendetwas erledigt zu bekommen

- will, dass Sie Entscheidungen für sein Leben treffen

- hat keine äußeren Beziehungen, Freunde oder Interessen und will auch keine

- ist in seinen emotionalen Bedürfnissen kindlich

- leistet weniger als erwartet, um sich vor Verantwortung zu drücken
- wurde in der Vergangenheit in Beziehungen gerettet, behütet oder beschützt
- hat wahrscheinlich mehrere gescheiterte Beziehungen hinter sich
- scheint in allen Lebensbereichen einen Mentor zu brauchen

Ihre Verteidigungsstrategie

Wenn Sie sich eines ewigen Kindes erwehren wollen, müssen Sie mit einer gründlichen Selbstprüfung beginnen. Was in Ihnen würde finden, dass ein pathologischer Kind-Mann ein geeigneter Ausgeh-, Beziehungs- oder Heiratspartner ist? Was an seiner Abhängigkeit und Verletzlichkeit finden Sie verlockend, attraktiv oder sexy? Sich diese Fragen zu stellen versetzt Ihnen vielleicht einen solchen Schock, dass Sie Ihre eigenen Motive kritisch hinterfragen.

Oberflächlich betrachtet mag die Dynamik zwischen einer Frau und einem ewigen Kind als die Dynamik einer Frau erscheinen, die einen kindlichen Mann beherrscht. Aber schauen Sie genauer hin. Die beiden befinden sich in einer Pattsituation, in der die Frau ihn durch ihr Bemuttern und der Mann sie durch seine mangelnde Lebenstüchtigkeit beherrscht. In dieser Position gehalten werden sie durch eine gegenseitige Spannung, die daher rührt, dass jeder den anderen beherrscht, der eine offen und der andere heimlich. Keine Position steht für irgendetwas, das man in einer gesunden Beziehung sehen würde.

Muttersöhnchen finden ihre Identität, indem sie von der Fürsorge einer Frau abhängig werden. Es ist ihr Versuch, mit einer unaufhörlichen Angst vor dem Fehlen einer Elternfigur in ihrem Leben umzugehen. Sie versuchen Aufmerksamkeit zu erheischen, indem sie von Ihnen Führung fordern.

Frauen, die Retten mit Vertrautheit verwechseln, finden ewige Kinder unwiderstehlich. Sich um diesen scheinbar hilflosen Menschen zu kümmern, gibt ihnen ein Gefühl der Ermächtigung. Ein Mann, der wie ein Opfer oder kindlich wirkt, sollte daher für Frauen ein Warnsignal sein. Mit seinem Bedürfnis nach Bemutterung gehen sehr viele traurige Geschichten einher, aber auch nur eine von ihnen auszugleichen fällt nicht in Ihre Verantwortung.

Männer, die in Beziehungen mit schöner Regelmäßigkeit »behütet« oder »beschützt« wurden, sind höchstwahrscheinlich ewige Kinder. Bei denjenigen, die keine altersgemäßen Verantwortlichkeiten in einer Beziehung, einem Job oder im Erwachsenenleben vorzuweisen haben, handelt es sich wahrscheinlich um hochgradig regredierte Männer, denen zudem die Fähigkeit abgeht, sich zu ändern oder zu entwickeln. Ewige Kinder können ihre eigenen motivationalen Antriebe nicht steuern. Sie sind innerlich unorganisiert, und die Folge ist ein unorganisiertes äußeres Leben.

Eine Frau tut gut daran, die Art von Fragen zu stellen, die vielleicht etwas über den Grad der Tüchtigkeit eines Mannes im Leben, auf der Arbeit und in Beziehungen verraten. Die Antworten auf einige dieser Fragen könnten Sie von anderen herausbekommen. Schätzen Sie nicht zu gering ein, was andere Leute Ihnen über einen Mann erzählen könnten, den Sie für eine Beziehung in Betracht ziehen, auch wenn es von seinen ehemaligen Freundinnen kommt. Ewige Kinder hüpfen von einer Beziehung zur nächsten, um Bezugspersonen zu finden. Vielleicht sollten Sie lieber noch mehr über seine früheren Beziehungen herausfinden. Wie lange hielt er es jeweils ohne Beziehung aus? Wie viele Beziehungen hatte er? Und hören Sie auf die Gründe, die er für das Scheitern der Beziehungen angibt. Horchen Sie zwischen den Zeilen auf Botschaften, die darauf hindeuten könnten, dass Frauen von seiner kindlichen Bedürftigkeit erdrückt wurden oder eine Auszeit vom Mikromanagement seines Lebens brauchten. Was er höchstwahrscheinlich als Verlassenwerden empfinden wird.

Entscheidend ist, dass Sie ermitteln, wie gut er im Alltag für sich selbst sorgen kann. Ewige Kinder sind in erhöhtem Maße anfällig für Depression, Angst und Anpassungsstörungen. Möglicherweise zeigen sie auch Symptome der Borderline-Persönlichkeitsstörung. Chronische Krankheit als Kind oder eine im Kindesalter diagnostizierte Trennungsangststörung kann ein ewiges Kind für die Diagnose »dependente Persönlichkeitsstörung« prädisponieren. (Für Beschreibungen dieser Begriffe siehe den Anhang.)

Chronisch schwache Leistungen können ein weiteres Anzeichen sein. Diese Männer sind nicht dumm; sie bleiben lediglich in allem, was sie tun, weit unter ihren Möglichkeiten. Wenn IQ, Motivation und Leistungsfähigkeit nicht aufeinander abgestimmt sind, geben Sie acht. Wegen der geringen Motivation von ewigen Kindern ertappen Frauen sich beständig dabei, wie sie versuchen, diese Männer mit aufmunternden Worten zu veranlassen, etwas – *irgendetwas* – mit ihrem Leben anzufangen. Ewige Kinder wachsen ohne jede Disziplin auf. Ihre Eltern setzten wahrscheinlich keinerlei Grenzen oder Beschränkungen durch. In ihren Elternhäusern ging es locker zu – nicht wegen eines lässigen

Elternteils, sondern wegen eines unbeteiligten Elternteils. All dies führt zu mangelnder Disziplin in ihrem Erwachsenenleben.

Einem ewigen Kind fehlt fortwährend ein Gefühl der Sicherheit, was seine Fähigkeit betrifft, Alltagsentscheidungen zu treffen, weil einen solchen Mann als Kind niemand angeleitet hat. Deshalb hat er keine Ahnung, was er tun soll. Seine soziale Kompetenz ist ebenso gering ausgeprägt wie sein elterliches Geschick, seine Arbeitsmotivation ist niedrig, und er ist kaum in der Lage, eine Erwachsenenbeziehung zu führen.

Schließlich wehren sich die meisten »normalen« Männer dagegen, geheilt zu werden. Elternsucher hingegen sind die urtypischen »renovierungsbedürftigen Häuser«. Es macht ihnen nichts aus, wenn jemand kommt und versucht, sie zu heilen oder zu ändern. Sie scheinen es zu befördern und zeigen sich dankbar dafür, auch wenn nichts sich wirklich jemals ändert. Die meisten Leute sperren sich, wenn man versucht, sie zu heilen. Aber ein Elternsucher verhält sich, als werde er jede Hilfe annehmen, die er bekommen kann. Er kann sich nicht als Erwachsener, als Elternteil oder als Ernährer sehen, weil er keine Leitbilder für diese Rollen hatte, weshalb er die Anleitung braucht, die ein Erwachsener ihm geben wird. Wenn er sich den Versuchen von jemandem, ihn zu ändern oder zu heilen, nicht verschließt, sollte ein Warnsignal aufleuchten. Jemanden zu »heilen« ist ein Zeichen von Koabhängigkeit. Es ist kein Zeichen emotionaler Reife – weder was Sie noch was ihn betrifft.

Weibliche Einsichten

Laura fragt sich:
»Was in mir veranlasst mich, diese Sorte Mann zu wollen? Das muss ich mich wohl fragen. Und wieso fühlte ich mich immer wieder zu demselben Typ hingezogen? Heute kenne ich von Anfang an das Ende. Ich bekomme schon früh ein Gefühl für ihre Bedürftigkeit. Aber ich kann nicht sagen, dass es mich abgehalten hat – bislang. Da ist irgendein Drang in mir, der einfach denkt: Ich kann ihn lieben, und er wird sich für mich zu einem Wahnsinnstypen entwickeln. Im Hinterkopf weiß ich, dass das nicht passieren wird, aber ich kann diesem traurigen kleinen Jungen nicht widerstehen, der nie eine Mama hatte. Und recht bald schon versuche ich sein Leben aufzuräumen und einen richtigen Erwachsenen aus ihm zu machen. Es ist interessant, dass das niemals passiert. Ich meine, an diesen Burschen ist wirklich etwas, das nicht erwachsen wird. Ich hatte genug von ihnen, um es zu wissen. Vielleicht kapier ich's jetzt – langsam. Ich bin emotional so ausgelaugt, dass ich hoffe, ich kapier's wirklich. Ich weiß nicht, wie viele

Male ich das noch durchstehen kann. Wenn ich ein Kind will, wieso krieg ich dann nicht einfach eins?«

Shayla sagt:
»Es gibt nicht viele Frauen, die denken, dass diese Männer gefährlich sind. Aber ich will Ihnen eins sagen, sie kommen einen teuer zu stehen! Ich hätte schon auf dem College achtgeben sollen, als Dan nichts gebacken kriegte in seinem Leben. Er eierte einfach ziellos herum. Sein ganzes Leben war so. Wenn ich nicht gewesen wäre, hätten wir kein Haus, kein Auto, würden keine Steuern zahlen oder irgendein Erwachsenenleben führen.
Frauen merken nicht, dass diese Männer strapaziöse Lebensräuber sind, die einen einfach völlig auslaugen können. Jede Ressource, die du hast, ist an sie verschwendet – dein Gefühlsleben, deine Finanzen, deine Spiritualität, deine Freunde, dein berufliches Talent, alles. Sie verlangen dein ganzes Leben, dabei sind sie noch immer dreizehn Jahre alt. Ich habe diesen Kind-Mann geheiratet und sehr viele Jahre in meine Ehe investiert. Aber ich hab es schließlich eines Tages kapiert, als es mir wie ›Inzucht‹ vorkam, mit ihm zu schlafen, weil ich das Gefühl hatte, dass ich ihn großgezogen hatte. Da wusste ich, dass unsere Beziehung krank war.«

KAPITEL 5: **DER EMOTIONAL NICHT VERFÜGBARE MANN**

Was ist schon dabei, ein bisschen außereheliches Vergnügen zwischen Erwachsenen zu haben? Oder wie kann ein Bursche, der wirklich auf seine Hobbys steht, Sie wohl verletzen? Lesen Sie weiter. Eine Menge Frauen stehen Schlange, um Ihnen zu erzählen, warum Rudi wirklich ein äußerst gefährlicher Verabredungspartner ist.

Rudi Ruf-mich-nicht-an-ich-ruf-dich-an

Unter den verschiedenen gefährlichen Männertypen sind diese schlimmen Finger für Frauen leider die Nummer eins bei der Partnersuche. Das liegt daran, dass ihre »Gefährlichkeit« – im Vergleich zur Gefährlichkeit der anderen in diesem Buch beschriebenen Männer – einer Frau nicht sogleich ins Auge springt. Frauen denken oft, das Wort »gefährlich« gelte nur für Männer, die gewalttätig oder ausfällig sind. Doch der emotional nicht verfügbare Mann richtet mehr Unheil an und veranlasst mehr Frauen, professionelle Hilfe zu suchen, als die meisten der anderen gefährlichen Männertypen. Trotzdem bemerken viele Frauen seine Gefährlichkeit nicht und sehen ihn nicht als das an, was er in Wirklichkeit ist, nämlich eine Gefahr für ihr Glück.

Der emotional nicht verfügbare Mann sollte nicht als ernsthafte Möglichkeit für die Partnerwahl betrachtet werden, weil seine Gefühle anderweitig gebunden sind, wenn auch nur oberflächlich. Seine Aufmerksamkeit ist auf seine Karriere, Ausbildung oder Hobbys gerichtet, oder er ist verheiratet, verlobt, hat eine ernsthafte Beziehung mit jemand anderem oder ist noch nicht ganz raus aus einer Beziehung. Aus welchem Haufen von Gründen auch immer, er hat einfach keine emotionale Energie für Sie und wird sie wahrscheinlich nie haben.

Ein Typus des emotional nicht verfügbaren Mannes widmet den Großteil seiner Zeit und Energie seiner Karriere, seinem Job, seinen Bildungszielen oder Hobbys – oder irgendeiner Kombination aus allem. Entscheidend ist, dass emotional nicht verfügbare Männer auf Bereiche ihres Lebens fixiert sind, die sie sehr viel interessanter oder wichtiger finden als eine Beziehung. Er könnte ein motivierter beruflicher Aufsteiger sein, der nur eine Sache im Blick hat. Und das sind nicht Sie; es ist die nächste Beförderung. Oder vielleicht bringt er ein Aufbaustudium mit zwei Jobs, die er hat, unter einen Hut. Vielleicht macht er gerade seinen Pilotenschein, trainiert für einen schwarzen Gürtel in Karate oder verfolgt sein Ziel einer Weltumsegelung. Vielleicht ist er ein Jogging-Freak, Briefmarkensammler oder unverbesserlicher Camper. Möglich, dass er fürs Fliegenfischen, Felsklettern oder für den Computer lebt.

Er hat weder Ehefrau noch Freundin und will auch eigentlich keine (auch wenn er sagt, er will). Stattdessen hat er Interessen, die so zeitintensiv sind, dass Gedanken an Partnersuche und das Führen einer Beziehung nur von untergeordneter Bedeutung sind. Sicher, für eine schnelle Nummer im Bett wird er bei Ihnen zu Hause vorbeikommen. Aber dann ist er auch schon wieder entschwunden zu dem, was ihn *wirklich* interessiert. Er wird Sie ein oder zwei Mal im Monat einschieben, zwischen Tauschbörsen, beruflichen Verpflichtungen oder Wettkämpfen. Seine Finanzen, Wochenenden, Freizeit und emotionalen Hochs sind für seine anderen Interessen reserviert. Er schwört vielleicht, dass mehr Zeit für Sie da sein wird, sobald diese Trainingssaison oder diese superhektische Periode seines Lebens vorüber ist. Oder er ist vielleicht ehrlich genug, Ihnen zu sagen, dass er sich wegen seiner anderen Verpflichtungen nicht auf eine ernsthafte Beziehung einlassen will. Doch normalerweise ist er nur zu gern bereit, Sie und Ihre Gefühle in einer Freundschaft oder »zwanglosen« Liebesbeziehung zu binden, wodurch Sie nicht frei sind, um sich nach Beziehungen mit anderen, verfügbareren Männern umzusehen.

Ich bin mir sicher, dies ist das Dilemma, das sich durch den Versuch ergibt, eine Beziehung mit den Lance Armstrongs dieser Welt zu führen. Gegenüber seinen anderen Interessen werden Sie immer zweitrangig bleiben. Berücksichtigen Sie jetzt noch die Tatsache, dass Burschen, die wirklich in ihren Hobbys aufgehen, gewöhnlich mehr als eines haben. Sie haben vielfältige und breit gefächerte Interessen, die fortwährend dafür sorgen, dass sie gebunden sind. Ich sage *nicht*, dass brennendes Interesse für seinen Beruf oder seine Hobbys ein negativer Charakterzug bei einem Mann ist. Es ist positiv und vernünftig, wenn jemand, ob Mann oder Frau, sich für sein Leben interessiert. Ihnen sollte nur bewusst sein, dass es da draußen jede Menge Männer gibt, die befriedigende Berufe und Hobbys haben und die trotzdem noch Zeit und Energie für eine gesunde intime Beziehung erübrigen können. Ich sage lediglich, dass manche Männer anscheinend chronisch unverfügbar für eine langfristige, ernsthafte Beziehung bleiben. Sie werden immer einen Grund oder Gründe haben, warum sie mit Ihnen nicht »Ernst machen« können; genau deshalb können sie als emotional nicht verfügbar angesehen werden. Die Gefahr für eine Frau, die sich mit diesem Männertypus einlässt, besteht in der unvermeidlichen Enttäuschung und Verzweiflung oder in dem großen Kummer, der aus der Sehnsucht und dem Streben nach einer echten Verbindung mit ihm resultiert. Bedauerlicherweise haben Sie beide kein gemeinsames Ziel.

Der andere Typus des emotional nicht verfügbaren Mannes ist wegen seiner Beziehung (oder seinen Beziehungen) mit einer anderen Frau (oder mit anderen Frauen) nicht verfügbar. Diese Burschen sind nie wirklich auf eine Frau festgelegt. Sie sehen keine Beziehung, die Ehe inbegriffen, als unbedingt dauerhaft an – auch wenn sie ein Lippenbekenntnis zu einer starken Bindung an die Frau, mit der sie im Augenblick zusammen sind, ablegen. Doch in Wahrheit schätzen sie ihre intimen Beziehungen weder wirklich, noch nehmen sie sie ernst, denn sie »spielen« bloß, auch wenn Verlobung oder Ehe schwerlich wie etwas erscheint, das man »spielt«. Sie nehmen ihre Beziehungen nicht ernst, weil sie auf irgendeiner Ebene – wenn auch unterbewusst – wissen, dass sie jemand anderen finden können, der sich mit ihnen einlassen wird, wenn ihre momentane Affäre endet. Was sonst sollte jemanden veranlassen, sich immer wieder auf ein gewagtes Spiel mit seiner Zukunft einzulassen, ohne die Folgen wirklich zu fürchten?

Bei beiden emotional nicht verfügbaren Männertypen verwechseln Frauen oft eine Verfügbarkeit für *sexuelles* Engagement mit einer Verfügbarkeit für *emotionales* Engagement, für Vertrautheit und Verbindlichkeit. Die meisten emotional nicht verfügbaren Männer werden sexuell sogar für Sie verfügbar bleiben. Dies ändert nichts an der Tatsache, dass sie in anderen Bereichen ihres Lebens »vergeben« sind. Und diese Männer verstehen das vollkommen. Aber Frauen oft nicht. Folglich setzt ein sich spiralartig entwickelndes Verhaltensmuster ein: Die Frau »hofft« und »wartet« auf Verbindlichkeit und Verbundenheit mit ihm. Aber jemand, der emotional nicht verfügbar ist, erwartet oder will per definitionem keine emotionale Tiefe bei anderen – oder weiß nicht, wie er sie erwarten soll. Wahrscheinlich, weil Frauen in einer Tour versuchen, ihm nahezukommen, sieht er sich veranlasst, seine Partnerinnen zu wechseln wie seine Hemden oder andauernd Partnerinnen hinzuzufügen. Er ist nicht daran interessiert oder nicht imstande, tiefe Gefühle der Verbundenheit mit einem anderen Menschen zu erleben.

Derart gepolte Männer sind nicht offen für echte, tiefe Beziehungen. Eine Beziehung mit einem emotional nicht verfügbaren Mann wird oberflächlich bleiben. Er beherrscht zwar in der Regel die Sprache der Vertraulichkeit, aber das einzig Wahre kann er nicht liefern: echte emotionale Vertrautheit. Eine gesunde Beziehung beginnt mit einer emotionalen Verbundenheit. Aber die emotionale Verbundenheit, die zwei Menschen am Anfang verspüren, ist nur der allererste Schritt beim Aufbau einer Beziehung. Zu echter Vertrautheit gehört eine andauernde beiderseitige Verpflichtung, diese Bindung zu stärken und zu vertiefen. Dies geschieht erst im Laufe der Zeit, durch gemeinsame Erfahrungen, durch die Sorge für das Wohlergehen des anderen und durch den Aufbau von Vertrauen mittels Offenheit und Ehrlichkeit. Das Gefährliche an emotional nicht verfügbaren Männern ist, dass sie nicht echt emotional empfänglich sind. Sie sind emotional vermeidend.

Für einen Mann, der seine Partnerin oder Ehefrau »betrügt«, weil er vielleicht mehrere Beziehungen zur gleichen Zeit laufen hat, ist die Fortsetzung der Beziehungen nicht das, was ihn bewegt. Dies bedeutet, wenn irgendeine bestimmte Frau ihm auf die Schliche kommt und die Beziehung beendet, wird ihn das nicht weiter aufregen, auch wenn er sie anfleht zu bleiben und ihr erzählt, sie sei diejenige, die ihm am meisten bedeute. Er weiß einfach nicht, wie er seine Art, an Beziehungen heranzugehen, groß ändern soll. So wie ihm die Fähigkeit, monogam zu leben, abgeht, fehlen ihm auch alle anderen Qualitäten für eine ernsthafte Beziehung.

Manche Frauen lassen sich regelmäßig mit verheirateten oder anderen emotional nicht verfügbaren Männern ein. Obwohl Frauen sagen könnten, sie seien mit diesen Männern zusammen, nur um Spaß zu haben«, und dass sie selber »nicht Ernst machen wollen«, ergeben ihre Worte im Lichte dessen, was wir über die Psychologie und Soziologie weiblicher Herangehensweisen an Beziehungen wissen, einfach keinen Sinn. Vielleicht, weil es eine Möglichkeit ist, Freundschaften mit verheirateten oder verlobten Männern zu rechtfertigen, scheinen manche Frauen es weit leichter zu finden zu sagen, sie hätten »einfach nur Spaß«, als zuzugeben, dass sie immer wieder ihre eigenen tiefsten Sehnsüchte nach Vertrautheit sabotieren.

Emotional nicht verfügbare Männer kommen aus den unterschiedlichsten Verhältnissen. Vielleicht lebte er als Kind bei einer Vaterfigur, die aufgrund von Alkoholismus, Arbeitssucht oder anderen Abhängigkeiten für ihn emotional nicht verfügbar war. Frühe körperliche Misshandlung oder früher sexueller Missbrauch hat ihn vielleicht emotional abstumpfen lassen und ihn von Wärme, Interaktion und Vertrauen unter Menschen abgekoppelt. Vielleicht hat er als Jugendlicher Botschaften empfangen, dass er nicht wertgeschätzt werde oder dass die Ehe nicht wertgeschätzt werde. Vielleicht war sein Vater oder Stiefvater seiner Mutter wiederholt untreu.

Manche Männer kämpfen vielleicht mit geheim gehaltener Homosexualität oder Bisexualität. Dies kann zu einem inneren Konflikt führen, der die emotionale Verbundenheit eines Mannes mit seinen Partnerinnen beeinträchtigt. Manche Männer leiden vielleicht unter einer sexuellen Sucht, die ihr Streben nach schnell wechselnden, oberflächlichen Beziehungen befeuert. Vielleicht besteht seine sexuelle Sucht aus dem chronischen und zwanghaften Konsum von Pornografie, ein Verhaltensmuster, das die normale menschliche Empfänglichkeit eines Mannes mindern kann. Vielleicht hat er psychische Probleme, die ihn veranlassen, vor Vertrautheit zu fliehen.

Dies sind nur ein paar Szenarien. Es gibt tausenderlei Gründe, warum er für eine intime Beziehung chronisch nicht verfügbar ist. Wie bei all den anderen gefährlichen Männertypen ist seine gegenwärtige Störung höchstwahrscheinlich untrennbar mit einer traurigen Geschichte aus seiner Vergangenheit verbunden. Vielleicht reicht seine Selbsterkenntnis sogar weit genug, um sich selber ein zutreffendes Bild zu machen, beispielsweise: »Wegen der Trunksucht meiner Mutter und der Probleme, die ihr Alkoholismus in meiner Kindheit verursachte, fällt es mir schwer, Frauen zu vertrauen« – oder wie auch immer der konkrete Fall aussehen mag. Aber, noch einmal, denken Sie daran, dass das *Warum* hinter seiner Unverfügbarkeit für Sie weniger wichtig ist als das, was Sie mit dieser Information anfangen werden.

Unabhängig von der konkreten Ursache handelt es sich hier oft um Männer, die Schwierigkeiten mit Monogamie, der Kindererziehung oder allem anderen haben, was eine ernsthafte und durchgängige Konzentration auf ihre Verpflichtungen erfordert. Aber seien Sie sich im Klaren darüber, dass ein emotional nicht verfügbarer Mann, wenn er außerdem einige Züge des emotionalen Räubers hat, auf Sie wie ein hingebungsvoller Vater oder Ehemann oder wie ein aufrechter Bürger seiner Gemeinde wirken wird. Erinnern Sie sich aus Kapitel 1 daran, dass es sich bei vielen gefährlichen Männern um Kombi-Packs handelt. Lassen Sie nie die Möglichkeit unberücksichtigt, dass Ihr emotional nicht verfügbarer Mann sowohl mehrere verheimlichte Leben haben könnte (was stets dann der Fall ist, wenn er heimliche außereheliche Affären hat) als auch ein emotionaler Räuber sein kann. Bestimmte Kombinationen – zum Beispiel emotionale Unverfügbarkeit plus ein Leben, das er vor Ihnen oder vor seiner Frau oder Freundin verborgen hält, plus der wache sechste Sinn eines emotionalen Räubers plus eine sexuelle Sucht – helfen diesen pathologischen Männern, reihenweise oberflächliche Beziehungen anzufangen.

Welchen Frauentyp sie suchen

Es kann sein, dass ein Mann mit äußeren Interessen, wie Hobbys, Karrieren und Bildungszielen, Frauen als Partnerinnen sucht, die ihre eigenen Interessen haben. Er glaubt vielleicht, dass eine solche Frau seine »völlige Hingabe« an sein Hobby verstehen wird, wo sie es in Wirklichkeit wahrscheinlich nicht tut und nicht will. Viele Sportler sind mit

Sportlerinnen zusammen. Das funktioniert normalerweise nur, wenn die über die Beziehung hinausgehenden Interessen beider Beteiligter gleichgewichtig und nicht bei einem von beiden übertrieben ausgeprägt sind. Aber der emotional nicht verfügbare Mann weiß nicht, was das Wort *Gleichgewicht* bedeutet. Wofür auch immer er sich engagiert, er tut es in extremem Maße.

Andere Männer, die in ihrer Arbeit und in ihren Hobbys aufgehen, sind gern mit Frauen zusammen, die kein eigenes Leben haben. Es geht darum, dass die Frau mittelbar durch die Aktivitäten des Mannes aufleben soll. Er hofft, es werde ihr gefallen zu sagen: »Mein Freund ist Fallschirmspringer«, während ihr eigenes Leben aus Arbeit, Haushalt und der Couch besteht. Und wieder andere bevorzugen Frauen, die übertrieben tolerant und genügsam sind; dies gilt für viele gefährliche Männertypen. Sie wollen eine Frau, die keinen Staub aufwirbelt oder nicht noch mehr von ihnen erwartet, als ihre anfängliche Selbstdarstellung ihnen verhieß. Auf ihre gelegentlichen zaghaften Klagen erwidert ein solcher Mann unweigerlich: »He, du wusstest von Anfang an, dass ich meine Wochenenden mit Autorennen verbringe.«

Für den Mann, der wegen seiner Verhältnisse mit anderen Frauen nicht verfügbar ist, ist die Verfügbarkeit einer Frau selbst ein entscheidender Faktor. Es gibt keine Affären, wenn es keine Freiwilligen gibt. Da langfristige Vertrautheit nicht das ist, was dieser Mann erstrebt, verschafft er sich die passende Ablenkung von der Realität seines Lebens frei nach dem Motto: »In der Not frisst der Teufel Fliegen«.

Nicht genug damit, dass diese Männer Frauen finden müssen, die verfügbar sind, müssen die Frauen, die sie ausfindig machen, auch noch bereit sein, gegen ihre eigenen emotionalen, sexuellen und ethischen Maßstäbe zu verstoßen. Die Ethik unserer Gesellschaft sagt, dass eine Person es unterlässt, mit jemandem eine Beziehung zu haben oder zu schlafen, der oder die verheiratet ist. Ein Mann, der eine Frau sucht, um mit ihr eine Affäre anzufangen, weiß das. Seine schwierige Aufgabe besteht also darin, Frauen zu finden, die mit ein wenig Zuspruch ihre Werte und Grenzen verleugnen und mitmachen.

Wer sind die Frauen, die ihre eigenen Maßstäbe verleugnen? Frauen, die selber unglücklich verheiratet sind, machen einen beträchtlichen Anteil derjenigen aus, die sich zu verheirateten oder verlobten Männern hingezogen fühlen. Sie glauben, dass ein Verhältnis mit einem verheirateten Mann »sicher« ist und dass sie sich auf seine Diskretion verlassen können. Andere Frauen – jene, die in der Vergangenheit verletzt wurden und daher »der Liebe abgeschworen« haben – suchen bloß Ablenkung. Sie sagen, sie wollen keine echte Beziehung, also treiben sie jemanden auf, der ihnen keine bieten wird. Frauen, die gegen niedriges Selbstwertgefühl ankämpfen, meinen, sie seien nur eines »Beziehungsfragments« würdig. Vielen, die misshandelt wurden, ist eine fürsorgliche Beziehung ein Rätsel. Sie sind gute Kandidatinnen dafür, sich mit einem Teilzeitmann abzufinden. Interessanterweise sagen viele Frauen, wenn sie gefragt werden, sie »wollten nicht mit einem verheirateten Mann zusammen sein«, aber trotzdem setzten sie sich über ihre eigenen Warnsignale und ihre Werte hinweg. Mit jedem verheirateten Mann wurde es immer leichter, diese »aussichtslosen« Beziehungen anzufangen und in ihnen zu bleiben.

Frauenhelden suchen außerdem Frauen, die ihnen ihre Geschichten über ihr Privatleben abnehmen. Nur sehr wenige dieser Männer erzählen Frauen, wie glücklich sie zu Hause sind, wie wundervoll ihre Frau ist und dass sie wirklich bloß außerehelichen Sex haben wollen, ohne weitere Verpflichtungen. Nein, das ist üblicherweise nicht die Story. Die Story geht so: »Niemand hat mich je wirklich geliebt, und ganz bestimmt nicht meine Frau. Sie nörgelt ... weiß mich nicht zu schätzen ... verschwendet Geld ... ist mir untreu ... ist unmotiviert und will nicht arbeiten ... hat sich gehen lassen ... hasst Sex ... hört mir nicht mehr zu und redet nicht mehr mit mir.« Oder, am besten von allen: »Unsere Ehe ist eigentlich schon seit Jahren am Ende – wir haben sie nur noch nicht vor Gericht zum Abschluss gebracht.«

Leider schlucken Frauen diesen Köder allzu oft. Sie glauben tatsächlich, dass diese Themen die einzigen Probleme des Kerls sind. Sie sind sich sicher, dass sie in der Lage sein werden, etwas zu bieten, das »sie nie machte«, und dass sie in der Lage sein werden, ihm das »Gefühl zu geben, dass er endlich geliebt wird ... man ihm zuhört ... ihn zu schätzen weiß«. Sobald er geliebt werde, glaubt sie, werde er ihr nicht untreu sein. Sie ist sich sicher, dass sie diese Seite an ihm ändern kann. Eine Frau, die das glaubt, glaubt auch, dass die Beziehung sich von der Ehefrau auf sie verlagern wird, sobald er seine Aufmerksamkeit ihr zuwendet. Sie begreift nicht, dass jede Aufmerksamkeit von einem emotional nicht verfügbaren Mann flüchtig ist. Er hat nicht das Bedürfnis, »ein für alle Mal geliebt zu werden«, so groß auch sein Bedürfnis ist, Sex zu haben, sich zu amüsieren oder sich ablenken zu lassen. Doch irgendwann wird einer Frau wahrscheinlich aufgehen, dass es nicht heißt, dass er sich an sie binden will, wenn er ihr für zwanzig Minuten im Bett seine Aufmerksamkeit gewidmet hat. Ein Mann, der seinen Partnerinnen untreu ist, sucht möglicherweise auch Frauen, die ein wenig naiv sind oder die behaupten, sie hätten keine Erwartungen. Er hofft, eine naive Frau werde es glauben, wenn er ihr erzählt, sie sei »die Einzige«. Obwohl Sie die »Einzige« sein könnten, mit der er im Augenblick nebenher eine Affäre hat, sprechen die Statistiken auf lange Sicht gesehen eine andere Sprache. Der Mann, der emotional nicht verfügbar ist, bleibt es auch. Der Prozentsatz der Frauen, die tatsächlich jemanden heiraten, mit dem sie eine Affäre hatten, und auch mit ihm verheiratet bleiben, liegt im einstelligen Bereich. Und selbst die Existenz jener paar Ehen sagt natürlich noch nichts darüber aus, ob die Männer monogam blieben; sondern nur dass sie verheiratet blieben.

Frauen, die einem Frauenhelden erzählen, sie hätten »keine Erwartungen« hinsichtlich des Ergebnisses der Affäre, sind extrem verlockend für ihn. Sie haben lediglich in Worten ausgedrückt, was den Kern seiner Anschauungen über Beziehungen ausmacht.

Aber versuchen Sie bloß nicht, einen Köder auszubringen. Erzählen Sie ihm nicht, Sie seien nicht auf der Suche nach etwas Ernstem, und versuchen dann später, ihn dazu zu bringen, sich der Herausforderung zu stellen und eine echte Beziehung mit Ihnen zu führen. Sein pathologischer Moralkodex sagt: »Wenn du dich auf mich einlässt, wohl wissend, dass ich nicht monogam bin, dann weißt du bereits, was ich will. Später einen höheren Maßstab an mich anzulegen ist unfair.«

Ihre Masche – warum sie bei Frauen erfolgreich sind

Männer, die in ihrer Arbeit oder ihren Hobbys aufgehen, sind erfolgreich bei der Frauensuche, weil sie anfangs einen Eindruck von Vielseitigkeit machen. Sie lungern nicht Abend für Abend in der Eckkneipe rum. Sie haben ein aktives Leben und viele Interessen. Für Frauen, die vom Alltagstrott desillusioniert sind oder die ihr Dasein als mittelmäßig empfinden, kann dieser Bursche ziemlich interessant wirken. Jeden Tag kommt er mit irgendeiner aufregenden neuen Geschichte über den letzten Berg, den er bestiegen hat, oder darüber, wie er bei einem Querfeldeinlauf seinen eigenen Rekord gebrochen hat. Vielleicht sucht er den Nervenkitzel und betreibt Sportarten wie Autorennen, Bungeespringen oder Heißluftballonfahren. Umso besser – ihr Adrenalin gerät schon gratis vom bloßen Zuhören in Wallung. Ich habe mir von Patientinnen in solcher Ausführlichkeit von den Interessen ihrer Freunde berichten lassen, dass man hätte meinen können, es sei ihr eigenes Leben, das sie da schilderten. Dabei hatten einige von ihnen ihren Partner überhaupt noch nie zu einer seiner hobbybezogenen Veranstaltungen begleitet. Wenn das Leben Ihres Partners weit interessanter klingt als Ihr eigenes, so ist das ein Warnsignal. Es signalisiert ein Verlangen, mittelbar durch die Leistungen von jemand anderem ein spannenderes Leben zu haben und den prüfenden Blick auf das, was in Ihrem eigenen Leben passiert, zu vermeiden.

Ein weiterer Grund, warum Frauen sich zu chronisch vielbeschäftigten Männern hingezogen fühlen, die weder Drogen- noch Alkoholmissbrauch treiben, ist, dass sie in der heutigen Zeit, wo jeder von irgendetwas abhängig zu sein scheint, mustergültig wirken. Eine Frau könnte fragen: »Was kann so schlimm sein an Basketball? Wenigstens treibt er sich nicht in Kneipen rum.« Diese Burschen können sich mühelos unter dem Radar hindurchstehlen, weil ihre berufs- oder hobbybezogenen Obsessionen in einer Kultur, die es gewohnt ist, Storys zu hören, die der *Jerry Springer Show* würdig sind, harmlos wirken.

Was Männer betrifft, die nicht verfügbar sind, weil sie Verhältnisse mit anderen Frauen haben, so sollte eigentlich auf der Hand liegen, warum keine Frau sie sich als Partner aussuchen sollte. Aber Tatsache bleibt, dass sich Frauen öfter auf diese notorischen Herzensbrecher einlassen als auf alle anderen gefährlichen Männertypen – und oft tun sie es bewusst. Dies legt den Schluss nahe, dass solche Männer Erfolg haben, weil Frauen bereit sind. Hier müssen wir ehrlicherweise sagen: Es gibt keine Opfer, nur Freiwillige.

Der emotional nicht verfügbare Mann kann recht charmant sein. Wenn er andere Frauen oder familiäre Verpflichtungen hat – ob Sie davon wissen oder nicht –, dann ist sein Leben wahrscheinlich ziemlich bewegt. Ironischerweise kann diese Eigenschaft die Aufmerksamkeit einer Frau fesseln, indem sie ihn als Mann erscheinen lässt, der »ständig auf Achse« ist. Er wirkt, als hätte er jede Menge Energie und äußere Interessen.

Ein Frauenheld kann sich sehr wortreich über seine Beziehungen auslassen. Es könnte sein, dass er persönliche Informationen in einer Weise preisgibt, die Frauen veranlasst, seine Mitteilsamkeit mit emotionaler Vertrautheit zu verwechseln. Frauen glauben seiner Story über seine andere(n) Beziehung(en), ohne sich klarzumachen, dass sie nur eine Seite der Medaille hören. Weil er recht gut weiß, dass Frauen auf Geschichten von tristen und traurigen Beziehungen mitfühlend reagieren, benutzt er Wendungen wie »im Augenblick unglücklich«, »versuche, aus einer Beziehung herauszukommen«, »beiderseitiges Einvernehmen, dass wir zusammen sein können, mit wem wir wollen«, oder »bloß eine Frage der Zeit, bis sie zu Ende geht«. Aber die momentane Beziehung ist noch nicht beendet. Er ist erfolgreich, sobald er eine Frau findet, die glaubt, dass ein Mann schon dann die andere Beziehung beendet hat und für sie verfügbar ist, wenn er »unglücklich« ist.

Solche Männer können auch erfolgreich sein, wenn sie Frauen finden, die in ihren eigenen Beziehungen unglücklich sind. Manche Frauen in einer unglücklichen Beziehung sehen in einem Verhältnis mit einem anderen Mann eine Art Antwort auf ihre Probleme, statt die Beziehung zu beenden und allen Beteiligten zu ermöglichen, mit ihrem Leben weiterzumachen. Obwohl sie sich in einer scheiternden Beziehung abquälen, fangen sie nebenher noch eine zum Scheitern verurteilte Liaison an. Es ist der Todesstoß für die meisten Beziehungen: Probleme zu haben und sich dann noch von einer verheerenden Affäre mit einem emotional nicht verfügbaren Mann erholen zu müssen. Diese Männer fügen Schaden zu – Ihnen, Ihrer momentanen Beziehung und Ihrer Zukunft.

Als sie über ihre außereheliche Affäre spricht, sagt Kayla: *»Für mich ist das im Moment die perfekte Situation, weil ich zwei Kinder habe und verheiratet bin. Er ist verheiratet, und ein Baby ist unterwegs. Ich rechtfertige es, indem ich mich daran erinnere, dass wir vor Jahren zusammen waren und es immer funkte zwischen uns, aber der gewählte Zeitpunkt war immer schlecht für uns. Jetzt ist es die perfekte Situation, weil wir beide ›gebunden‹ sind und nicht die Gefahr besteht, dass einer von uns durch den anderen bloßgestellt wird. Wir haben jeder etwas zu verlieren. Wenn einer von uns unverheiratet wäre, bestünde immer die Gefahr, dass der Unverheiratete sich verliebt, Besitzansprüche entwickelt und sich dem Ehepartner des anderen stellt. Obwohl ich mir wünschte, die Dinge wären anders, weiß ich, dass sie es nicht sind und niemals sein können. Ich habe keine Erwartungen und kann genießen, was wir haben.«*

Ein Problem hier, Kayla: Emotional nicht verfügbare Männer meinen oft, sie hätten nichts zu verlieren, weil sie in die Dauerbeziehung, die sie durchaus haben, nur unwesentlich involviert sind. Darauf zu bauen, dass ein emotional nicht verfügbarer Mann den Mund hält, ist töricht. Wenn Sie anfangen, ihm auf die Nerven zu gehen, könnte es sein, dass er alles ausplaudert, nur um Sie loszuwerden, selbst wenn es bedeutet, sich in seiner Dauerbeziehung den negativen Konsequenzen stellen zu müssen. Schließlich kann er jederzeit eine andere Frau finden, die bereit ist, eine Affäre mit ihm anzufangen. Er hat viel aus der Geschichte gelernt.

Ein interessanter Punkt ist, dass fast jede Frau, die uns ihre Geschichte darüber erzählte, wie sie sich mit einem emotional nicht verfügbaren Mann einließ, sagte, es sei zu einer Zeit passiert, als ihr Selbstwertgefühl niedrig war. Diese Tatsache mag ihr gar nicht bewusst gewesen sein, als es passierte, aber in der Rückschau wird ihr klar, dass sie entweder ein chronisch niedriges Selbstwertgefühl hatte oder aus einer Beziehungssituation kam, die ihr Selbstwertgefühl beschädigt hatte (vielleicht wurde sie geschlagen oder machte sogar gerade eine Scheidung durch).

In Zeiten niedrigen Selbstwertgefühls akzeptieren Frauen weit mehr als dann, wenn ihr Selbstwertgefühl intakt ist. Eine Überzeugung, dass sie eine erfüllte, befriedigende, gesunde Beziehung nicht verdiene, spiegelt den niedrigen Grad der Wertschätzung einer Frau wider. Wenn ein Mann einer Frau, die unter niedrigem Selbstwertgefühl leidet, nur ein wenig Aufmerksamkeit schenkt und wenn er ihr verspricht, dass er jeden Augenblick für sie verfügbar werden, sich scheiden lassen, mit seiner Freundin endgültig Schluss machen, etwas Neues anfangen, über jemanden hinwegkommen, ein anspruchsvolles Arbeitsprogramm beenden oder ein Hobby aufgeben wird, dann fällt sie ihm nur allzu oft mit Freuden in die Arme. Doch leider können zu viele Frauen Ihnen berichten, dass dieser Augenblick niemals kommt.

Für andere Frauen ist ein Verhältnis mit einem Mann, der verheiratet ist oder mit einer anderen noch eine Beziehung hat, ein Weg, um auf Nummer sicher zu gehen. Falls sie ihn von einer anderen Frau loseisen kann, so überlegt sie, bedeutet dies, es »sollte sein«. Vielleicht fühlt sie sich gar als Siegerin. Unter anderem auf diese Art versäumen es Frauen, sich die Wahrheit über ihr Tun, ihre Motive und das zwangsläufige Ergebnis zu sagen. Und falls es ihr nicht gelingt, ihn von seiner anderen Beziehung loszueisen, dann ist es trotzdem nicht ihr Fehler, da er bereits in festen Händen und nicht wirklich bereit für eine Beziehung mit ihr war. Sie kann sich ziemlich leicht mit dem Gedanken trösten, dass er emotional nicht bereit war. Doch das *wirkliche* Problem ist nicht, dass er emotional nicht bereit, sondern dass er emotional nicht verfügbar war.

Ein letzter Grund, warum es einem emotional nicht verfügbaren Mann gelingen könnte, Frauen anzuziehen, ist, dass der Erregungseffekt des »gestohlenen Augenblicks« berauschend sein kann für eine Frau, die eine Schwäche für seifenopernartige Dramen in ihrem Leben hat. Eine Frau, die gelangweilt ist oder der es gefällt, den Regeln der Gesellschaft den »Stinkefinger zu zeigen«, findet vielleicht, dass eine Beziehung mit einem verheirateten Mann der perfekte Weg ist, um sich von den Werten abzuwenden, mit denen sie aufgewachsen ist.

Einige der Frauen, die ihre Geschichten für dieses Buch erzählten, wiesen darauf hin, dass viele ihrer Männerbeziehungen vom Kindes- bis ins Erwachsenenalter Beziehungen mit emotional nicht verfügbaren Männern gewesen seien. Sie hatten Väter, Brüder, frühere Freunde oder Ehemänner gehabt, die nicht verfügbar gewesen waren. Ihr ganzes Leben lang hatten sie mit diesen Männertypen zu tun gehabt, sodass es jedes Mal schwer war, den Unterschied zu erkennen, wenn ein neuer gefährlicher Mann in ihr Erwachsenenleben trat. Sie wiederholten einfach, woran sie sich gewöhnt hatten.

Geschichten von Frauen

Nichts ist trauriger als eine Heartbreak-Hotel-Geschichte, vor allem wenn man am Ende begreift, dass sie vermeidbar war. Die Frauen, die ihre Geschichten hier erzählen, versuchen Sie davon abzuhalten, überhaupt einzuchecken.

JAMIES GESCHICHTE

Jamie, eine Grafikdesignerin im mittleren Alter, war zweimal verheiratet. Ihre Ehemänner waren beide untreu gewesen und hatten die Charaktereigenschaften eines emotionalen Räubers. (Für mehr Informationen über emotionale Räuber siehe Kapitel 10.) Ihren ersten Mann heiratete sie kurz nach der Highschool, und bald darauf fing er an, Affären zu haben. Ihr Selbstwertgefühl erhielt einen empfindlichen Dämpfer. Sie hoffte, dass es vielleicht ein Zufall war, dass ihre erste Ehe so verlaufen war, und ihre zweite anders wäre. War sie aber nicht. Sie suchte sich Räuber Nummer zwei aus, und bald fing auch er an, Affären zu haben. Aber Jamie blieb noch eine Weile und versuchte die Beziehung zu retten.

Jamie wusste, was für ein Gefühl es war, mit einem emotional nicht verfügbaren Mann verheiratet zu sein, der Affären mit anderen Frauen hatte. Da sie Ehemänner gehabt hatte, die fremdgingen, könnte man meinen, dass sie selber so etwas anderen Frauen nie antun würde. Man könnte meinen, dass sie eine natürliche Empathie für andere verheiratete Frauen gehabt hätte. Aber sie sagt: »Ich hatte den ganzen Beziehungskreislauf einfach langsam satt, denn wenn es darum geht, sich Männer auszusuchen, bin ich total mies – schlicht und einfach. Man macht sich irgendwie keine Illusionen mehr darüber, wen man sich aussucht, und dann geht alles. Man wirft einfach die eigenen Maßstäbe über Bord. Und ziemlich schnell ist man selber diejenige, die es anderen Frauen antut.«

Jamie wechselte von den emotionalen Räubern zu den emotional nicht Verfügbaren. Nach ihrer zweiten Scheidung ließ sie sich bei zwei getrennten Gelegenheiten wissentlich mit verheirateten Männern ein. Beim ersten Mal waren sie anfangs nur befreundet. Er bot an, ihr aus einer schlimmen Situation herauszuhelfen, und daraus entwickelte sich die Affäre, obwohl sie vermutet, dass er es von Anfang an darauf angelegt hatte. »Es ist gefährlich, mit verheirateten Männern befreundet zu sein«, sagt sie. »In den meisten Fällen bleibt es *nicht* dabei.« Binnen Kurzem verwandelte sich die »schlimme Situation«, der sie gerade entkam, in eine fürchterliche Situation, da sie eine Affäre mit diesem verheirateten Mann hatte. »Ich konnte nicht glauben, dass ich es tat. Es war ein scheußliches Gefühl, aber hier war ich.«

Beim zweiten Mal lerne Jamie einen Mann übers Internet kennen, und zwischen beiden »funkte« es. Sie hatten gemeinsame Interessen, und er schien zu bieten, wovon sie glaubte, dass sie es brauchte. Er erzählte ihr nicht sofort, dass er verheiratet war, und ihr kam nicht in den Sinn, dass die unsicherste Art der Partnersuche im Cyberspace stattfindet. Es gibt keine Möglichkeit, persönlich nachzuprüfen, was er über sich sagt, und es gibt keine Körpersprache, die man deuten könnte. Das Warnsignal-System funktioniert nicht richtig, weil die Wirkung auf die potenzielle Partnerin nicht auf dem beruht, was die physischen Sinne ihr vermitteln. Partnersuche im Netz ist auf Fantasie gründende Interaktion, bei der Leute die Möglichkeit haben, sich weit mehr vorzustellen, als vermutlich existiert oder jemals existieren wird.

Aber all dies fand Jamie recht bald heraus. Als sie erfuhr, dass er verheiratet war, kam sie gefühlsmäßig schon nicht mehr aus der Beziehung heraus, weshalb Jamie ihr Verhältnis vernünftig erklärte, indem sie sagte, dass sie diejenige sei, die sich als seine Frau empfinde. Sie sagte sich, dass sie emotional stärker miteinander verbunden seien als er mit seiner rechtmäßigen Ehefrau. Sie sagte sich, dass sie und die Ehefrau beide bekämen, was sie von der Beziehung wollten. Die Ehefrau bekam das Geld und die Rechtmäßigkeit, während Jamie sich sicher war, dass sie diejenige war, die »seine Gefühle, seine Zeit und ihn« bekam. Natürlich bestand ihr Verhältnis zum größten Teil lediglich aus dem Austausch von E-Mails.

Er bat sie wiederholt, ihn zu heiraten, obwohl er seine Ehe nie aufgab. Jamie registrierte nicht, dass dies ein ziemlich lächerlicher Antrag war. Er wollte noch eine Ehefrau, obwohl er schon eine hatte, und tat nichts, um geschieden zu werden. Es war eine Möglichkeit, Jamie einen Köder unter die Nase zu halten, um sie in der Beziehung zu halten, während er nichts unternahm, um seine Ehe zu beenden. Dies ist eine weitverbreitete Masche bei diesen gefährlichen Männern. Der Zustand, dass er »unglücklich, aber noch zu Hause« ist, kann Jahre anhalten.

Schließlich holte die Realität Jamie ein, und sie machte Schluss. »Ich fing an, mich über seine Frau zu ärgern, weil sie ihn jede Nacht, an den Wochenenden und im Urlaub für sich hatte«, sagt sie. »Seine ständigen Versprechungen einer Scheidung, die nie kam, und seine Unfähigkeit, die Sache durchzuziehen, zermürbten mich. Am Anfang dachte ich, sie und ich, wir hätten beide an ihm, was wir wollten, aber das stimmte offensichtlich nicht, denn ich fing an, mich über alles an ihr, an ihm und an der Beziehung zu ärgern. Ich wollte es mir nicht eingestehen, aber ich wollte mehr.«

Jamie sagt, ihre Gründe, warum sie sich mit zwei verheirateten Männern einließ, hätten nichts mit Unschuld, vermeintlicher Sicherheit oder Vergnügen zu tun. Sie sagt:

»Als wenn ich nicht gewusst hätte, was ein verheirateter Mann wollte! Ich wusste Bescheid. Ich glaubte nicht, dass er mich unbedingt von meinem gegenwärtigen Leben erlösen wollte, obwohl ich bei einigen der

Männer hoffte, es würde mehr daraus. Und es war nicht bloß wegen des sexuellen Kontakts. Es war, weil ich jemandem ein paar gestohlene Augenblicke lang wichtig war, und sie haben mich geliebt und sahen mich, wie ich mich selbst nie gesehen habe – als schön und wundervoll. Natürlich dachte ich damals, dass er genau das sagte und meinte. Aber wenn ich so schön und wundervoll war, wo ist er dann?«

TINAS GESCHICHTE

Auch Tina ließ sich wiederholt mit emotional nicht verfügbaren Männern ein. Die Studentin, die an ihrem Magisterabschluss arbeitet, sagt, dass sie sich unlängst erst von einem arbeitswütigen, beruflich ehrgeizigen Mann erholt habe. Von jemandem seiner Karriere wegen sitzen gelassen zu werden ist nicht leichter zu verkraften, als wenn ein Mann zu seiner Frau zurückgeht. Emotionale Unverfügbarkeit jeglicher Couleur läuft darauf hinaus, dass eine Frau mit einem Mann zusammen ist, der in ihrem Leben nicht anwesend ist.

Tina weiß heute etwas mehr über sich und ihre Präferenzen bei der Partnersuche. Dennoch war ihr jüngstes Verhältnis nicht das erste Mal, dass sie sich zu diesem gefährlichen Männertypus hingezogen gefühlt hatte. In ihrer Vergangenheit wimmelte es von nicht verfügbaren Junggesellen.

Tina sagt:
»Ich wuchs ohne Dad auf. Er setzte sich ab, um keine Alimente zahlen zu müssen, was mich wirklich verletzte, weshalb ich gelobte, mich und mein Herz immer zu schützen. Ich machte Männer ausfindig, die in meinen Augen ungefährlich waren. Aber für mich waren Männer dann ungefährlich, wenn sie in Situationen waren, wo ich wusste, dass sie mir nicht nahekommen konnten oder es nicht wollen und wahrscheinlich irgendwann gehen würden.
Als ich älter wurde, fragte ich mich, warum ich mir immer dieselben Männertypen aussuchte – ältere Männer, Männer in anderen Beziehungen, solche, die in einem anderen Bundesstaat lebten, karrierefixierte Männer, die auf Beförderungen aus waren, oder Männer, die frisch von der medizinischen Fakultät kamen und keine Zeit für eine Beziehung hatten.
Einerseits sabotierte ich mich selbst, indem ich mir Männer aussuchte, von denen ich wusste, dass sie mir nicht nahekommen würden, oder die gar nicht die Zeit hatten, mir nahezukommen; andererseits blieb ich doch, weil ich glauben wollte, dass sie mir irgendwann geben würden, was ich von meinem Dad gewollt hatte – das Gefühl, dass ich wirklich wichtig war. Ich brachte diese Männer in die Lage, als Ersatz für meinen

Dad zu dienen. Ich hoffte, irgendjemand, der ›beschäftigt‹ war, würde ausnahmsweise einmal mir den Vorzug geben vor seiner Karriere, seinem Job, seiner Ausbildung. Irgendjemand irgendwo im Universum würde sich melden und mich ein Teil seines Lebens sein lassen, der wichtig war. Ich brauchte unbedingt das Erlebnis, dass jemand den Schritt weg von dem, was ihm wichtig war, hin zu mir machte. Es ist idiotisch. Es passierte auch nicht. Immer wieder gingen sie. Sie betrogen mich, machten Schluss mit mir, gingen zu ihren Freundinnen oder Ehefrauen zurück, nahmen einen neuen Job an, der ihnen noch weniger Zeit für mich lassen würde, oder schrieben sich für weitere Kurse ein. Ich stand bloß immer wartend da, mit leeren Händen. In gewisser Hinsicht hatte ich wohl mit meinen damaligen Zielen Erfolg – ich versagte erfolgreich dabei, Männer auszuwählen, die mir geben konnten, was ich wollte.«

JONALYNS GESCHICHTE

Jonalyn, eine afroamerikanische Zeitschriftenautorin im vorgerückten mittleren Alter, reagierte auf meine Bitte um Informationen über emotional nicht verfügbare Männer mit Schnoddrigkeit und Selbstvertrauen. Selbstbewusst berichtete sie, dass ihr kürzlich verstorbener Mann eine Beziehung mit ihr angefangen hatte, als er noch mit einer anderen verheiratet war. Irgendwann heirateten sie, und als seine Gesundheit nachließ, fing sie mit einem anderen verheirateten Mann ein sexuelles Verhältnis an. Sie dachte, die Tatsache, dass sie beide verheiratet waren, sei eine Garantie dafür, dass keiner von ihnen die Affäre publik machen würde. Aber irgendwann plauderte er es aus, und sie beendeten die Affäre, sobald sie zur Rede gestellt wurden.

Jonalyn hatte danach noch eine weitere Affäre, die mehrere Jahre anhielt. Als ihr Mann schließlich starb, ließ ihr Liebhaber sie augenblicklich sitzen, weil er Angst davor hatte, dass sie nun für eine dauerhaftere Beziehung verfügbar war. Das kommt bei emotional nicht verfügbaren Männern häufig vor. Eine Affäre zu haben ist eine Sache; eine Dauerbeziehung zu führen ist eine andere. Und Letzteres ist mit ziemlicher Wahrscheinlichkeit nicht sein Ziel.

Jonalyn schwor, diese Fehler nicht noch einmal zu machen. Davon überzeugt, dass sie ihre Lektion gelernt hatte, als sie von dem einen Mann in die Pfanne gehauen wurde und ein anderer sie sitzen ließ, sobald sie verfügbar war, meinte sie, dass das, was sie zu diesem gefährlichen Männertyp getrieben hatte, auf jeden Fall hinter ihr läge, was auch immer es gewesen war. Gewiss lehrten ihr Schmerz und ihr Kummer sie, dass diese Männer sich niemals der Herausforderung stellen und »verfügbar werden« würden.

Aber Jonalyn geriet in *noch* eine Beziehung mit einem verheirateten Mann, einem, den sie schon seit Jahren kannte. Er behauptete, seine Ehe drohe in die Brüche zu gehen, weil seine Frau gerade entbunden habe und ihre Aufmerksamkeit sich ganz auf das neue Baby richte statt auf ihn. Wie zu erwarten, lernte Jonalyn, dass es zwei Paar Schuhe sind, ob ein Mann seine Ehe als »kaputt« beschreibt oder ob er seine Frau tatsächlich verlässt. Trotzdem dauerte ihre Affäre mehrere Jahre, und er verließ seine Frau nie. Wieder hatte Jonalyn Jahre in eine Beziehung investiert, die in die Brüche ging.

Trotz dieser letzten Episode behauptete Jonalyn, sie sei der Ansicht, dass Verhältnisse mit emotional nicht verfügbaren Männern jetzt eigentlich zu ihrem Lebensstil passten und genau das seien, was sie wolle, und eben nicht irgendetwas Ernsteres. Obwohl ihre früheren Aussagen darauf hindeuteten, dass sie verletzt worden war, hatten die Folgen ihrer Verhältnisse mit gefährlichen Männern sie gefühllos gemacht, und sie hatte sich mit dieser Art von Beziehungen abgefunden.

»Die Regeln von Beziehungen sind nichts für mich«, erklärte sie keck. Das hat sie sich zumindest sagen müssen, um ihre Serie von zum Scheitern verurteilten Beziehungen mit irgendeinem noch halbwegs intakten Selbstwertgefühl zu überstehen. Aber nach einigem Nachdenken räumte sie ein: »Ich bin es, die emotional nicht verfügbar ist.« Auf manche Frauen mag dies zutreffen. Diese Frauen zieht es zu emotional nicht verfügbaren Männern, weil auch sie wegen ihrer eigenen Vergangenheit oder psychischer Probleme nicht verfügbar sind. Was Jonalyn betrifft, so hinderte der Umstand, dass sie sich mit emotional nicht verfügbaren Männern zusammentat, sie daran zu erkennen, dass auch sie den Anforderungen von Monogamie und Vertrautheit nicht gewachsen war.

Bei diesem Verhalten gilt die höchste Alarmstufe – eine Checkliste

Der emotional nicht verfügbare Mann

- hat Interessen, Hobbys, Sportarten, Arbeit, Bildungsziele, Freunde oder irgendeine Kombination aus alldem, die stets vor der Beziehung und Ihren Bedürfnissen rangieren
- ist so sehr mit seiner Karriere beschäftigt, dass langfristige Partnersuche, Verlobung oder Ehe nie als Option erwogen werden

- ist stark mit sich selbst und seinen eigenen Aktivitäten und Problemen beschäftigt, was ein echtes Interesse an Ihnen, Ihrem Leben, Ihren Bedürfnissen oder Ihren Interessen ausschließt

- ist noch verheiratet, verlobt, trifft sich noch mit einer anderen oder hat ein Verhältnis mit ihr

- ist »noch nicht ganz auseinander mit einer anderen«, aber »unglücklich« in der Beziehung

- braucht jemanden, der ihn »versteht«

- unterstellt eine unmittelbare Beziehung zu Ihnen als jemandem, der ihn so »versteht«, wie »sie es nicht tut«

- nimmt sich keine Zeit zwischen dem Ende einer Beziehung und dem Beginn der nächsten

- scheint vom Ende einer Beziehung nicht aus der Fassung gebracht worden zu sein

- verspricht, seine Beziehung mit einer anderen zu beenden, aber andauernd kommen »Gründe« dazwischen, warum er es nicht kann

- Affären und Indiskretionen haben eine lange Tradition bei ihm

- hat vielleicht schon lange eine psychische Krankheit

- ist möglicherweise süchtig

Ihre Verteidigungsstrategie

Emotional nicht verfügbare Männer sind zu Beginn der Beziehung aufregend. Zumindest anfangs sind sie aufmerksam und lebenslustig. Diejenigen, die von ihren anderen Interessen getrieben werden, klingen aufrichtig, wenn sie versprechen, sie würden sich Zeit für Sie nehmen. Diejenigen, die in anderen Beziehungen stecken, wirken geheimnisvoll; ihre gestohlenen gemeinsamen Augenblicke können die heimliche Liebschaft intensivieren. Sie klingen unglücklich, wenn sie ihre andere Beziehung schildern und wenn sie darüber reden, wie glücklich Sie sie machen und wie erfüllt sie durch Sie sind. Sie versprechen, Sie wären als Nächste an der Reihe. Aber Sie kommen niemals dran.

Es scheint auf der Hand zu liegen, dass von allen Kategorien gefährlicher Männer dieser Typus derjenige ist, mit dem sich eine Beziehung am ehesten vermeiden lässt. Sicher, es gibt immer Geschichten über Frauen, die nicht wussten, dass ein Mann sich allzu sehr für seine Arbeit und seine Hobbys engagierte oder schon »vergeben« war (siehe Kapitel 6 über den Mann mit dem heimlichen Leben). Aber irgendwann kommen diese Informationen immer ans Licht.

Was Männer betrifft, die in anderen Beziehungen stecken, sind Sie am Zug, um eine Entscheidung zu treffen. Die Psychologie lehrt uns, dass Schmerz ein grundlegender Motivator ist. Wir ändern unser Verhalten, wenn wir unsere Schmerzgrenze erreicht haben. Wenn Sie sich mit verheirateten Männern einlassen, werden Sie mit Sicherheit schnellstens an Ihre Schmerzgrenze gelangen. Es wird Sie lehren, verheiratete Männer aus demselben Grund zu meiden, aus dem Sie sich nicht aus freien Stücken mit Nadeln ins Auge stechen – *Schmerz!* Aber ein zweiter und ebenso wichtiger Grund, Verhältnisse mit verheirateten Männern abzulehnen, ist Ihre Integrität. Wann auch immer Sie von seiner anderen Beziehung erfahren, empfehle ich Ihnen, auf der Stelle Ihre Beziehung mit ihm zu beenden. Sagen Sie ihm, er solle Sie nicht mehr anrufen. Falls nötig, wechseln Sie Ihre Telefonnummer oder E-Mail-Adresse – tun Sie alles, was erforderlich ist, um den Kontakt mit ihm zu beenden.

Frauen müssen sich die Frage stellen, wie emotional verbunden ein Mann mit ihnen wirklich sein kann, wenn er 80 Stunden pro Woche bei der Arbeit oder in Hobbys vertieft verbringt oder wenn er verheiratet oder verlobt oder ernsthaft mit einer anderen liiert ist. Wenn eine Frau einen Mann sucht, dessen Zuneigung sich auf sie konzentrieren soll, dann ist eine Beziehung mit einem emotional nicht verfügbaren Mann eine der besten Methoden, sich selbst und die eigenen Gefühle zu sabotieren. Diese Männer sind gefährlich, weil das Ergebnis eines Verhältnisses mit ihnen immer zumindest frustrierend und schmerzhaft und im schlimmsten Fall katastrophal ist. Sie sind auch gefährlich, weil das Chaos, das sie anrichten, sie wenig zu kümmern scheint. Darüber hinaus sind manche Frauen in dem Irrtum befangen, dass ein Mann, wenn er verheiratet ist, nicht auch noch psychisch gestört, abhängig, pathologisch oder gewalttätig sein kann. In Wahrheit hat er ebenso das Zeug dazu, diese Probleme zu haben, wie jeder andere auch. Verwerfen Sie diese Möglichkeit nicht, indem Sie denken, sein einziges Problem sei, dass er sich außer auf seine Beziehung mit Ihnen noch auf etwas anderes konzentriert.

Männer, die untreu sind, indem sie mit Ihnen zusammen sind, werden wahrscheinlich auch *Ihnen* untreu sein. Sein Problem ist nicht, dass er mit der falschen Frau zusammen ist; sein Problem ist, dass er den falschen Charakter hat. Sein Charakter wird sich, wenn er mit Ihnen zusammen ist, um keinen Deut von dem Charakter unterscheiden, den er hatte, als er mit ihr zusammen war, weil es nichts mit den Frauen, mit denen er zusammen ist, zu tun hat, sondern einzig und allein mit ihm. Charakter besteht aus den Persönlichkeitsmerkmalen eines Menschen. Der Charakter ändert sich nicht, wenn man Kleidung oder Frisuren wechselt.

Ihre eigene Integrität einzusetzen kann eine brauchbare Verteidigungsstrategie dagegen sein, sich mit einem emotional nicht verfügbaren Mann einzulassen. Wenn ein verheirateter Mann sich an Sie herangemacht hat, dann ist seine Integrität offenbar nicht intakt. Aber wo ist Ihre? Verpflichten Sie sich, einfach nichts mehr mit Männern anzufangen, die verheiratet oder verlobt sind, ernsthaft mit einer anderen Frau zusammen sind oder noch nicht ganz aus einer Beziehung raus sind. Und verhalten Sie sich auch sich selbst und Ihrer eigenen emotionalen Gesundheit gegenüber integer, indem Sie sich verpflichten, nichts mit Männern anzufangen, die zu sehr von anderen Zielen in Anspruch genommen werden, um ein echtes Interesse an einer ernsthaften Beziehung zu haben.

Vergessen Sie nicht die Erfahrungen unzähliger Frauen, die Ihnen berichten können, dass die Chancen, dass ein Mann, der ein Verhältnis mit einer anderen hat, für Sie verfügbar werden wird, selbst dann verschwindend gering oder gleich null sind, wenn Sie eine Spielerin sind. Obwohl viele dieser Männer selbst die Ehe nicht als dauerhafte Institution ansehen, werden einige versuchen, verheiratet zu bleiben, auch wenn sie nebenher Affären haben, weil sie damit verhindern, dass ihre anderen Techtelmechtel zu ernsthaft werden. Es kann sein, dass sie behaupten, wegen ihrer religiösen Überzeugungen verheiratet zu bleiben (obwohl sie nur allzu gern in Ihr Bett hüpfen), um der Kinder willen oder aus finanziellen Gründen. Das Wichtigste für ihn ist, den Status quo aufrechtzuerhalten: eine Ehefrau zu Hause und andere Frauen oder Zerstreuungen nebenher.

Weibliche Einsichten

Ein häufiges Thema unter den Antworten vieler Frauen, die sich an meinen Recherchen beteiligten und Verhältnisse mit emotional nicht verfügbaren Männern gehabt hatten, wird von Ali zusammengefasst, einer 35-jährigen Geschäftsführerin aus Vorderasien. Sie sagt:
»Ich habe geglaubt, was er mir darüber erzählte, wie toll ich sei. Ich war bis dahin nicht groß mit Männern zusammen, sodass ich nicht übermäßig viel Erfahrung hatte. Mein Selbstwertgefühl war niedrig, obwohl ich es damals nicht für niedrig hielt – aber das musste es sein, weil ich so etwas machte! Es war ein schönes Gefühl zu hören, was er sagte. Mir war egal, dass er verheiratet war. Ich wollte sowieso nichts

Ernstes mit ihm anfangen. Natürlich fragte ich mich, warum seine Frau seinen Scheiß tolerierte, aber ich hatte nie das Gefühl, dass ich diejenige war, die ihr wehtat. Es war ihr Mann, der das Leid verursachte. Zumindest redete ich mir das ein.«

Im Gegensatz zu manchen Frauen kam Ali zu einigen realistischen Schlussfolgerungen über emotional nicht verfügbare Männer und den Schaden, den sie anderen zufügen. Sie fährt fort:
»Zuerst dachte ich, es würde Spaß machen ... auf Kosten anderer. Heute denke ich, dass ich nicht das Recht habe zu entscheiden, ob irgendjemandes Beziehung enden sollte oder nicht. Sie sollten es einvernehmlich entscheiden und nicht, weil ich in ihre Beziehung eingefügt worden bin, sondern anhand der Vorzüge ihrer eigenen Beziehung. Aber das geht nicht mitten in einer Affäre. Da ist nichts klar. Heute tut es mir leid, welchen Schmerz ich seiner Familie zugefügt habe. Selbst wenn seine Frau es nie herausfand, habe ich sie verletzt, und ich habe mit ihrer Ehe gespielt, die auch nur anzurühren ich nicht das Recht hatte. Es war nicht meine.«

Charla, eine 55-jährige Südstaaten-Schönheit, sagt, sie sei für ihren emotional nicht verfügbaren Mann verfügbar geblieben, weil *»ich diejenige sein wollte, die diese Mauer durchbricht und ihn lehrt, was es heißt, jemanden wirklich zu lieben. Klinge ich da nicht narzisstisch? Als wäre ich eine Märtyrerin oder so was. Was ich gelernt habe, ist, dass ich niemandem irgendetwas beibringen kann. Bei ihm hat es nicht funktioniert! Nach 34 Jahren einer Beziehung mit ihm bin ich trotzdem hier, allein!«*

Jamie, deren Geschichte zu Anfang dieses Kapitels erscheint, erinnert uns an den Schmerz, den eine Frau im Herzen empfinden muss, wenn sie sogar einen gefährlichen Mann erträgt. Sie sagt:
»Wir alle sind auf der Suche nach einer persönlichen Verbindung, nach irgendeinem Grund, nicht allein zu sein. Und genau da packen sie uns. Sie drücken bei uns auf die Tränendrüsen, und alles andere ergibt sich. In dem Moment zählt nicht, dass sie uns eigentlich nicht gehören – und nie gehören werden. Es ist schwer, Mitleid mit mir selbst zu haben, weil ich im Augenblick so sehr leide. Ich habe es getan. Was in mir lässt mich glauben, das sei in Ordnung gewesen? Warum habe ich mir so jemanden ausgesucht? Das Warnsignal war offenkundig – wenn er mit einer anderen zusammen ist, lässt du dich nicht auf ihn ein. Ich hasse es, dass ich das der Frauenwelt angetan habe. Man will einfach, dass Frauen in dieser Frage moralisch überlegen bleiben. Wir können es. Ich weiß, dass wir es können.

Aber mit jemand anderem zusammen zu sein, egal wie sehr er beteuert,
unglücklich zu sein, bedeutet, dass er gegenüber seiner momentanen
Beziehung nicht offen und ehrlich ist – warum also glaube ich, dass
er jemals mir gegenüber offen und ehrlich sein wird? Dies ist sein
Charakter, den ich im Voraus so klar erkennen könnte: Er belügt
Frauen. Und ich bin eine Frau, und er wird auch mich belügen – und
er hat es getan. Diese Männer verlassen nicht, mit wem sie zusammen
sind. Sie suchen nicht Liebe; sie suchen eine Ablenkung davon, wer sie
wirklich sind.
Ich bin ein guter Mensch. Beziehungsweise ich dachte, ich wäre einer –
aber dass ich meine eigene emotionale Gesundheit gefährden würde,
indem ich etwas so offensichtlich Dummes tue, bringt mich doch
ins Grübeln über mich. Ich weiß verdammt gut, dass diese Dinge nie
gut gehen. Wir alle wissen, wie diese Geschichten enden. Es ist so
vermeidbar. Also ging ich zur Therapie. Es gibt einen tieferen Grund,
warum ich das getan habe. Ein Teil von mir will es einfach nicht ernst
nehmen und sich nicht näher damit befassen, warum ich es getan habe.
Aber ich will es nicht wieder tun, deshalb bin ich bereit zu leiden, um es
zu untersuchen. Ich will es bagatellisieren und sagen, es sei nur so zum
Spaß gewesen, oder ich wüsste es nicht oder irgendwas. Ich will es nicht
erzählen, wie es ist. Mein Therapeut hat mich zusammengestaucht
deswegen – es war der Weckruf, den ich gebraucht habe. Dies sagt
mindestens so viel über mich aus wie über die Männer. Denn wenn ich
sage, ich möchte eine echte Beziehung, die sich zu etwas Dauerhaftem
entwickeln kann, dann muss ich an einer Stelle fischen, wo das auch
möglich ist. Und an dieser Stelle hatte ich gar nicht gesucht.«

KAPITEL 6: **DER MANN MIT DEM HEIMLICHEN LEBEN**

Gerade wenn Sie meinen, Ihren Mann zu kennen, erinnert Heiko Heimlichtuer Sie daran, dass Sie ihn manchmal nicht so kennen, wie Sie tatsächlich sollten. Und das nicht unbedingt, weil Sie es nicht versucht hätten. Sondern weil man Sie nicht lässt.

Heiko Heimlichtuer

Von allen gefährlichen Männertypen fühlen sich Frauen von dem Mann mit dem heimlichen Leben hinterher vielleicht am meisten »eingeseift« und »zum Narren gehalten«. Eine Frau kann nicht entscheiden, ob ein Mann ungeeignet für sie ist, wenn sie nicht weiß, was er tatsächlich im Schilde führt. Sie kann keine faktenbasierte Entscheidung über ihn treffen, wenn sie nicht informiert ist. Diese Bewohner stiller Kämmerlein sind verschlossene Männer. Was Sie nicht wissen, *kann* Sie verletzen und wird es wahrscheinlich auch. Das weiß er auch, weshalb Sie in keine Informationen über sein früheres Leben, seine gegenwärtigen Probleme oder seine eventuellen Zukunftspläne eingeweiht sind.

Diese Männer haben komplizierte Geschichten. Es gibt keine einfachen Antworten darauf, warum sie sich so benehmen. Manche haben psychische Probleme am Hals, die sie bewogen haben, einen auf Verschwiegenheit und Lügen fußenden Lebensstil zu kultivieren. Andere hatten eine schwierige Kindheit oder Eltern, die absichtlich sehr zurückgezogen lebten. Vielleicht hatte er einen Elternteil, der Schwerverbrecher, Drogendealer oder Prostituierte war. Oder einen Elternteil, der erfolgreicher Geschäftsmann war und seinen Reichtum vor den Augen des Finanzamtes schützte. Wie auch immer die Situation war, in vielen Fällen waren es Familienmitglieder, die ihm beibrachten, wie er den größten Teil seines Lebens dem Blick anderer entziehen konnte. In anderen Fällen sind die problematischen Verhaltensweisen mit Abhängigkeiten verknüpft – sexuellen, beziehungsmäßigen, Drogen und/oder Alkohol, Glücksspiel oder einem nicht zu stillenden Erlebnishunger, der ebenfalls ein großes Problem darstellt. Wie auch immer seine Vergangenheit aussieht, die Tatsache, dass dieser gefährliche Mann sich zum pathologischen Verheimlicher entwickelte, ist das, wovor Frauen auf der Hut sein müssen.

Männer mit einem heimlichen Leben fühlen sich mit Menschen nicht wirklich verbunden. Ihre Aufmerksamkeit wird mehr von Erregung, Adrenalin und der Suche nach Nervenkitzel beansprucht als von der Liebe einer Frau. Sie sehnen sich nach dem Hoch des Augenblicks, der Jagd und der Herausforderung, ohne erwischt zu werden – von der Polizei, ihren Müttern oder Ihnen. Adrenalin ist ihre Geliebte, wenn Sie nicht da sind. Weil ein Großteil ihrer Energie vom Verwischen von Spuren in Anspruch genommen wird, während sie eifrig den nächsten Kick suchen, können Männer mit einem heimlichen Leben an sehr vielen unterschiedlichen Aktivitäten beteiligt sein, über die Sie größtenteils wahrscheinlich entsetzt wären, würden sie dahinterkommen. Andere sind nur in eine einzige ungesetzliche, unerlaubte oder unmoralische Aktivität verwickelt. Es kann sein, dass ihre Aktivitäten sich häufig ändern, vielleicht um früheres Fehlverhalten zu verschleiern. Ihre Identitäten wechseln mit ihrem neuesten Interesse.

Frauen beschreiben Männer, die heimliche Leben haben, als zurückhaltend und zerstreut, und sie haben vollkommen recht. Es passieren einfach zu viele interessante Sachen, wenn Sie nicht da sind! Die Identitäten dieser Männer lassen sich nicht an ihren Beziehungen festmachen. Im Gegensatz zu lästigen Kletten oder ewigen Kindern versuchen sie nicht, in Ihnen zu sich selbst zu finden. Sie versuchen, mehrere Eisen im Feuer zu haben, während sie Sie im Unklaren lassen. Es bedarf einer Menge Energie, so viel auf einmal laufen zu haben.

Da ich unerlaubtes, ungesetzliches und gefährliches Verhalten beschreibe, spreche ich bestimmt über die Versager der Gesellschaft, stimmt's? Nicht unbedingt. Männer mit heimlichen Leben können Polizeibeamte, Ärzte, Geschäftsleute, Musiker oder Geistliche sein. Was sie als »Brotberuf« ausüben, hat gewöhnlich nichts mit dem zu tun, was sie nebenher machen. Diese Männer haben eine unheimliche Fähigkeit, die unterschiedlichen Bereiche ihrer Existenz voneinander abzuschotten, sodass ihr Berufsleben und ihr verheimlichtes pathologisches Leben in keinem Zusammenhang zu stehen scheinen – zumindest nicht in ihren Köpfen.

All dies garantiert förmlich, dass ein Mann mit einem heimlichen Leben ein Kombi-Pack ist. Seine psychischen Probleme, seine Abhängigkeiten, seine emotionale Unverfügbarkeit und seine räuberischen Instinkte wirken zusammen und machen ihn zu jemandem, den man fürchten muss. Seine Versteckspiele sorgen dafür, dass Frauen ahnungslos sind, was seine wahren Absichten betrifft.

Aber genau damit rechnet er! Er genießt den Luxus, jenseits Ihrer Blicke und Ihrer Kenntnis ein vollkommen anderes Leben zu führen.

Die Welt ist für ihn ein Tummelplatz. Was er tut und mit wem, wird nur durch seine Fantasie und Ihren Informationsmangel begrenzt.

Er meint einen berechtigten Anspruch zu haben, das eine zu wollen, ohne das andere zu lassen. Schließlich geht es wirklich niemanden sonst etwas an, was er privat treibt. Dies ist eine unter Männern mit einem heimlichen Leben weit verbreitete Ansicht. Sie glauben tatsächlich, dass ihr Leben ihnen gehöre und es ihnen freistehe, zu tun und zu lassen, was sie wollen, solange sie es nicht vor Ihrer Nase tun. Regeln, Gesetze, Erwartungen der Gesellschaft – all das ist belanglos für einen solchen Mann, selbst wenn er Jurist ist oder im Polizeivollzugsdienst arbeitet. Ihn über soziale Normen und Konventionen zu belehren, ist etwa so sinnvoll, wie ihm mit Statistiken zu kommen. Wenn es um irgendeinen der Aspekte seines Lebens geht, die er geheim hält, gelten die Regeln für ihn nicht.

Selbst seine Familienangehörigen und engsten männlichen Freunde wissen nicht immer, was dieser gefährliche Mann im Schilde führt. Sie können nur auf die Geheimnistuerei anspielen, derer er sich schon immer befleißigt hat. Er »ist ein zurückhaltender Mensch«, »mag keine anderen Leute in seinen Angelegenheiten«, »hat sein Privatleben immer für sich behalten«. Wahrscheinlich gibt es Gründe, warum das alles stimmt – Gründe, von denen Sie wissen sollten, denn »Privatleben« ist normalerweise eine nette Umschreibung für ein »Leben hinter verschlossenen Türen«. Und wir kennen die Art von Dingen nur zu gut, die »unter dem Deckel« gehalten werden – Dinge wie Ehefrauen, andere Frauen, verheimlichte Kinder, Abhängigkeiten von Drogen oder anderen Substanzen, kriminelle Vorgeschichten, Zweitwohnungen, Alternativnamen, geschützte Verbindlichkeiten, Krankheiten, verdeckte Bisexualität, Aufenthalte in psychiatrischen Kliniken, transsexuelle Episoden, Haftbefehle und Sexualstraftaten. Und das ist erst der Anfang der Liste.

Von diesen Seiten in Leben und Charakter eines Mannes sollte eine Frau wohl wissen, *bevor* sie den Entschluss fasst, eine Beziehung anzufangen.

Welchen Frauentyp sie suchen

Der Feind Nummer eins des Mannes mit dem heimlichen Leben ist ein forschender Geist, gefolgt von hartnäckigen Fragen und einer lebhaften Intuition. Daher leuchtet ein, dass die Art von Frauen, für die dieser Typ Mann sich interessiert, jene Frauen sind, die nicht nachforschen, hinterfragen oder nachfassen.

Männer mit heimlichen Leben mögen Frauen, die vertrauensselig sind – und die es vor allem auch bleiben wollen. Manchen Frauen ist sehr daran gelegen, Vertrauen als Grundwert in ihren Beziehungen mit Männern zu erhalten – so sehr, dass sie sogar bereit sind wegzuschauen, um nicht erleben zu müssen, wie ihr Vertrauen missbraucht wird. Das auf Vertrauen basierende Wertesystem einer Frau und ihr Wunsch zu vertrauen sind entscheidend für diesen gefährlichen Mann.

Bei meinen Recherchen über Frauen, die mit gefährlichen Männern zusammen waren, wiesen Frauen immer wieder darauf hin, dass sie in Elternhäusern erzogen wurden, in denen ihre Mütter betonten, wie wichtig es sei, Menschen großzügig zu vertrauen. Frauen, die bei Männern landeten, die verheimlichte Leben hatten, zeigten ein Verhaltensmuster, wonach sie nicht verlangten, dass Menschen im Voraus ihren Charakter und ihre Vertrauenswürdigkeit unter Beweis stellten. Vertrauen wurde offen und großzügig gewährt, ohne viel zu fragen. Wurde dieses Vertrauen missbraucht, bestand die Reaktion aus zweiten, dritten und mehr Chancen. Dies ist genau die Frau, die dieser gefährliche Männertypus will: die etwas naive Frau, die fehlendes Vertrauen mit Unhöflichkeit gleichsetzt. Und Unhöflichkeit wäre das Schlimmste, was man ihr nachsagen könnte. Sie scheint nicht zu glauben, dass es schlimmer ist, eine seelische Verletzung zu erleiden, als unhöflich zu sein.

Wenn es um ihre Wirkung auf diese Männer geht, kommen Frauen, die abgelenkt sind, gleich an zweiter Stelle hinter Frauen, die allzu vertrauensselig sind. Eine Frau kann durch eine bevorstehende Scheidung abgelenkt sein, durch Kinder, mit denen sie Probleme hat, durch einen stressigen Beruf, ein aktives Leben, ihre eigenen äußeren Interessen – im Prinzip durch alles, was sie daran hindert, seine Widersprüche und ihre Ahnungen zu erkennen, sich wegen Ungereimtheiten in der Beziehung zu ihrem Partner zu erkundigen und nachzuhaken.

Frauen, die nur »zwanglos« mit einem Mann zusammen sein wollen, sind ebenfalls gute Kandidatinnen für einen Liebhaber, der viel verheimlicht. Frauen, die ungezwungen mit einem Mann zusammen sind, haben nicht immer die Angewohnheit, nach sehr vielen persönlichen Informationen zu graben. Sollte die Beziehung sich vertiefen, bemüht eine solche Frau sich dann vielleicht um diese Art von Informationen. In der Zwischenzeit geht sie gerne hin und wieder mit ihm essen, verbringt einen gemeinsamen Urlaub oder hat Sex mit ihm – was alles harmlos und vergnüglich zu sein scheint. Das Risiko, das sie eingeht, ist ihr kaum bewusst.

Schließlich hat das, was diese Männer verheimlichen, Einfluss darauf, mit wem sie zusammen sind. Ein Mann, der zum Beispiel die Tatsache verheimlicht, dass er verheiratet ist, sucht nach einer anderen Sorte Frau als ein Mann, der verheimlicht, dass er mit Drogen dealt.

Ihre Masche – warum sie bei Frauen erfolgreich sind

Ein Mann mit einem heimlichen Leben kann am Anfang verführerisch wirken. Mangels Informationen über ihn hält die Faszination vielleicht an. Sogar seine Unverfügbarkeit kann für manche Frauen aufregend sein. Er hofft, dass Sie etwas an seinem verschlossenen Auftreten attraktiv genug finden werden, um immer wieder zurückzukommen.

Ein Mann mit einem heimlichen Leben ist nicht dumm. Er weiß, was für Dinge Frauen auf die Palme bringen und sie verscheuchen – eine starke Motivation für ihn, jegliche abstoßenden Verhaltensweisen zu verbergen. Wahrscheinlich hat er gelernt, seine Eskapaden geheim zu halten, weil sie in der Vergangenheit Frauen verscheucht haben. Er hat aus seiner eigenen Erfolgsbilanz gelernt, was er öffentlich machen kann und was er besser für sich behalten sollte – und das meiste wird er lieber für sich behalten.

Andererseits wissen manche von diesen Männern nicht, was an dem, was sie tun, das Problem ist. Sie denken, sie können die unterschiedlichen Bereiche ihres Lebens getrennt halten. Sie glauben, wenn sie hier drüben bei dieser Tätigkeit »Gutes« tun, gleiche dies das »Schlechte« aus, das sie irgendwo anders tun. Der Mann mit dem heimlichen Leben sieht sein Leben als Waage, und solange seine »Güte« seine »Bosheit« aufwiegt, ist alles gut. Er ist erfolgreich, wenn er eine Frau finden kann, die ebenfalls zwischen seinen Verhaltensweisen differenzieren wird. Manche Frauen glauben, wenn er wohlhabend, berühmt oder attraktiv sei, dann gleiche dies die Tatsache aus, dass er verheiratet ist, ein Glücksspielproblem oder eine Krankheit hat.

Ein weiterer Grund für den Erfolg dieses gefährlichen Mannes ist der Umstand, dass er sich nur unklar äußert. Er verbirgt sein geheimes Leben, indem er sich als »äußerst zurückhaltenden« Menschen bezeichnet. Seine stoische Ruhe und Zurückhaltung erscheinen möglicherweise als stark und würdevoll, falls Sie in der Vergangenheit mit Männern zusammen waren, deren fehlende Grenzen Sie veranlassten, zu früh zu viel zu offenbaren. Manche Frauen finden ein bisschen »Diskretion« auf Seiten eines Mannes wahrscheinlich attraktiv.

Aber sehen Sie genauer hin und hören Sie besser zu. Wenn allmählich widersprüchliche Geschichten zum Vorschein kommen, dann ist das stets ein Zeichen, dass Sie mehr Informationen über ihn in Erfahrung bringen sollten. Vielleicht erwähnen seine Freunde Einzelheiten über sein Leben, die Sie nie gehört haben. Oder seine Familienangehörigen spielen auf Menschen aus seiner Vergangenheit an, von denen er Ihnen nie erzählt hat. Vielleicht gehören zu seinem Vorleben Namen, die er verwendete, unter denen Sie ihn nicht kennen, oder Berufe, die nicht zu dem passen, was er heute macht. Statt ihm einfach zu glauben, wenn er Ihnen erzählt: »Das war in meiner Vergangenheit, und ich fange jetzt noch mal von vorn an«, sollten Sie vielleicht besser wissen, von wo er noch mal von vorn anfangen will und warum.

Zu allem Übel ist der Mann mit dem heimlichen Leben in aller Regel ein Kombi-Pack-Mann. Das Wesen seiner Persönlichkeit qualifiziert ihn normalerweise für mindestens eine weitere Kategorie im Aufgebot gefährlicher Männer. Vielleicht ist er ein emotionaler Räuber oder ein Süchtiger. Meistens sind es Männer mit psychischen Problemen, die keine Skrupel haben, Frauen zu belügen. Kombi-Pack-Männer sind die zerstörerischsten von allen, weil man es bei ihnen per definitionem niemals mit nur einer Art von Gefährlichkeit zu tun hat. Stattdessen verweben sich ihre Probleme miteinander zu einem raffinierten und potenziell schädlichen Netz.

Geschichten von Frauen

Die Schrecken der nachfolgenden drei Geschichten sollten uns motivieren, jeden neuen Mann in unserem Leben zu prüfen, zu befragen und genau unter die Lupe zu nehmen.

NATASCHAS GESCHICHTE

Natascha, eine Krankenschwester mit vier Kindern, macht den Eindruck eines extrem ausgeglichenen Menschen. Sie ist gefühlvoll, einfühlsam, mitfühlend und geduldig, wenn es um Unzulänglichkeiten bei sich und anderen geht. Sie wirkt klüger, es ihrem Alter entspricht. Aber trotzdem gelang es ihr nicht, Buck zu entgehen.

Buck war ein charismatisches Chamäleon und er konnte stets der sein, den sie gerade in ihm brauchte. Verzweifelt über ihre jüngst zerbrochene Ehe, brauchte sie einen Menschen, dem sie sich anvertrauen konnte. Und auf der Bildfläche erschien Buck, ein Psychiater mit seiner eigenen langen Geschichte gescheiterter Ehen. Obwohl das für manche Frauen vielleicht ein Warnsignal gewesen wäre, hieß Natascha ihn als jemanden willkommen, mit dem sie problemlos reden konnte. Buck, mit seinem Dackelblick und seinem verständnisvollen Gehabe, gestand Natascha all die Zeit zu, die sie zum Reden brauchte.

Die beiden heirateten bald und führten ihre Familien zusammen. Mit Nataschas vier Kindern und Bucks dreien – eine bunte Patchworkfamilie waren sie!

Aber Buck hatte eine große narzisstische Ader. Seine Arbeit als Psychiater kam stets vor Nataschas Arbeit als Krankenschwester und ihrer neuerlichen Rückkehr auf die Schulbank, weil sie einen höheren Abschluss anstrebte. Weil sein Bedürfnis nach Anerkennung unstillbar war, arbeitete er ungewöhnlich lange. Immerzu buhlte er um die Stelle des Chefpsychiaters in seinem Krankenhaus; alles darunter war »nicht gut genug«. Natascha arbeitete fleißig in ihrem Job, drückte eifrig die Schulbank und kümmerte sich nebenbei auch noch um die sieben Kinder. Buck hatte an den Abenden normalerweise Besprechungen, sodass die Mehrzahl der Bedürfnisse der Kinder zur Abendessenszeit in Nataschas Zuständigkeit fiel.

Buck hielt oft Vorträge zu den Themen Ehe, Beziehungen, Abhängigkeiten und Missbrauch. Obwohl er mehrere gescheiterte Ehen hinter sich hatte, sah er keine Heuchelei in der Tatsache, dass er sich als Experte für Beziehungen präsentierte.

Buck hatte nie gut mit Geld umgehen können. Sein impulsives Naturell verleitete ihn dazu, Geld auszugeben, um sich von seiner wachsenden Langeweile abzulenken. Er war abwechselnd gelangweilt von seinem Privatleben, seiner Ehe, seiner Arbeit oder sich selbst. Tatsächlich blickte Natascha nicht richtig durch, worum es sich bei Bucks Langeweile eigentlich handelte. Aber irgendwann entdeckte sie ein paar Dinge, die seine Art des Umgangs damit betrafen. Sie waren schon einige Jahre verheiratet, als ihr auffiel, dass Buck zu viel trank. Sie erfuhr, dass Drogenmissbrauch bei ihm Tradition hatte und er sogar aus früheren Jobs entlassen worden war, weil er gemeinsam mit Patienten unpassend Drogen oder Alkohol konsumiert hatte, nachdem sie aus dem Krankenhaus entlassen worden waren. Bucks Drogen- und Alkoholgebrauch erfolgte heimlich, und Natascha bemerkte, dass er mit dem Interesse an seiner Familie zu- und abnahm.

Dann erfuhr Natascha, dass er vor Kurzem eine Affäre mit einer Praktikantin der psychiatrischen Abteilung seines Krankenhauses gehabt hatte. Wie sich herausstellte, waren Praktikantinnen immer gute Zielobjekte für Buck, weil sie nur ein oder zwei Jahre da und dann wieder fort waren. Nach Entdeckung dieser jüngsten Affäre stellte sich heraus, dass es noch mehr Affären und Heimlichkeiten gab und Natascha damit eine wahre Büchse der Pandora geöffnet hatte.

Als sie genauer hinzusehen begann, stieß Natascha unter Bucks Besitztümern auf Listen mit Nummern für Telefonsex-Dienste, verschlossene Kisten mit pornografischem Material, Sexspielzeug (für wen, fragte sie sich) und rätselhaften Kreditkarten-Abrechnungen. Sie fing an, auf seine ungeklärten Abwesenheiten zu jeder Tages- und Nachtzeit achtzugeben.

Als sie Buck zur Rede stellte, gab er sich reumütig und gestand eine Vorgeschichte als Sexsüchtiger, die bis in die Pubertät zurückreichte. Er war häufig in Porno-Kinos gegangen und hatte ungeschützten Sex praktiziert. Er hatte Sex mit Fremden in öffentlichen Toiletten gehabt. Er hatte exzessiv Pornografie konsumiert, Drogen genommen und seine Schuldgefühle in Alkohol ertränkt, hatte ständig Affären und unangemessene Beziehungen mit Patientinnen – die Liste ging noch weiter. Natascha schätzte, dass Buck Hunderte Male ungeschützten Sex mit flüchtigen Bekannten praktiziert hatte. Wegen seines Verhaltens hatte sie ein unglaublich hohes Risiko, an Aids zu erkranken.

»Am Boden zerstört« ist eine unzulängliche Umschreibung dessen, was Natascha empfand. Nicht nur hatte ihr Ehemann sie gründlich betrogen, sondern sie war auch entsetzt und fürchtete um ihre Gesundheit. Und doch fing sie mit Buck eine Ehetherapie an. Sie blieb noch mehrere Jahre bei ihm. Sie arbeitete in der Paarberatung an ihrer Ehe und ging selber zur Therapie, um die Enttäuschung, die sie empfand, zu verarbeiten.

Nach ein paar Jahren verkündete Buck, dass sein ganzes pathologisches Sich-Ausleben der Vergangenheit angehöre. Er sagte, Natascha müsse darüber hinwegkommen, weil er darüber hinweggekommen sei, und er begann einmal mehr über wachsende Gefühle der Langeweile zu klagen. Um diese Runde Langeweile zu bekämpfen und um für sich zu werben, schrieb er ein Buch, das ihm innerhalb seines Fachgebietes einige Aufmerksamkeit bescherte. Aber sogar dieser bescheidene Ruhm reichte nicht, seine wachsende Unzufriedenheit zu unterdrücken. Er fing ein Verhältnis mit der Sekretärin an, die sein Buch tippte.

Recht bald nach dem schmerzhaften Versuch, eine Ehe mit einem Sexsüchtigen zu kitten, wurde Natascha von Buck informiert, dass er die Scheidung wolle; er hatte eine andere Frau kennengelernt. Buck heiratete diese neue Frau. Er siedelte auch in einen anderen Bundesstaat über, wo niemand von seinen zahlreichen Ehen wusste, und eröffnete eine neue Praxis. Irgendwann wurde er auch von dieser Frau geschieden.

Buck konnte mehrere Frauen bewegen, ihn zu heiraten, weil er es verstand, die meisten seiner pathologischen Verhaltensweisen vor ihnen zu verbergen. Wann immer er musste, war er in der Lage, sich so weit zusammenzureißen, dass er eine Fassade als »normaler Familienvater« präsentieren konnte. Aber hinter dieser Fassade verbarg sich ein anderes Leben, eines, das eines Darstellerpreises im Horrorfilm-Genre würdig gewesen wäre.

GINAS GESCHICHTE

Nicht alle Männer mit heimlichen Leben verbergen Vorgeschichten als Sexsüchtige. Gina war seit Jahren geschieden. Sie war Beraterin in der Chiropraktik und half Ärzten bei der Einrichtung ihrer Praxen. Sie führte ein temporeiches Leben aus Arbeit, Freunden und Reisen. Sie war nicht ausdrücklich auf eine Beziehung aus, als sie Derrick kennenlernte. Der aber forcierte die Beziehung und brachte sie irgendwann dazu, einem Rendezvous zuzustimmen. Derrick sagte, er sei ebenfalls geschieden. Gut aussehend, gesprächig, offen – sie hielt ihn für einen ganz netten Burschen, mit dem man durchaus ein bisschen Zeit verbringen konnte. Aber Gina wollte nichts allzu Ernstes. Immerhin war ihr Leben ziemlich ausgefüllt mit Reisen, Arbeit und ihren Freunden.

Es war schwer, Derrick zu erreichen, weil er beruflich dauernd unterwegs war. Es war die Zeit, bevor es Handys gab, sodass Gina darauf angewiesen war, dass er sich bei ihr meldete, wenn sein Job es zuließ und wenn sie ebenfalls in der Stadt war. Ihre gemeinsame Zeit beschränkte sich meist auf die Wochenenden. Er verbrachte eine Nacht des Wochenendes bei ihr zu Hause, aber seltsamerweise verbrachte sie nie eine einzige Nacht bei ihm. Tatsächlich wusste sie nicht mal, wo er wohnte – sie wusste, in welcher Gegend der Stadt, aber nicht genau, wo.

Gina und Derrick wohnten ungefähr vierzig Minuten auseinander. Als Gina vorschlug, zur Abwechslung einige Zeit bei ihm zu Hause zu verbringen, mietete Derrick ein Apartment für ihre gemeinsamen Wochenenden an, das für sie beide »leichter zugänglich« sei. Dadurch, dass sie eine Wohnung auf halbem Wege zwischen ihren beiden Wohnungen anmieteten, wurde die vierzigminütige Distanz verringert.

Eines Abends erhielt Gina einen Anruf von einer Frau, die sich als Derricks Ehefrau ausgab. Sie stellte Gina wegen der »Affäre« zur Rede, die Gina mit ihrem Mann hatte. Wie sich herausstellte, war Derrick verheiratet und lebte noch mit seiner Frau zusammen. Eine Nacht pro Wochenende verbrachte er zu Hause. Die Male, wo Gina ihn in den Laden oder auf Botengänge für sie geschickt hatte, war Derrick in Wirklichkeit nach Hause gegangen, um sich dort kurz zu melden. Seine Reisetätigkeit sorgte dafür, dass er für beide Frauen nicht verfügbar war. Er war so schwer zu erreichen, dass niemand wirklich wusste, wo er zu einer bestimmten Zeit war. Bei Gina hatte seine Masche ein Jahr oder länger gut funktioniert.

JOYS GESCHICHTE

Ich darf Sie mit Joy bekanntmachen, einer 50-jährigen Unternehmensmanagerin. Nach der Scheidung von einem berühmten Musiker erklomm sie in einem »Männerjob« die Karriereleiter. Und da lernte sie Bo kennen, einen bärenstarken Mann, der seine eigene Baufirma besaß. Was für ein Wechsel von dem Musiker zu einem Unternehmer, dachte sie. Seine Muskeln und ihre Ausstrahlung machten die beiden zu einem ziemlich ansehnlichen Paar.

Sie zogen zusammen, während sie »auf seine Scheidung warteten«, und Joy stieg immer höher auf der Karriereleiter. Aber bald darauf lief

Bos Unternehmen nicht gut. Also verkaufte er es – mit Verlust, wie er behauptete. Jeden Morgen war Bo spätestens um acht aus dem Bett, angezogen und zur Tür raus und »lief sich die Hacken ab« wegen neuer Möglichkeiten. Aber es kam nie besonders viel zustande, vor allem wenn man bedenkt, wie viel Mühe er in die Arbeitssuche investierte. Er versuchte sich als Versicherungsvertreter; dann kaufte er ein Lokal, und er »verlor Geld« auch dabei. Aber er war entschlossen, also ging er jeden Morgen aus dem Haus und suchte nach einem Job für einen Mann über fünfzig.

Joy und Bo heirateten, und er jagte weiter »Beschäftigungsmöglichkeiten« nach. Doch irgendwann entdeckte Joy, dass er in Wirklichkeit ganz anderen Dingen nachjagte: einem Leben aus Glücksspiel (mit ihrem Geld) und zahlreichen Affären mit Frauen, die ihn für seine Gesellschaft bezahlten oder »bloß, um ihm auszuhelfen«, ohne zu wissen, dass er mit Joy verheiratet war. Dann waren da die heimlichen Saufgelage, das von ihrem (Joys) Rentenkonto abgehobene Geld, um andere Frauen zu fürstlichen Abendessen einzuladen, die Spielschulden, die Lügen seine Stellensuche betreffend, die unterlassenen Unterhaltszahlungen für seine geistig zurückgebliebene Tochter und ein Netzwerk von Frauen in unterschiedlichen Regionen, von denen keine von den anderen wusste.

Wie sich herausstellte, war Bo mit mehr Frauen verheiratet gewesen als bloß mit der Frau, mit der er eine Tochter hatte. Joy spürte viele der anderen Frauen auf, die zu dem einen oder anderen Zeitpunkt »Mrs. Bo« gewesen waren. Und die meisten von ihnen wussten nicht genau, wie viele Male er vorher schon verheiratet gewesen war.

Nicht genug damit, dass sie sich möglicherweise mit Ihren Sachwerten aus dem Staub machen, wie Bo es Joy antat, hat das Verhalten dieser gefährlichen Männer auch verheerende Folgen für Ihr Gefühls- und Seelenleben, für Ihr Selbstwertgefühl und Ihre Fähigkeit, Ihren eigenen Instinkten zu trauen.

Bei diesem Verhalten gilt die höchste Alarmstufe – eine Checkliste

Der Mann mit dem heimlichen Leben

- will nicht auf direkte Fragen danach antworten, wohin er geht, was er macht oder bei wem er ist

- verschweigt wichtige Informationen über sich, die Sie erst später entdecken

- ist eventuell unter Alternativnamen bekannt

- ist oftmals nicht direkt zu erreichen – er hat keine Adresse, nur ein Postfach oder Voicemail

- wehrt sich gegen die Preisgabe privater Informationen über sich, zum Beispiel, wo er aufwuchs, mit wem er verwandt ist oder wo er zur Schule ging

- gibt keine Informationen über frühere oder gegenwärtige Ehefrauen oder Freundinnen preis

- erzählt Geschichten, die sich nicht in seine Handlungen oder das, was Sie über ihn wissen, fügen

- erzählt Geschichten, die nicht dem entsprechen, was andere Leute über ihn erzählen

- erhält rätselhafte Telefonanrufe, SMS oder Briefe und hat rätselhafte Verabredungen, Jobs oder Besprechungen

- hält sich zurück mit Informationen oder Einzelheiten über seinen Arbeitsplatz oder darüber, wie er sein Geld verdient

- verschwindet zeitweise, ohne sich mit Ihnen in Verbindung zu setzen

Ihre Verteidigungsstrategie

Die beste Verteidigung gegen den Mann mit dem heimlichen Leben besteht darin, eine zweifelnde, fragende Haltung zu entwickeln. Im Gegensatz zu dem, was man Ihnen als Kind oder Jugendliche vielleicht beigebracht hat, ist nicht jeder Mensch ehrlich. Was er sagt, ganz egal wie überzeugend er es sagt, kann stimmen oder auch nicht. Beispielsweise bekennen nur wenige Sexsüchtige schon früh, dass sie fünfhundert Mal ungeschützten Sex hatten. Solange Sie einen Mann noch nicht wirklich gut kennen, vergessen Sie nie, dass er Ihnen eine Ehefrau, heimliche Lebensbereiche oder exzessive Bordellbesuche verheimlichen könnte.

Diese gefährlichen Männer sind anfällig für verschiedene Störungen, also halten Sie die Augen offen nach versteckten Abhängigkeiten in mehreren Bereichen. Und natürlich ist Pathologie stets ein Faktor, den es zu berücksichtigen gilt, da diese Männer, was ihr Leben betrifft, so leicht lügen.

Hören Sie zu, beobachten Sie und trauen Sie sich, seine Geschichten mit seinen Taten zu vergleichen. Stellen Sie Fragen und bohren sie weiter. Antwortet er ausweichend, dann ist es in Ordnung, misstrauisch zu sein. Es ist hilfreich, im Geiste jeden Mann so lange unter »Bewährung« zu stellen, bis Ihre Fragen durchweg beantwortet sind – entweder durch seine Taten oder durch Bestätigung, die Sie anderswo bekommen.

Wenn die Fakten über sein Leben keinen Sinn ergeben, dann ergeben sie keinen Sinn! Sie müssen ihnen nicht in Ihrem Kopf einen Sinn unterschieben, um sich selbst die Erlaubnis geben zu können, mit ihm zusammen zu sein. Gestehen Sie sich selbst und vielleicht auch einer guten Freundin ein, dass Sie Bedenken, Fragen und Zweifel hinsichtlich seiner Story haben. Hören Sie aber vor allem nicht auf, sich die Wahrheit darüber zu sagen, was Ihr Alarmsystem Ihnen verrät.

Je länger Sie mit jemandem zusammen sind und je zögerlicher Sie sich auf die Beziehung einlassen, desto mehr können Sie beobachten und erkennen. Je mehr Sie erkennen, desto mehr können Sie hinterfragen. Je mehr Sie hinterfragen, desto mehr Gelegenheiten haben Sie, Informationen herauszufinden. Je mehr Informationen Sie haben, desto mehr Macht haben Sie. Das Leben jeder der Frauen, von denen Sie in diesem Kapitel gelesen haben, wurde zerstört, weil sie grauenvolle Informationen über Männer entdeckten, die sie gut zu kennen meinten. Zwei Frauen dachten, sie würden ihre Männer gut genug kennen, um sie zu heiraten, dabei wussten sie in Wirklichkeit nicht einmal genug, um sich abzusichern.

Nataschas Geschichte erinnert uns daran, dass Frauen häufig übertrieben nachsichtig in Bezug auf die Lügen sind, die sie aufdecken. Eine aufgedeckte Lüge führt zur nächsten, und statt zu fragen, was sie sonst noch aufdecken werden, neigen Frauen dazu, für alles vernünftige Erklärungen zu finden, indem sie sich sagen: »Das war's; ich bin mir sicher, da kommt nichts mehr.« Aber wenn eine Beziehung schon mit Lügen anfängt, dann sollten sich Frauen fragen, ob sie daraus nicht auf einen Charakterfehler bei ihrem Partner schließen können. Aller Wahrscheinlichkeit nach wird ein nennenswerter Makel der Grund für das Ende Ihrer Beziehung mit ihm sein. Das Lügen ist zweifellos ein Warnsignal.

Weibliche Einsichten

Joy klagt:
»Das Schlimmste ist, dass man sich so blöd vorkommt, so albern. Ich bin von Beruf Geschäftsfrau, und ich bin vor allen möglichen Problemen in der Firma auf der Hut, und doch sind mir eindeutige Hinweise in meiner Beziehung mit Bo entgangen. Ich habe in meiner Beziehung nicht dieselbe Art von rationalem Denken angewandt, für das ich in der Firma bekannt bin. In meiner Beziehung gewann nicht mein kühler Kopf die Oberhand, und das ist so blöd! Wir legen unseren Verstand doch nicht ad acta, weil wir auf Partnersuche sind! Was ist los mit uns?
Ich muss sagen, es gab die ganze Beziehung hindurch jede Menge Warnungen. Nicht erst am Ende. Ich erinnere mich auch an solche Signale am Anfang. Aber da ist dieser Gefühlsüberschwang. Was genau richtet er in unserem Gehirn an? Warum können Gefühl und Logik nicht nebeneinander existieren? Ich habe nach rationalen Erklärungen gesucht, habe weggesehen, und vor allem habe ich mich über seinen wahren Charakter selbst belogen. Manches kam mir widersprüchlich vor, ungereimt – ich ahnte, dass er weder dort war, wo zu sein er behauptete, noch dass er überhaupt der war, der er laut eigener Aussage war. Ich stellte die ganze Beziehung hindurch weder genug Fragen noch überprüfte ich ihn gründlich genug, wenn meine Intuition Alarm schlug. Hätte ich es getan, wäre ich vielleicht frühzeitig zu dem Schluss gekommen, dass er ein Lügner und Gauner war, und ich hätte vielleicht andere Entscheidungen getroffen. Für mich war das ein kostspieliger Fehler – er hat mir 60 000 Dollar gestohlen. Mein gebrochenes Herz und mein Verlust an Selbstwertgefühl noch nicht eingerechnet. Heute zweifle ich an mir selbst – werde ich mich jemals wirklich auf meine Warnsignale einstellen und auf sie hören und sicher sein?«

Gina empfindet ähnlich wie Joy. Sie sagt:
»Herrgottnochmal – ich bin jemand, der Ärzten hilft, ihre Praxen zu organisieren, und ich kann noch nicht mal dieselben Prinzipien auf mein eigenes Privatleben anwenden! Ich weiß nicht, ob ich so blöd bin oder ob er so gut war in dem, was er machte. Wer zahlt für noch ein Apartment, um zu vermeiden, zwanzig Minuten länger zu fahren? Das ist lächerlich, und wahrscheinlich wusste ich es und habe es ignoriert, denn wenn ich hier nachgehakt hätte, was wäre ins Wanken geraten? Seine Geschichte, diese Beziehung, meine Fantasie? Alles oben Genannte – und es wäre das Bestmögliche gewesen, was am Anfang hätte passieren können. Ich weiß nur, er hatte eine verheimlichte Ehefrau. Welche Leichen hat er noch im Keller?«

KAPITEL 7: **DER PSYCHISCH KRANKE MANN**

Die Chancen stehen gut, dass der Versuch einer Beziehung mit einem Mann wie Mike zu einem Zusammenbruch führen wird – bei Ihnen! Sich ernsthaft mit jemandem einzulassen, der an bestimmten psychischen Krankheiten leidet, bedeutet eine lebenslange Verpflichtung gegenüber dem Leiden eines anderen Menschen. Ist das wirklich das, was Sie wollen?

Arnie Ausraster

Männer, die psychisch krank sind, als »gefährlich« zu etikettieren, bereitet einige gesellschaftspolitische Schwierigkeiten. Niemand möchte auf der Grundlage von etwas, wofür er nichts kann, beispielsweise irgendeiner diagnostizierten psychischen Erkrankung, als unerwünschte Wahl bei der Partnersuche abqualifiziert werden. Also lassen Sie mich im Voraus sagen, dass hier nicht Menschen verurteilt werden, die psychisch krank sind. Ich behandle psychisch kranke Menschen. Viele führen danach ein rechtschaffenes, gewaltfreies Leben. Sie fallen daher nicht unter die Kategorie »gefährlich«, wie ich sie in diesem Buch verwende. Überdies kann es sein, dass bei vielen Frauen, die dieses Buch lesen, eines oder mehrere der psychischen Leiden diagnostiziert werden, die in diesem Kapitel behandelt werden. Es ist schwierig, über psychische Krankheit zu sprechen und zugleich jene Stigmata zu umgehen, denen psychiatrische und psychotherapeutische Patienten mit aller Macht zu entkommen suchen. Außerdem begeht nicht jeder, bei dem eine psychische Krankheit diagnostiziert wird, Taten, die ihn in diesem Buch als »gefährlich« qualifizieren.

Zugleich hat der psychisch kranke Mann deshalb ein Kapitel in diesem Buch verdient, weil Patienten, bei denen einige der hier geschilderten Leiden diagnostiziert werden, zur Gefährlichkeit neigen, wenn sie nicht unter der regelmäßigen Obhut eines Psychiaters, Therapeuten oder Sozialarbeiters stehen, und/oder wenn sie ihre Medikamente nicht vorschriftsmäßig nehmen.

Psychische Erkrankungen umfassen ein breites Spektrum. Nur wenige Frauen wissen genug über die Symptome von psychischen

Krankheiten, um einige der schwierigen und tiefgreifenden Störungen zu erkennen, die diese gefährlichen Männer haben. Jede Art von psychischer Krankheit zu erörtern, die eine Beziehung beinträchtigen könnte, würde den Rahmen dieses Buches sprengen, aber dieses Kapitel wird Ihnen helfen, sich Klarheit über ein paar der unangenehmeren Störungen zu verschaffen, auf die es zu achten gilt. Darüber hinaus werden im Anhang am Schluss des Buches einige der in diesem Kapitel aufgeführten Störungen ausführlicher beschrieben. Sollten Sie bei einem Mann irgendwelche Verhaltensweisen entdecken, die Sie beunruhigen, möchte ich Sie eindringlich darum bitten, mit einem Experten oder einer Expertin darüber zu sprechen, der oder die Ihnen helfen kann, die Symptome in eine bessere Perspektive zu rücken. Es ist besser, zu fragen und herauszufinden, dass es nichts gibt, worüber man sich Gedanken machen muss, als Fragen zu vermeiden und später verletzt zu sein.

Um das Problem hinlänglich zu verstehen, müssen wir uns von den Bildern psychisch kranker Menschen verabschieden, an die wir uns aus Filmen gewöhnt haben. Die in *Einer flog über das Kuckucksnest*, *Das Schweigen der Lämmer* und *A Beautiful Mind – Genie und Wahnsinn* gezeigten Porträts werden uns nicht helfen, gefährliche Männer in unserem eigenen Leben zu erkennen. Und zwar, weil viele psychische Krankheiten sich nicht auf die dramatische Art und Weise manifestieren, wie es in Filmen dargestellt wird. Tatsächlich kann es sein, dass die psychischen Erkrankungen überhaupt noch nicht festgestellt worden sind. Viele haben sich der Diagnose entzogen, entweder weil sie keine Behandlung gesucht haben oder weil bei einer Behandlung nicht ihr wahres Leiden festgestellt wurde. Ein Mann mit einer klinisch diagnostizierbaren psychischen Krankheit weiß vielleicht nicht einmal, dass er eine hat. Das bedeutet, die Entdeckung wird – wieder einmal – Ihnen überlassen.

Eine psychische Erkrankung hat ihre Ursprünge in vielen unterschiedlichen Lebensumständen. In Kapitel 1 sprachen wir die Themen »Psychopathologie« und »chronische psychische Erkrankungen« an. Wie wir gesehen haben, sind einige Leiden genetisch bedingt, das heißt, die Person wird mit einem Problem geboren, das fest mit ihrer Persönlichkeitsstruktur verknüpft ist. Diese Probleme ändern sich nicht. Andere Menschen haben eine Stoffwechselstörung im Gehirn, die sie instabil macht, und wieder andere haben ein extremes Kindheitstrauma erlitten, das, wenn Erbanlagen oder Stoffwechselstörungen hinzukommen, eine Störung von gewaltigen Ausmaßen verursacht. Weil die Ursachen und Symptome von psychischen Krankheiten ein so breites Spektrum umfassen, ist es schwierig, in einem einzigen Kapitel über all die Identitätsprobleme, Persönlichkeitsstrukturen und gefährlichen Verhaltensweisen zu sprechen, die mit verschiedenen Störungen in Verbindung gebracht werden können. Psychische Erkrankungen sind ein komplexes Geflecht aus Biochemie, Erbanlagen und erlerntem Verhalten, das bewirken kann, dass ein Mensch schwer zu behandeln ist und dass es noch schwerer ist, mit ihm zusammenzuleben.

Was psychisch kranke Männer gefährlich macht, ist in erster Linie die Tatsache, dass ihre Probleme langfristig sind. Wenn Sie das Ziel haben, irgendwann einen Lebenspartner zu finden oder gar jemanden, dessen Gesellschaft Sie beliebig lange genießen können, warum sollte ein Mann, der psychisch krank ist, der Richtige für Sie sein? Warum sollte ein Leben aus möglichen Klinikaufenthalten, Depression, manischen Episoden, Medikamenten, Therapie oder Unbeständigkeit zu Hause und auf der Arbeit reizvoll für Sie sein?

Vielleicht fühlen sich manche Frauen zu der Vorstellung verleitet, ihr Mann könnte die Ausnahme sein. Aber Experten auf dem Gebiet der Psychologie wissen, dass das beste Anzeichen für künftiges Verhalten normalerweise früheres Verhalten ist. Sicher ist nur eines, nämlich dass Sie sich bei einer psychischen Krankheit niemals der künftigen Stabilität des Patienten sicher sein können. Wie er heute aussieht, handelt und seinen Alltag bewältigt, mag in einer Woche, in einem Monat oder in einem Jahr noch genauso sein oder auch nicht. Schwankungen in der psychischen Verfassung eines Patienten beruhen auf zahlreichen Faktoren, die oft nicht prognostiziert werden können; dazu zählen Stress, andere medizinische Krankheitsprozesse, Reaktionen auf Medikamente, fehlende Medikamente oder körperliche Prozesse des Patienten, die sich verändern können, wenn er altert.

Während meiner Tätigkeit in einem Zentrum für häusliche Gewalt erlebte ich wiederholt, dass Frauen in diesem Zentrum Sicherheit vor gewalttätigen Männern suchten, die auch psychisch krank waren. Wir erlebten regelmäßig Frauen, die Sicherheit vor Männern suchten, bei denen eine dissoziale Persönlichkeitsstörung diagnostiziert worden war, vor Männern, bei denen es sich um nicht medikamentös behandelte Schizophrene handelte, vor Männern mit einer unbehandelten bipolaren Störung und Männern mit einer Borderline-Persönlichkeitsstörung. Fügen Sie diesem Mix Drogen, Alkohol oder die Belastungen der Arbeitslosigkeit hinzu, und Sie haben eine Bombe, die jeden Moment explodieren kann.

Psychisch kranke Männer, die nicht therapeutisch behandelt werden, können Frauen teuer zu stehen kommen. Und es fällt Frauen oft schwer, diese Männer zu verlassen. Sie wecken großes Verständnis und Mitgefühl in Frauen, die ihre eigenen mitleidigen Empfindungen mit Leidenschaft verwechseln. Diese Frauen sind bereit zu bleiben, um das Stigma und Schuldgefühl zu vermeiden, für jemanden gehalten zu werden, der einen psychisch kranken Menschen »im Stich lassen« würde. Sie ordnen ihre eigene Sicherheit und die Sicherheit ihrer Kinder der Aufrechterhaltung einer Beziehung unter, die emotional instabil ist. Solche Frauen gehen ein hohes Risiko ein. Wenn Sie die Stabilität eines Mannes nicht vorhersagen können, woher wollen Sie wissen, dass Sie, Ihre Kinder oder Ihre Zukunft sicher sein werden?

Welchen Frauentyp sie suchen

Eine alarmierende Zahl von Frauen fühlt sich zu Männern mit einer ziemlich schweren psychischen Erkrankung hingezogen. Warum das so ist, ist eine interessante Frage. Ich glaube nicht, dass diese Frauen bewusst auf psychisch kranke Männer aus sind; dennoch wird etwas in ihnen von etwas angezogen, das in dem potenziell kranken Mann latent vorhanden ist, und eine Verbindung wird hergestellt. Erst später (und oft zu spät) finden sie dann heraus, dass der Mann, mit dem sie schon die ganze Zeit zusammen sind, psychisch krank ist.

Frauen, die von psychisch kranken Eltern großgezogen wurden (egal ob die Krankheit bei ihnen diagnostiziert wurde oder nicht), laufen stärker Gefahr, psychische Erkrankung als normales Verhaltensmuster zu verstehen. Oft ist es so, dass Frauen, die mit psychisch kranken Männern zusammen waren, erst später bemerken, dass ihre Väter oder Mütter ebenfalls psychisch krank waren, die Erkrankung bei ihnen aber nicht erkannt wurde. Sie begreifen allmählich, warum das Verhalten ihres Partners ihnen nicht abnormal vorkam. Wenn zum Beispiel ein Familienmitglied eine bipolare Störung (früher als manische Depression bezeichnet) hatte, kann es sein, dass Ihnen die mit dieser Störung verbundenen Symptome bei einem Mann als weniger ungewöhnlich oder beachtenswert vorkommen.

Frauen, die ihre Grenzen überschreiten und die Funktion ihres Berufes auf ihr Privatleben übertragen, sind ebenfalls gefährdet, sich mit einem psychisch kranken Mann einzulassen. Hier rangieren Frauen in Pflegeberufen an der Spitze. Dazu gehören Krankenschwestern, andere im medizinischen Bereich tätige Frauen, Sozialarbeiterinnen, kirchliche Angestellte oder Lehrerinnen und Beschäftigte in Kinder- und Altentagesstätten.

Frauen, die mit diesem gefährlichen Männertypus zusammen sind, lassen sich in zwei unterschiedliche Kategorien einordnen: Entweder sie lassen sich auf Männer ein, die eher pathologisch abhängig sind, wie etwa lästige Kletten und Muttersöhnchen, oder sie finden es anziehend, wenn Männer eher pathologisch unberechenbar sind, wie etwa emotionale Räuber, emotional nicht verfügbare Männer oder Süchtige.

Frauen mit einer chronischen Neigung, zu hegen und zu pflegen, zu heilen oder zu führen, werden manche psychischen Störungen harmlos finden. Frauen, die mit Kletten oder ewigen Kindern zusammen waren, finden vielleicht, dass die Persönlichkeitsstrukturen anderer psychisch kranker Männer denen der Kletten und Muttersöhnchen ähneln, sodass ihnen die eigenen Warnsignale bezüglich dessen entgehen, was wohl mit diesen Männern nicht stimmen könnte. Zu dieser Gruppe könnten Männer mit Persönlichkeitsstörungen gehören, etwa Männer mit einer dependenten, ängstlich-vermeidenden oder wahnhaften Persönlichkeitsstörung. Dazu könnten auch Männer gehören, bei denen chronische psychische Krankheiten, wie etwa Depression, Dysphorie oder Zwangsstörung, diagnostiziert wurden oder sogar eine bipolare Störung ohne Aggressionsausbrüche.

Andere Frauen werden finden, dass einige der Verhaltensweisen psychisch kranker Männer denen von emotionalen Räubern, emotional nicht verfügbaren Männern, Süchtigen oder misshandelnden/gewalttätigen Männern ähneln, mit denen sie vielleicht zusammen waren. Dies sind Männer, bei denen eine krankhafte Störung, beispielsweise eine dissoziale Persönlichkeitsstörung, Borderline-Persönlichkeitsstörung oder narzisstische Persönlichkeitsstörung, oder eine chronische Störung, beispielsweise eine posttraumatische Belastungsstörung, diagnostiziert werden könnte. Es gibt auch Männer mit einer bipolaren Störung, die zu Gewalttätigkeit neigen. Bei den Frauen, die von diesen Männertypen angezogen werden, handelt es sich oft um Frauen, die selber den Nervenkitzel, den Kick suchen, die ein superschnelles und aufregendes Leben bevorzugen, denen die dramatischen Höhen und Tiefen gefallen, die »dafür sorgen, dass das Leben interessant bleibt«. Es kann auch sein, dass sie selbst eine Vorgeschichte aus Verbrechen, Abhängigkeit oder psychischen Problemen haben.

Andererseits ist es nicht vollkommen ungewöhnlich, auf milde gestimmte – sogar passive – Frauen zu stoßen, die diese Männertypen mögen. Vielleicht ist es ihre Art, »to take a walk on the wild side«, um mit Lou Reed zu sprechen, das heißt einen Abstecher ins Abenteuer zu wagen.

Eine Prüfung Ihrer Verhaltensmuster – und die Erkundung der Frage, ob einer der Erwachsenen, von denen Sie großgezogen wurden, oder beide psychisch krank waren – mag Ihnen helfen zu erkennen, welchen Typus von psychisch krankem Mann Sie in Zukunft wahrscheinlich auswählen werden oder in der Vergangenheit ausgewählt haben.

Mit einem Wort, ein psychisch kranker Mann muss Frauen finden, die seine störenden und manchmal pathologischen Verhaltensweisen ebenso ignorieren wie seinen sprunghaften Lebensstil. Er braucht eine

Frau, die überaus geduldig oder überaus tolerant ist und die bereit ist, für ihn auf Normalität zu verzichten. Ersatzweise wird er Frauen finden, denen die durch seine psychische Erkrankung angerichtete Unordnung und Instabilität *gefällt*. Manche bemühen sich um Frauen, die früher selber psychische Probleme hatten, was oftmals den Grundstein für eine sehr explosive Beziehung legt. (Ich spreche hier nicht von Situationen, wo zum Beispiel zwei an Schizophrenie Erkrankte oder geistig zurückgebliebene Personen sich kennenlernen und eine Beziehung eingehen, vielleicht in einer Tageseinrichtung für Behinderte oder weil sie im selben Gruppenheim wohnen.)

Unsere Recherchen haben ergeben, dass viele Frauen, die bei psychisch kranken Männern landen, die Beziehung selbst dann nicht beenden, wenn sie Informationen über die psychische Erkrankung haben. Wie oben erwähnt, geschieht dies oft, weil sie nicht die Sorte Frau sein wollen, die diese »weniger Glücklichen« »im Stich lässt«. Viele Frauen bleiben selbst dann in der Beziehung, wenn sie erfahren, dass der psychisch kranke Mann die Anweisungen seines Arztes nicht befolgt oder dass er keinerlei medizinische oder psychologische Betreuung erhält. Wie Sie bald lesen werden, ist dies in der Regel eine sehr schlechte Entscheidung.

Ihre Masche – warum sie bei Frauen erfolgreich sind

Gefährliche Männer, die psychisch krank sind, ziehen Frauen erfolgreich an, weil die meisten Frauen nicht wissen, was die psychische Krankheit in puncto gefährliche oder krankhafte Verhaltensweisen eines Mannes für sie persönlich bedeuten wird. Obwohl wir eine Gesellschaft sind, die mit Selbsthilfebüchern großgezogen wird, haben die meisten Menschen nur flüchtige Kenntnisse über psychische Erkrankungen. So verstehen die meisten Frauen beispielsweise die grundlegende Dynamik einer Depression und könnten sogar imstande sein, die Schwierigkeiten dieses Leidens einigermaßen realistisch einzuschätzen. Aber ihnen ist vielleicht nicht bewusst, dass eine schwere Depression zu psychotischem Verhalten führen kann. Ihnen ist vielleicht nicht bewusst, dass ein Selbstmordversuch bei denjenigen am wahrscheinlichsten ist, bei denen eine Borderline-Persönlichkeitsstörung diagnostiziert worden ist, oder dass Menschen mit einer unbehandelten bipolaren Störung während einer manischen Phase gefährliche oder ungesetzliche Handlungen begehen können, oder dass diejenigen, die unter einer dissozialen Persönlichkeitsstörung leiden, gewalttätig bis hin zu einer Vergewaltigung sein können. Wie viele Frauen verstehen wirklich, wie bizarr das Verhalten eines Menschen werden kann, wenn er eine wahnhafte Störung, wie etwa Schizophrenie, hat und seine Medikamente nicht nimmt?

Am Ende belegen Frauen einen Crashkurs in Psychologie, wenn sie mit einem Mann zusammen sind, der sich in diese Kategorie einordnen lässt. Sie erfahren aus erster Hand etwas über Instabilität, über die Folgen unterlassener Behandlungsoptionen und nicht genommener Medikamente und über die hässliche Fratze irrationalen und furchteinflößenden Verhaltens. Frauen, welche die Warnsignale bezüglich der psychischen Erkrankung ihrer Partner missachteten oder unter den Teppich kehrten, lernen irgendwann so viel, dass sie einen Kurs zum Thema: »Wie man überlebt, wenn der eigene Mann psychisch krank ist«, geben könnten. Sie lernen, wie man die Anzeichen für einen bevorstehenden psychischen Zusammenbruch erkennt, wie man schnell flüchtet, wie man versucht, die eigenen Kinder zu schützen, wie man es schafft, den Partner gegen seinen Willen in einem Krankenhaus unterzubringen, damit er seine Medikamente bekommt, wie man Selbstmordversuche verhindert, wie man finanzielle Schlamassel bereinigt und wie man sein Verhalten anderen gegenüber umdeutet, damit der eigene Partner weniger krank wirkt.

Weil viele Frauen aber nicht so wahrgenommen werden wollen, als hegten sie Vorurteile gegen psychische Erkrankungen, bleiben sie trotzdem. Manche Frauen glauben, dass ihr Mitleid ihm neue Möglichkeiten eröffnet; andere hoffen, die Beziehung werde aus einvernehmlichen Gründen enden. Manche Frauen versuchen ihre Männer mit ihrer Liebe zu heilen. Viele Frauen verstehen seine Diagnose nicht, sodass sie bereit sind »abzuwarten«.

Psychisch kranke Männer haben anfangs Erfolg bei Frauen, weil einige ihrer Symptome sich verbergen lassen. Es kann eine Weile dauern, bis man ungewöhnliche Verhaltensweisen wahrnimmt, die mit einer psychischen Erkrankung zusammenhängen, vor allem wenn die Störung zyklisch ist. Wenn die Frauen dann erkennen, dass etwas nicht stimmt, sind viele bereits in der Beziehung gefangen und wollen entweder nur ungern aussteigen, oder ihnen fehlt das nötige Rüstzeug, um es zu tun. Bei einigen Arten von psychischer Erkrankung kann die Reaktion des Mannes auf eine Frau, die versucht, die Beziehung zu beenden, beängstigend sein. Frauen, die wegen der unberechenbaren Verhaltensweisen eines Mannes Angst haben, die Beziehung zu beenden, können am Ende sehr viel länger mit ihm zusammen sein, als sie jemals wollten. Sie bleiben in der Beziehung, weil sie hoffen, sie werde einvernehmlich enden und sie würden »befreit«. Doch dies kann ein gefährliches Geduldsspiel sein.

Generell können psychisch kranke Männer erfolgreich sein, weil manche Frauen nicht das Rüstzeug besitzen, um eine Beziehung aus eigenem Antrieb und ausdrücklich zu beenden. Diese Frauen verstehen es, zu flirten und sich Partner zu suchen, aber sie haben keine Ahnung, wie man alles gefahrlos wieder beendet. Eine Frau, die nicht ohne Weiteres aussteigen kann, wenn sie es will, sollte *überhaupt keine* Beziehung anfangen, bevor sie nicht ein paar Ausstiegsfähigkeiten erlernt hat.

Geschichten von Frauen

Die Frauen, deren Geschichten auf den folgenden Seiten abgedruckt sind, können Ihnen aus erster Hand etwas darüber erzählen, was passiert, wenn Sie sich nicht die Zeit nehmen zu verstehen, was die psychische Krankheit Ihres Mannes für *Sie* bedeutet.

SIERRAS GESCHICHTE

Sierra war geschieden und hatte fünf Töchter, als sie Chase kennenlernte. Als medizinische Fachkraft leitete sie ein Hospiz, und er sorgte für seine sterbende Mutter, die Hospizpatientin war. Er war liebevoll und kümmerte sich um jedes Bedürfnis seiner Mutter. Sierra entsann sich des alten Spruchs: »Achte darauf, wie ein Mann seine Mutter behandelt, denn so wird er dich behandeln«. Am Ende lernte sie, dass es Altweibergeschwätz war.

Sierra begann eine Beziehung mit Chase, nachdem seine Mutter gestorben war. Er zeigte ihr gegenüber die gleiche Aufmerksamkeit, die er seiner Mutter erwiesen hatte. Was sie nicht wusste und was Chase ihr nicht mitteilte, war, dass bei ihm eine (früher als manische Depression bezeichnete) bipolare Störung diagnostiziert worden war. Seit damals hatte man bei ihm außerdem noch eine dissoziale Persönlichkeitsstörung festgestellt. Die beiden heirateten, und irgendwann wurde Sierra schließlich klar, dass er die bei ihm vermutlich diagnostizierten psychischen Probleme schon im Kindesalter gehabt hatte. Chase hatte extreme Stimmungsschwankungen, und er weigerte sich, seine Medikamente zu nehmen. Ohne Sierras Wissen beging er während seiner manischen Phasen Straftaten.

Sobald Sierra von seinen kriminellen Machenschaften und seinen Affären mit anderen Frauen erfuhr, wollte sie raus aus der Ehe. Sie fing an, Versuche zu unternehmen, sie zu beenden. Aber während seiner depressiven Schwankungen wurde Chase bedürftig, anhänglich und kindlich. Jedes Mal, wenn sie bereit war, sich von ihm zu trennen, stürzte er in tiefe Depressionen, die in Selbstmordversuche und Klinikaufenthalte mündeten. Dann folgte stets eine Periode der Rehabilitation. Sierra wartete immer, bis sie vorbei war, in der Hoffnung, er würde sich stabilisieren, sodass sie abermals versuchen könnte, sich von ihm zu trennen. Aber der Kreislauf fing immer wieder von vorne an. Sie blieb mehrere Jahre gefangen, bevor sich eine günstige Gelegenheit ergab.

Chases Verhaftungen wegen Diebstahls und wegen Waffen- und Drogenhandels häuften sich allmählich. Frauen, die Sierra nicht kannte, pflegten im Gefängnis aufzukreuzen und Kaution für ihn zu hinterlegen. Sierra fand haufenweise Führerscheine, die verrieten, dass er auch mit illegalen Ausweispapieren und gestohlenen Waren handelte. Bald erfuhr Chase, dass er wegen eines 10 000-Dollar-Diebstahls, Waffenhandels und Drogenbesitzes hinter Gitter wandern würde. Sierra hoffte, es sei der perfekte Zeitpunkt, um die Beziehung zu beenden.

Sie sagte ihm, er solle ausziehen und nicht auf Rückkehr sinnen, wenn seine Knastzeit um wäre. Chase tat ihr den Gefallen, da es jede Menge Frauen gab, die bereit waren, ihn aufzufangen, Frauen, welche die Aufgeregtheit seiner manischen Phasen und die »Bemutterung«, die er während seiner Depressionen brauchte, genossen. Doch schon bald präsentierte Sierra ihm die Scheidungspapiere, und er wirkte niedergeschlagen. Sie machte sich Sorgen, dass er »nichts hatte, wofür er leben« konnte; er hatte schon gesagt, wenn er Sierra und die Mädchen »verlor«, wäre sein Leben »nichts«. Eines Tages, während Sierra auf der Arbeit und die Mädchen in der Schule waren, ging er zu dem Haus, schloss den Hund der Kinder drinnen ein und brannte das Haus bis auf die Grundmauern nieder. Nicht der Hauch eines Beweises brachte ihn mit dem Verbrechen in Verbindung – außer seiner psychischen Störung. Aber es kam zu keiner Verurteilung.

Danach gebärdete er sich wie rasend, und sein Wahn spornte ihn an, mit noch mehr Waffen und Drogen zu handeln. Sierra erhielt einen Anruf von einer Frau, die behauptete, Chase habe sie vergewaltigt. Für Sierra konnte er nicht schnell genug in einer Gefängniszelle landen, aber ein weiterer krimineller Vorfall sollte noch kommen. Chase verwickelte die Polizei in eine temporeiche Auto-Verfolgungsjagd, die in eine Schießerei mündete. Endlich kam er ins Gefängnis. Aber für Sierra und ihre Töchter war der Preis ihrer Ehe mit ihm ihr Haus, das nur noch ein Haufen Asche war.

DIE GESCHICHTE VON CONSTANCE

Constance, eine Grundschullehrerin in den Zwanzigern, erzählt von ihrem Ex-Mann, der eine chronische posttraumatische Belastungsstörung (PTBS) hatte. Er hatte durch seine Arbeit als Polizist ein emotionales Trauma erlitten und war dann medikamentenabhängig geworden, was bei Menschen, die an PTBS leiden, oft vorkommt. Auf

Constance wirkte er unruhig, auch als sie schon ein Paar waren. Sie wusste nicht, dass seine Unruhe Teil seiner posttraumatischen Belastungsstörung war. Sie dachte, er würde wahrscheinlich gerade eine Phase in seinem Leben durchmachen, wo alles angespannt war. Sie war noch nicht lange genug mit ihm zusammen, um zu erkennen, ob die Unruhe jemals abklang. Die beiden heirateten, und bald fand sie sich »auf den Zehenspitzen« lebend wieder, während sie versuchte, jeden möglichen Stressfaktor aus seinem Leben zu entfernen, damit der seinen Vulkan aus Emotionen nicht zum Ausbruch brächte. Er durchlitt Flashbacks, Panikattacken, Depression und Raserei. Seine Fähigkeit, den Alltag zu bewältigen, schwankte heftig. Er arbeitete immer eine Weile und durchlief dann Zeitspannen, wo er nicht arbeiten konnte. Das Leben von Constance drehte sich darum, ihn zu stabilisieren.

Als Constance im Jahr 2001 von einem Wildfremden vergewaltigt wurde, brach sie seelisch zusammen. Jetzt brauchte sie die Unterstützung ihres Ehemannes, der aber verließ sie postwendend. Ihr Stress und ihre Unfähigkeit, sein Leben haarklein zu regeln, während sie sich von ihrem eigenen Trauma erholte, bedeutete das Ende der Beziehung. Sie sagt: »Damals wurde mir das Ausmaß seiner Krankheit klar. Wegen dem, was mit ihm nicht stimmte, konnte er nie jemals wirklich für mich da sein. In dieser Hinsicht war er zu sehr geschädigt. Ich konnte Teil seines Lebens sein, solange ich seine Krankheit ertrug, aber nichts in ihm war in der Lage, dasselbe für mich zu tun. Ich wünschte, ich hätte gewusst, was die Diagnose posttraumatische Belastungsstörung wirklich bedeutete.«

TESSAS GESCHICHTE

Tessa war Universitätsdozentin. Sie erzählt, wie sie sich mit jemandem einließ, von dem sich herausstellte, dass er eine Persönlichkeitsstörung hatte:

»Ich war mit einem Mann zusammen, der brillant war, aber mit der Zeit merkte ich, dass ich anfing, ›verrückt‹ zu werden in seiner Nähe. Ich fand, sein Verhalten war ein wenig seltsam, aber aus seinem Munde klang es immer so, als sei etwas an meinem Verhalten seltsam. Ich hatte in meinem Leben nie Beziehungsprobleme gehabt, sodass ich mich fragte, was wirklich mit diesem Mann los war und warum ich ihn nicht ertragen konnte. Ich hatte ständig das Gefühl, dass er mich auf die Palme brachte.
Ich begann meine Freunde zu fragen, ob die Dinge, die er über mein Verhalten sagte, aus ihrer Sicht stimmten. Ich bekam kein Feedback, das signalisierte, ich müsste etwas an meinem Verhalten prüfen, also ging ich in eine Selbsthilfegruppe, um darüber zu reden, wie ich mich in

seiner Gegenwart fühlte. Ich lernte, dass das, was mich verrückt machte, meine ständigen Versuche waren, mich auf seine Erkrankung einzustellen. Je mehr ich versuchte, damit zu leben oder sie zu lindern, desto schlechter ging es mir!

Alles drehte sich um ihn – um seine Interessen, seinen Job und sein niemals endendes Bedürfnis nach Unterstützung seines Egos, koste es, was es wolle. Ein Gespräch mit diesem Mann zu führen war widerlich – es ging immer nur um ihn! Mit seinem Ego umzugehen war sehr belastend. Schließlich eröffnete er mir, man habe bei ihm eine narzisstische Persönlichkeitsstörung festgestellt. Er konnte nicht viel daran ändern. Er konnte ein paar Dinge darüber lernen, weniger Anstoß bei Leuten zu erregen, aber im Grunde war er nun mal so.

Ich habe auf die harte Tour gelernt, dass einen Narzissten zu lieben das Sinnloseste ist, was man tun kann. Irgendjemanden zu lieben, der ein pathologisches Leiden hat, das niemals gebessert werden kann und nur schlimmer werden wird, ist ziemlich sinnlos. Aber immerhin habe ich die Warnzeichen gelernt. Sollte ich jemals noch mal einen Mann mit dieser Störung kennenlernen, werde ich davonrennen!«

GENEVAS GESCHICHTE

Geneva, eine 30-jährige Anwaltsgehilfin, erzählt ihre Geschichte über eine Verabredung mit einem Unbekannten, die merkwürdig lief: »Ich hatte ein Blind Date mit einem Mann, mit dem eine Freundin mich zusammengebracht hatte. Er war ein erfolgreicher Geschäftsmann, gut aussehend, hochintelligent. Aber während des Abendessens fing er an, mir von seinem Bedürfnis nach Selbstschutz zu erzählen. Er hatte immer eine Handfeuerwaffe im Handschuhfach seines Autos dabei und zahlreiche Gewehre im Kofferraum. In was für einer Branche ist er, dass er diese Art von Schutz braucht? Dann wurde offenbar, dass nicht seine Branche das Problem war. Vielmehr hatte er psychische Probleme. Er hatte seinen Keller in einen voll ausgestatteten Bunker verwandelt, für den Fall von ›Angriffen durch Unbekannte‹. Er misstraute der Regierung, fürchtete sich vor allen möglichen Leuten – hatte so ungefähr vor allem Angst. Er konnte eine Liste von Ängsten herunterrasseln, die mit jeder der Menschheit bekannten Tätigkeit zusammenhingen. Er verdächtigte Leute, Beweggründe zu haben, die er wirklich nicht ahnen konnte. Im Laufe des Abendessens wurde mir klar, dass er eine wahnhafte Persönlichkeitsstörung hatte. Schließlich sprach er darüber, dass er wegen seines Leidens in Behandlung sei. Soweit ich sehen konnte, war er weit davon entfernt, gesund zu werden, wenn er es denn jemals würde. Am nächsten Tag änderte ich meine

Telefonnummer. Ich bin eine der Glücklichen, die tatsächlich schnell auf
das reagierten, was mir nicht koscher vorkam.«

KYLAS GESCHICHTE

Kyla, eine 32-jährige Verkäuferin, spricht darüber, mit einem Mann
verheiratet zu sein, bei dem eine Borderline-Persönlichkeitsstörung
diagnostiziert worden ist:

»Ich kann ein Lied davon singen, wie schwierig mein Leben bislang
gewesen ist, weil ich versucht habe, einen Mann mit diesem Leiden
zu lieben. Ich habe mit dieser Stimmungsinstabilität, Kälte und
Distanziertheit gelebt – und im nächsten Moment mit seiner
übertriebenen Zuneigung mir gegenüber. Ihm geht jede Art von
Selbsterkenntnis dessen ab, was er tut, sodass die Therapie wenig
gebracht hat. Er ›kapiert‹ einfach nicht, was er anderen Menschen
antut. Wenn er in einer sozialen Situation unhöflich ist, sieht er es nicht
ein. Niemand kommt mehr zu uns nach Hause, weil er sich so schlecht
benimmt. Er bestreitet, dass irgendetwas mit ihm nicht stimmt, obwohl
es bei ihm diagnostiziert wurde und er die Diagnose versteht.
Ich bin mir so unsicher, was unsere Beziehung betrifft. Ich meine, wie
kann ich mit jemandem zur Ruhe kommen, der völlig chaotisch ist,
wenn fast alles dagegen spricht, dass es jemals anders sein wird als
jetzt? Ich muss eine Entscheidung treffen, ob ich so leben will oder ob
ich eine echte Beziehung finden will, die nicht auf der psychischen
Erkrankung von jemandem beruht. Ich bin unsicher und komme mir
vor, als würde mir ständig der Boden unter den Füßen weggezogen. Ich
weiß nie, was ich vorfinden werde, wenn ich nach Hause komme, oder
mit wem er gestritten oder wen er beleidigt hat.
Ich habe meine Ehe und meine beiden Kinder aufgegeben für diesen
Mann! Er wird nicht fertig mit meinen Kindern, weil er selber wie ein
Kind ist. Er ärgert sich über sie, weil sie die Zuwendung brauchen, die
er verlangt. Er weiß, dass er es nicht schafft, sie in seiner Nähe zu
haben, ohne nervös zu werden, also habe ich wegen dieses unglaublich
kranken Mannes den Kontakt mit ihnen weitgehend verloren! Sie
müssen immer mehr Zeit mit ihrem leiblichen Vater verbringen, weil
dieser Mann so krank ist, und ich kann kein normales Leben mitsamt
Kindern führen.
Aber ich bin wirklich an dem Punkt angelangt, wo mir klar wird, dass
die Dinge nun mal so sind, wie sie sind. Wenn ich ihn nicht so
akzeptieren kann, wie er jetzt ist, habe ich in dieser Beziehung nichts
verloren, weil ich bloß auf Veränderungen warten werde, die laut
seinem Therapeuten wahrscheinlich nicht eintreten werden. Denn ich
weiß jetzt, dass eine Persönlichkeitsstörung genau das bedeutet.«

Lydia, eine unverheiratete 24-Jährige, der ein Bekleidungsgeschäft gehört, sagt:

»Ich war mit vielen Männern zusammen, die irgendeine psychische Krankheit hatten. Es ist etwas, womit ich mich wirklich auseinandersetzen muss. Der, mit dem am schwersten auszukommen war, war ein Mann mit einer Zwangsstörung. Jack musste jeden Tag Stunden mit mühseligen Ritualen in der Wohnung verbringen. Nicht, dass er die Wohnung aufgeräumt hätte, aber er ordnete alles, Socken, alle möglichen Gegenstände, methodisch und zwanghaft. Anfangs dachte ich, dass ich damit klarkommen könnte. Schließlich war ich selber gern ein ordentlicher Mensch – aber das hier war nicht dasselbe. Es war traurig mitanzusehen, wie er für alles zehnmal länger brauchte als andere Leute. Er war klug und fleißig, aber er hatte einen miesen Job, unter seinem Intelligenzniveau, und er verdiente sehr wenig, weil er wegen seiner obsessiven Ordnungsliebe und seiner psychischen Störung keine Aufgabe mit vernünftigem Zeitaufwand zu Ende bringen konnte. Andauernd erzählte er mir die bizarrsten Dinge über mich, die ihm durch den Kopf gingen. Es machte mir Angst. Wochenlang versuchte ich immer wieder, über diese bizarren Fantasien vernünftig mit ihm zu reden, weil ich dachte, dieser Prozess könnte irgendein Ende haben. Es wurde klar, dass es einfach zu seiner Störung gehörte und ich ein weiteres Objekt wurde, von dem er besessen war. Also machte ich Schluss. Er war nie unfreundlich. Er war einfach unglücklich mit sich selbst. Aber mich hat es wirklich kirre gemacht im Kopf. Ich brauchte lange Zeit, um darüber hinwegzukommen. Ich musste mir klar darüber werden, wieso ich eindeutige Signale empfing, dass etwas nicht stimmte, und sie komplett umdeutete. Wieso habe ich das getan? Die ganze Erfahrung war einfach so irritierend. Danach war ich ziemlich lange raus aus dem Unternehmen Partnersuche!«

Bei diesem Verhalten gilt die höchste Alarmstufe – eine Checkliste

Der psychisch kranke Mann

- nimmt vielleicht irgendwelche Psychopharmaka

- wurde wegen seelischer Probleme oder suizidalen Verhaltens ins Krankenhaus eingewiesen

- ist momentan wegen einer psychiatrischen Störung in Behandlung

- hat sich als Erwachsener erfolglos einer Therapie unterzogen

- wurde als Kind zur Therapie gebracht, aber ohne Erfolg

- steht momentan oder stand früher unter Aufsicht eines Fallmanagers beim sozialpsychiatrischen Dienst der Gemeinde

- ist momentan oder war früher auf Bewährung draußen oder Freigänger

- ist wegen eines psychischen Leidens erwerbsunfähig

- bringt das Gespräch immer wieder auf sich selbst

- denkt in Schwarz-Weiß-Kategorien

- ist unflexibel und hat Mühe, spontan zu sein

- glaubt, dass Regeln für alle gelten außer für ihn, beziehungsweise handelt nach diesem Motto

- meint, er sei etwas Besonderes und Einzigartiges und möchte entsprechend behandelt werden

- beteiligt sich an waghalsigen Unternehmungen

- ist jemand, bei dem irgendeine der folgenden Erkrankungen festgestellt wurde:

  - bipolare Störung (früher als manische Depression bezeichnet)

  - posttraumatische Belastungsstörung oder irgendeine andere Angststörung

  - Verhaltensstörung (als Kind)

  - dissoziale Persönlichkeitsstörung

  - narzisstische Persönlichkeitsstörung

  - Borderline-Persönlichkeitsstörung

  - dependente Persönlichkeitsstörung

  - ängstlich-vermeidende Persönlichkeitsstörung

  - wahnhafte Persönlichkeitsstörung

  - Zwangsstörung

  - Schizophrenie oder irgendeine andere wahnhafte Störung

- Medikamentenmissbrauch oder -abhängigkeit

- schwere Depression

(Eine Beschreibung dieser Krankheiten finden Sie im Anhang.)

Ihre Verteidigungsstrategie

Bei gefährlichen Männer, die psychisch krank sind, sollten Sie sehr gut auf Ihre inneren Sensoren achten, sobald Sie eine Botschaft empfangen, dass irgendetwas »komisch« ist. Sie sind der Beleg dafür, dass wir auf unser Bauchgefühl, das uns sagt, dass etwas nicht stimmt – auch wenn wir nicht genau sagen können, was es ist –, nicht nur vertrauen, sondern auch *darauf reagieren* müssen. Obwohl solche Informationen uns vielleicht nicht gleich bei der ersten Begegnung mit einem Mann erreichen, ist es wichtig, dass wir schnellstmöglich reagieren, wenn sie denn kommen.

Frauen müssen Gespräche mit einem potenziellen Partner so steuern, dass sie die Informationen bekommen, die sie benötigen. Aus den Informationen, die sie erhalten, und aus ihren eigenen instinktiven Reaktionen müssen sie lernen, eine Antenne für die Anzeichen und Symptome der psychischen Erkrankung eines Mannes zu entwickeln. Eine psychische Erkrankung kann sich auf unterschiedlichste Weise zeigen, weil es die unterschiedlichsten Arten von psychischen Erkrankungen gibt. Nicht alle sind am Anfang klar erkennbar, weshalb es oft entscheidend ist, die Familiengeschichte des Mannes in Erfahrung zu bringen, um zu erkennen, ob Sie sich mehr Gedanken über seine psychische Verfassung machen sollten. Einige psychische Krankheiten kommen in Familien gehäuft vor. Dasselbe gilt für Abhängigkeiten, um die es im nächsten Kapitel gehen wird. Es empfiehlt sich, darauf zu achten, ob er von Familienmitgliedern spricht, die unter Schizophrenie, einer bipolaren Störung oder einer anderen schweren psychischen Erkrankung leiden. Sich Informationen von seiner Familie oder anderen Leuten, die ihn kennen, zu beschaffen, ist immer klug.

Frauen fürchten oft, Informationen zu entdecken, die sie »eigentlich nicht wissen wollen«. Was ist zum Beispiel, wenn sein Bruder schizophren ist? Das bedeutet natürlich nicht automatisch, dass Sie sich auf diesen Mann nicht einlassen sollten. Aber es bedeutet, dass Sie »die Augen offen halten« sollten, wenn Sie mit ihm zusammen sind.

Als ich in der Privatpraxis Frauen behandelte, die dazu neigten, mit gefährlichen Männern Beziehungen einzugehen, praktizierten wir eine Politik der offenen Tür, die ihnen erlaubte, jeden Mann hinzuziehen, mit dem sie es möglicherweise ernst meinten, damit wir die Beziehung überprüfen konnten. Wir hofften, dass unsere Patientinnen im Laufe ihrer Therapie genug über gefährliche und kranke Männer gelernt hätten, um zu vermeiden, dass ihre Wahl auf sie fiel. Falls sie bei einem Mann unsicher waren, konnten sie ihn für zwei oder drei Paarsitzungen mitbringen. Hinterher gaben wir der Frau dann vertraulich unser Feedback und brachten etwaige größere Bedenken zum Ausdruck. Meistens hatten die Frauen tatsächlich etwas gelernt – ihm zuzuhören, auf ihre Warnsignale zu hören und auf alles achtzugeben, was ihnen Unbehagen bereitete –, und sie trafen bessere Entscheidungen. Aber ein Beispiel von einer schlechten Wahl fällt mir ein. Theresa, die zwei Jahre in Therapie verbracht hatte – sowohl wegen der gefährlichen Männer, die sie sich früher ausgesucht hatte, als auch wegen frühkindlichen Missbrauchs –, zog ihren neuen Mann, Ted, hinzu. Sie hatte ihn beim Gottesdienst kennengelernt. Wir äußerten unsere Bedenken, dass er in der Tat ein gefährlicher Mann mit einer psychischen Krankheit sei. Zwei Wochen später vergewaltigte Ted Theresa.

Auch Sie können etwaige Bedenken, die Sie haben, gemeinsam mit einem Experten/einer Expertin für psychische Erkrankungen überprüfen. Bei einem Psychotherapeuten können Sie über Anzeichen und Symptome von psychischer Erkrankung bei ihm oder sogar bei Ihnen selbst sprechen. Wenn die Beziehung weiterläuft, ist die frühzeitige Teilnahme an einigen paartherapeutischen Sitzungen allen Frauen wärmstens zu empfehlen, die bei der Partnersuche bereits Erfahrungen mit gefährlichen Männern gemacht haben. Ein Therapeut/eine Therapeutin kann Sie auf Probleme hinweisen, die er/sie bei dem Mann oder in der Beziehung sieht. Wenn ein Mann Sie wirklich gern hat und daran interessiert ist, Ernst zu machen, wird er wahrscheinlich bereit sein, gemeinsam mit Ihnen für ein paar Sitzungen einen Therapeuten/ eine Therapeutin aufzusuchen. Seien Sie einfach ehrlich. Sagen Sie ihm, sie hätten sich bereits früher auf ungesunde oder zerstörerische Beziehungen eingelassen, und Sie wollten sichergehen, dass diese auf dem richtigen Fuß beginnt. Wenn er absolut keine Lust darauf hat, kann das ein Warnsignal sein. Es gibt einen Grund, warum ein Mann versucht, um einen Therapeuten/eine Therapeutin herumzukommen, und es hat normalerweise damit zu tun, dass er Angst hat, der/die Therapeut/in werde etwas bei ihm sehen. Das ist erst recht ein Grund, warum Sie erfahren müssen, was der Therapeut zu sagen hat!

Eine weitere großartige Verteidigungsstrategie ist es, einige der Symptome psychischer Erkrankung zu kennen. Einen Kurs in Psychologie zu belegen oder Selbsthilfebücher zu lesen wird Ihnen zumindest ein paar der Störungen bewusst machen, auf die Sie vielleicht stoßen.

Andere Frauen sind großartige Hilfsquellen. Sprechen Sie mit Frauen, die mit psychisch kranken Männern zusammen waren. Wie fing es an? Wann bemerkten sie sein Leiden? Welche Symptome hatte er? Wie machten sie Schluss?

Suchen Sie sich eine Freundin, der gegenüber Sie brutal ehrlich sind. Das kann Ihnen helfen, einen klaren Kopf zu bewahren und die Augen weit offen zu halten. Freundinnen, die Sie wegen Ihrer ungesunden Entscheidungen bei der Partnersuche zur Rede stellen können, sind unbezahlbar. Suchen Sie sich für diese Rolle keine passiv abhängige Freundin aus, die selber in einer Beziehung mit einem gefährlichen Mann steckt, sondern eine Frau, die danach trachtet, gesündere, sprich: vernünftigere, Entscheidungen zu treffen oder es bereits tut.

Weibliche Einsichten

Sierras Äußerungen sind typisch. Sie sagt:

»Da ich im medizinischen Bereich arbeite, hätte ich von allen Leuten am ehesten in der Lage sein müssen, zumindest zu erkennen, dass etwas nicht stimmte. Als ich mit ihm zusammen war, erhielt ich die Bestätigung seiner seit Langem bestehenden Diagnose ›bipolare Störung‹ (sowohl von ihm als auch von seinem Psychiater). Das an sich hätte mir schon erhebliche Sorgen bereiten müssen. Ich weiß, was diese Diagnose mit sich bringt. Was habe ich mir gedacht – dass ich sein ganzes Leben lang seine Vollzeit-Krankenschwester sein würde? Dass meine medizinischen Kenntnisse ihn irgendwie besser machen würden? Wenn derjenige, der psychisch krank ist, nicht auf sich achtgeben will, dann gibt es wenig, was irgendjemand für ihn tun kann. Unsere Ehe hat ihn bestimmt nicht motiviert, sich um seine Störung zu kümmern. Selbst seine vorgebliche Liebe zu meinen Kindern vermochte es nicht. Aber darüber hinaus verging einige Zeit zwischen dem Zeitpunkt, als ich auf seine Verhaltensweisen aufmerksam wurde, dem, als ich von seiner Diagnose erfuhr, und unserer Hochzeit. Ich hätte jede Menge Zeit gehabt, mich auf das, was passierte, einzustellen, wenn ich mir eingestanden hätte, dass mein Leben wegen seiner Verhaltensweisen zunehmend außer Kontrolle geriet. Das ist wohl das Entscheidende an psychischen Erkrankungen: Die normalen Motivatoren zur Verhaltensänderung funktionieren bei diesen Menschen einfach nicht. Sie sind mit einem System verdrahtet, dass wir übrigen nicht begreifen. Ihnen eine helfende Hand zu reichen ist wirkungslos. Unsere Familie bot ihm ein stabiles, sicheres, hilfreiches und liebevolles Umfeld. Ich glaube nicht, dass er das zu schätzen wusste; es ist einfach so, dass er nicht darauf reagieren konnte. Es reichte nicht, um dem abzuhelfen, was bei ihm nicht in Ordnung war. Jemand, der dir dein Haus

niederbrennt, eine Frau vergewaltigt und sich eine Schießerei mit den Bullen liefert, ist jemand, den nur wenige von uns erreichen können. Mir ist klar, dass nicht alle Bipolaren so extrem sind. Aber ihre Krankheit, welche auch immer es ist, beeinträchtigt trotzdem dein Leben. So etwas wie ein nicht beeinträchtigtes Leben gibt es nicht, wenn man mit jemandem zu tun hat, der schwer psychisch krank ist.«

Kyla sagt:
»Ich hätte meine Hausaufgaben machen sollen. Als die Therapeutin sagte, er habe eine Borderline-Persönlichkeitsstörung, hätte ich mich darüber informieren können, was das bedeutete. Ich meine, wenn sie gesagt hätte, er hat Prostatakrebs, wäre ich ins Internet gegangen und hätte alles darüber nachgelesen. Aber eine psychische Störung, das war für mich nichts, worüber man Nachforschungen anstellt. Es schien mir aufdringlich, mich über etwas so Persönliches zu informieren. Persönlich, zum Teufel! Es ist persönlich, wenn es dein Leben zerstört. Mein Warnsignal war, dass bei ihm etwas diagnostiziert wurde, das ich nicht ohne Weiteres verstand; deshalb hätte ich mir die Zeit nehmen sollen, etwas darüber in Erfahrung zu bringen. Wenn man darüber liest, was eine Borderline-Persönlichkeitsstörung ist – es ist furchtbar! Aber es ist real. Die Beschreibung seines Leidens vermittelte exakt das Bild, das ich dann lebte. Wenn ich mit einem Mann zusammenleben will, der eine schwere psychische Krankheit hat, sollte ich zumindest wissen, worauf ich mich eingelassen habe. Und wenn ich mich darüber informiert hätte, kenne ich mich gut genug, um zu wissen, dass ich ihn nicht geheiratet hätte. Das Leiden ist einfach zu schwer. Der Preis für mich und meine Kinder war zu hoch. Es tut mir leid, dass er krank ist, aber es ist nichts, was ich heilen kann, und es ist etwas, das gravierende Auswirkungen auf mein eigenes Leben gehabt hat. Wenn ich die Informationen gehabt hätte, hätte ich mich vielleicht anders entschieden, für mich und für meine Kinder. Es gibt einfach ein paar schwere Störungen, die indizieren, dass die Person nicht heiraten und nicht die Verantwortung für Kinder haben sollte. Er oder sie kann damit einfach nicht umgehen. Und er ist einer von ihnen.«

KAPITEL 8: **DER SÜCHTIGE**

Ein Partylöwe mag den Anschein erwecken, er verspreche jede Menge Spaß, aber spätestens am Ende des Kapitels werden Sie verstehen, warum er alles andere bietet als Vergnügen – Ihnen oder sonst irgendjemandem.

Paul Partylöwe

Dieser gefährliche Mann erzeugt in Frauen normalerweise eine zwiespältige Reaktion – entweder erschauern wir oder wir zucken die Achseln. Entweder fürchten wir ihn wegen des Kummers und Chaos, die er in unserem Leben anrichten kann, oder wir halten ihn nicht für jemanden, den wir fürchten müssen, was uns dazu verleitet zu glauben, dass dies kein Problem für uns sei. Viele Frauen landen schließlich bei Süchtigen, gerade weil sie nicht nach ihnen Ausschau halten. In manchen Fällen wissen Frauen nicht einmal, worum es bei Abhängigkeiten eigentlich geht.

Abhängigkeiten lassen sich grob in zwei Kategorien einteilen, von denen nur eine weithin geläufig ist. Die bekanntere Kategorie beinhaltet die offensichtlich schädlichen Abhängigkeiten von Substanzen wie etwa Drogen oder Alkohol oder von Verhaltensweisen wie Glücksspiel oder Sex. Die andere Kategorie umfasst, was ich als »pseudoproduktive« Abhängigkeiten bezeichne. Dazu gehören Verhaltensweisen, die wir uns normalerweise nicht als suchterzeugend vorstellen, wie etwa eine Abhängigkeit von Arbeit oder Produktivität. Wir glauben nicht, dass sie süchtig machen, denn was soll schlecht sein an harter Arbeit? Aber wenn solch ein Verhalten zwanghaft wird, kann es ein wahrhaft zerstörerisches Verhaltensmuster erzeugen.

Pseudoproduktive Abhängigkeiten können mehrere Formen annehmen. Manche Menschen arbeiten so viel, dass sie keine Zeit mehr für ihre Familien haben (klassische »Arbeitssucht«), manche sind Streber, für die nichts jemals genug ist, was ihre eigenen Leistungen betrifft, manche erwarten Perfektion von sich und anderen, und manche suchen ständig Anerkennung. Eine noch tückischere Abhängigkeit ist eine, bei der eine Person sich nach Kräften bemüht, geliebte Menschen oder Familienmitglieder – die oft selber süchtig sind – zu »retten«, indem sie ihnen niemals gestattet, sich den Folgen ihres eigenen Verhaltens zu stellen. Es kommt häufig vor, dass mehrere verschiedene Arten pseudoproduktiver Abhängigkeiten sich bei einer Person überschneiden. Natürlich können sowohl Männer als auch Frauen Süchtige jeglicher Art sein.

Oberflächlich betrachtet, wirken pseudoproduktive Abhängigkeiten nicht wie die gefährlichen Verhaltensweisen, die einem einfallen, wenn man über Abhängigkeiten spricht. Dem Süchtigen und seinen Familienangehörigen mögen sie sogar als einigermaßen befriedigend erscheinen. Schließlich können sie dazu führen, dass der Süchtige vorankommt, jede Menge Geld verdient oder Aufmerksamkeit und Anerkennung erntet. Im Gegensatz dazu erscheint die andere Kategorie von Abhängigkeiten – die wir als »unproduktive« Abhängigkeiten bezeichnen könnten – als ziemlich unergiebig. Es kann sein, dass diese Süchtigen alles verlieren. Oft können sie sich nicht in einem Job halten. Sie geben Geld für Glücksspiel, Drogen, Alkohol, Pornografie oder Aktivitäten, die ihren Erlebnishunger stillen, aus. Aber jeder, der mit jemandem zusammengelebt hat, der unter einer pseudoproduktiven Abhängigkeit leidet, weiß sehr gut, dass diese Arten von Abhängigkeit von dem Abhängigen und der Familie denselben Tribut fordern wie die unproduktiven.

Man könnte meinen, Abhängigkeiten wären leicht zu erkennen. Aber manchmal sind bestimmte Verhaltensweisen innerhalb einer Familie von ganzen Generationen normalisiert worden. Kinder und Enkelkinder wachsen auf und übernehmen den Lebensstil und machen ihn dadurch »einfach zu dem, was diese Familie tut«. Die Identität Einzelner und ganzer Familien kann an mancherlei Abhängigkeiten gebunden sein. Dies kann man bei Familien beobachten, die unter Ausschluss jeglichen Familienlebens Tag und Nacht in ihren eigenen Betrieben gearbeitet haben. Man kann es bei Familien beobachten, deren Mitglieder in Spielcasinos, auf Pferderennbahnen, in familieneigenen Kneipen, Striplokalen oder anderen Betrieben gearbeitet haben, deren Erfolg vielleicht auf die Abhängigkeiten von Gästen und Besitzern angewiesen ist. Sich für etwas außerhalb der Arbeit in der Familie oder der Beteiligung an der Abhängigkeit zu entscheiden heißt das eigene familiäre Erbe verleugnen.

Manchmal entgehen uns Abhängigkeiten bei Personen, die unwahrscheinliche Kandidaten dafür zu sein scheinen. Wer würde eine 80-jährige Frau, die gelegentlich im örtlichen Veteranenheim hinter dem Tresen arbeitet, verdächtigen, eine Säuferin und Zockerin zu sein? Sie setzte bei Hunde- und Pferderennen, beim Sport, beim Bingo, bei jedem Gewinnspiel, welches der Mensch kennt – im Grunde bei allem, was mit Gewinnchancen verbunden war. An den Freitagnachmittagen ging sie ins Veteranenheim, und sie pflegte nicht vor Montag heimzukommen. Während sie dort war, tanzte und feierte sie, spielte Poker, zockte und arbeitete ein oder zwei Schichten. Jeder bewunderte das für ihr Alter emsige Leben, das sie führte. In Wirklichkeit jedoch frönte sie emsig ihren Süchten. Aber viele andere in ihrer Familie haben im Saal des Veteranenheims mehr oder weniger auf die gleiche Weise bedient, wie sie es tat. Abhängigkeiten werden übersehen, weil sie zur Familienstruktur oder -geschichte gehören.

Ich sage dies, um die Tatsache zu betonen, dass das Thema Abhängigkeit wichtig im Leben einer Frau ist, nicht nur, was die Süchtigen betrifft, mit denen sie vielleicht zusammen ist, sondern auch in Bezug auf die verborgenen Abhängigkeiten, die in ihr selbst oder ihrer Familie lauern könnten. Frauen, bei denen offene oder verdeckte Abhängigkeiten in der Familie liegen, sind eher mit Süchtigen zusammen. Und sich mit einem Süchtigen einzulassen garantiert einen Bumerangeffekt in Ihrem Leben.

Die Abhängigkeit eines Menschen hat Auswirkungen auf jeden in seinem Umfeld. Selbst wenn Sie nur »zwanglos« mit einem oder einer Süchtigen zusammen sind, werden sie irgendwann von seinem/ihrem Lebensstil beeinflusst, weil alle Abhängigkeiten das Leben zerrütten. Süchtige kämpfen zeitlebens gegen Triebe an. Selbst wenn sie eine Therapie machen, werden manche dauernd rückfällig, unabhängig davon, welches Suchtmittel (die Substanz oder das Verhalten, das als ihre »Droge erster Wahl« dient) sie nehmen. Es kommt häufig vor, dass Süchtige hin und her springen zwischen Phasen aktiven Gebrauchs und Phasen der »Abstinenz« (wenn der Süchtige kein Suchtverhalten an den Tag legt). Eine Phase der Abstinenz zu haben heißt *nicht*, dass das Problem gelöst ist. Rückfälle können nach 20 Jahren Abstinenz passieren. Der Wechsel von einer Abhängigkeit in die andere – jemand gibt beispielsweise den Alkohol auf und legt sich die Gewohnheit zu, täglich Marihuana zu rauchen – ist ebenfalls weit verbreitet. Außerdem können die gestörten, destruktiven oder nonfunktionalen Verhaltensweisen eines/einer Süchtigen anhalten, auch wenn er oder sie nicht konsumiert. Eine längere Phase der Abstinenz bedeutet nicht automatisch, dass ein Süchtiger an den mit seiner Sucht verbundenen Problemen gearbeitet hat. Und ganz sicher bedeutet es nicht, dass der Süchtige in irgendeiner Weise beziehungsfähig geworden wäre. In diesem Fall verhält er sich wie ein »trockener Trinker« (auch wenn es sich nicht um eine Alkohol-Abhängigkeit handelt). Ein Süchtiger kann »clean und trocken« und trotzdem seelisch und beziehungsmäßig verkorkst sein.

Wenn Sie es darauf abgesehen haben, dass ein Mann, der aktiv seiner Sucht frönt, Sie für ein Wochenende nach Barbados abschleppt, überlegen Sie sich's. Süchtige berauben Einzelne und Familien ihrer finanziellen (oder, im Falle pseudoproduktiver Abhängigkeiten, zeitlichen) Ressourcen. Es ist nicht ungewöhnlich, dass Süchtige in finanzi-ellen Schwierigkeiten stecken, die sie Ihnen nicht offenbaren. Glücks-spiel, Pornografie, Sex, Drogen und Alkohol sind kostspielig, und die Summen, die diese Abhängigkeiten verschlingen, steigen stetig. Das liegt daran, dass der Süchtige stets immer mehr konsumiert.

Wenn es Sie nicht beunruhigt, dass der Gebrauch des Suchtmittels gelegentlich »außer Kontrolle« gerät, so bedenken Sie dies: Man schätzt, dass 80 Prozent aller häuslichen Gewaltdelikte unter dem Einfluss von Drogen oder Alkohol verübt werden. Das Problem eines Süchtigen bedeutet, dass alles dagegen spricht, dass er Sie durchweg mit Respekt behandelt.

Menschen mit bestimmten psychischen Krankheiten sind beson-ders suchtanfällig. Bei Personen mit dieser Kombination ist die Wahr-scheinlichkeit am geringsten, dass sie abstinent bleiben. Den Kombi-Pack aus psychischer Krankheit und Sucht erlebt man vor allem bei Menschen mit einer bipolaren Störung, einer posttraumatischen Belas-tungsstörung, einer schweren Depression oder einer Borderline-Per-sönlichkeitsstörung. (Eine Beschreibung dieser Krankheiten finden Sie im Anhang.) Neben den soeben genannten erlebt man dies auch bei anderen Störungen. Für weitere Informationen über Abhängigkeiten und psychische Krankheiten konsultieren Sie einen erfahrenen Psy-chologen oder Psychiater.

Arten von Abhängigkeiten

Hier ist eine kurze Liste der vielen Formen, die Abhängigkeit anneh-men kann. Ein Mensch kann von einer oder mehreren der folgenden Substanzen abhängig werden:

- Drogen
- Alkohol
- Nahrungsmittel
- Glücksspiel
- Beziehungen
- Sex, Pornografie, Masturbation
- Leistung, Arbeit
- Anerkennung, Perfektionismus
- Nervenkitzel, Krise, Chaos, Drama
- Religion

Welchen Frauentyp sie suchen

Es mag seltsam erscheinen, dass manche Frauen – vor allem jene, die selber Missbrauch mit Substanzen betreiben oder die in Elternhäusern aufwuchsen, wo ein Elternteil oder beide Missbrauch mit Substanzen betrieben – vor Süchtigen nicht besonders »auf der Hut« sind. Gewöhnlich fallen sie Süchtigen zum Opfer, weil dieser Verhaltenstypus ihnen heute als normal erscheint. Wie man von ihnen hört, »schwören« Frauen, die in Elternhäusern aufwuchsen, in denen Abhängigkeit herrschte, oft, sie würden niemals mit irgendjemandem eine Beziehung eingehen, der in irgendeiner Form abhängig sei. Dennoch landen sie immer wieder bei jemandem, der eine Abhängigkeit hat, sei sie »verborgen« oder nicht.

Für einen Süchtigen ist vorrangig, einen anderen Süchtigen zu finden, der über seine Sucht nicht »nörgeln« oder »jammern« wird. Dies bedeutet, dass Frauen, die selber abhängig sind (selbst wenn die Abhängigkeit nicht zu seiner »passt«), für ihn bei der Partnersuche die erste Wahl sind. Gleich an zweiter Stelle folgt die Frau, die in einem Elternhaus aufwuchs, in dem Abhängigkeit existierte, auch wenn sie selbst heute nicht abhängig ist. Sie kennt die Schliche und Tarnungen des Süchtigen, und sie weiß, was von ihr erwartet wird, um mit jemandem zusammen zu sein, der süchtig ist. Die beiden haben eine gemeinsame Vorgeschichte und Verständnis füreinander.

Süchtige suchen Frauen, die leidgeprüft sind und die insgeheim davon überzeugt sind, dass der Süchtige aufhören wird. Viele Süchtige sagen, sie würden aufhören oder seien gerade eifrig dabei aufzuhören, und es kann sein, dass sie ehrlich sind, obwohl sie erfolglos bleiben. Wenn jemand aktiv seiner Sucht frönt oder gerade erst damit aufgehört hat, könnte jede nennenswerte Verbesserung im Verhalten, beim Beschäftigungsstatus, bei Finanzen und Beziehungsfähigkeit noch Jahre entfernt sein. Wenn ein Süchtiger aufhört, das Suchtverhalten an den Tag zu legen oder die suchterzeugende Substanz zu nehmen, erfolgt nicht augenblicklich eine echte Veränderung. Dies bedeutet, dass Frauen, die gegenüber der Tatenlosigkeit und den Stimmungsschwankungen eines Partners außerordentlich nachsichtig sind und die dazu neigen, ihre eigenen Bedürfnisse zu bagatellisieren, bei einem Süchtigen einen hohen Stellenwert haben.

Frauen, die als Kind Missbrauch oder als Erwachsene Körperverletzungen erlitten haben, scheinen von Süchtigen besonders angezogen zu werden. Die Nachwirkungen jeglicher Form von Gewalt machen Frauen anfällig dafür, sich Beziehungen auszusuchen, in denen sich ihr früheres seelisches, körperliches oder sexuelles Trauma noch einmal abspielt. Eine Beziehung mit einem Süchtigen zu haben, in welcher die eigenen Bedürfnisse am Ende unerfüllt bleiben, hat starke Ähnlichkeit mit dem seelischen Trauma früherer Missbrauchs- und/oder Misshandlungserlebnisse.

Ihre Masche – warum sie bei Frauen erfolgreich sind

Die Gründe für den Erfolg und die Gefährlichkeit von Süchtigen sind nicht immer klar ersichtlich. Dies gilt insbesondere dann, wenn jemand sich auf dem Gebiet der Abhängigkeiten nicht auskennt. Manche Frauen kennen die Anzeichen für Abhängigkeiten nicht und werden folglich Opfer durch Unwissenheit. Aber es gibt sehr viele Frauen, die wissentlich mit Süchtigen zusammen waren, weil sie nicht glaubten, dass die Abhängigkeit eines Mannes »für sie« eine Gefahr darstellte. Noch einmal: Wenn Frauen sich nicht die Wahrheit über ihre wahren Motive, warum sie mit jemandem zusammen sind, eingestehen (»Ich bin nur zum Spaß mit ihm zusammen«), werden sie höchstwahrscheinlich früher oder später in einem ernsthaften Verhältnis mit einem Süchtigen enden. Mit Naivität lässt sich das Leben nicht bewältigen. Und übersehen wir nicht die Frau, die meint, ihr Los im Leben sei es, den Süchtigen zu »ändern« oder ihn zur Vernunft zu bringen. Ihre Überzeugung, ihn durch ihre Liebe zu einem geradlinigen und aufrichtigen Menschen machen zu können, ist nur allzu verbreitet.

Männer, die ihren Süchten weiter aktiv frönen, halten Frauen oft erfolgreich in Beziehungen, weil sie versprechen aufzuhören. Entweder machen sie ihr Versprechen niemals wahr, oder sie wechseln einfach die Suchtmittel. Viele Süchtige haben mehrere Abhängigkeiten, die abwechselnd zum Vorschein kommen und verschwinden. Frauen denken oft, ihre Partner seien clean, weil sie nicht nach den Anzeichen und Symptomen unterschiedlicher Abhängigkeiten suchen. Und nicht nur die Partnerin des Süchtigen wird dadurch getäuscht, sondern vielfach auch der nicht genesene Süchtige. Wenn er drogensüchtig war und bloß Bier trinkt, ist er aus seiner Sicht nicht mehr »süchtig«. Drogen und/oder Alkohol werden häufig durch Sex oder Nahrungsmittel ersetzt oder durch Aktivitäten, die Nervenkitzel versprechen, durch ungeschützten Sex, Arbeit oder durch schnell wechselnde Beziehungen oder Glücksspiel.

Es kann Jahre dauern, bis Zyklen aus mannigfachen Abhängigkeiten sich manifestieren. Eine Frau schwimmt vielleicht auf einer Welle hoffnungsfroher Gefühle, wenn sie sieht, dass ihr Partner nicht trinkt, nur um herauszufinden, dass er Kokain nimmt. Jede neue Sucht-Episode kann sie abermals für längere Zeiträume binden, derweil sie »glaubt«, eine Phase der Abstinenz zu erleben, nur um herauszufinden, dass er die Abhängigkeit gewechselt hat. Vielleicht ist *sie* ebenfalls süchtig: nach Hoffnung. Da viele Abhängigkeiten geheim gehalten werden, werden Sie, falls Sie ein Verhältnis mit einem Süchtigen haben, leider nicht immer wissen, wann oder ob Sie finanziell, sexuell, körperlich oder seelisch gefährdet sind. Wie wir aus Nataschas Geschichte ersehen konnten (Kapitel 6: »Der Mann mit dem heimlichen Leben«), kann dieses Verhaltensmuster verheerende und lebenslange Folgen für Ihre körperliche und seelische Gesundheit haben. Von einem aktiven Süchtigen Ehrlichkeit zu erwarten, kann Sie teuer zu stehen kommen.

Jede Frau, die ich je kennengelernt habe, die mit einem Süchtigen zusammen war oder ihn heiratete, sagte dasselbe: »Wenn er nichts nimmt, ist er der liebste Kerl auf der ganzen Welt.« Süchtige sind an ihren guten Tagen normalerweise ziemlich charmante Burschen. Das müssen sie auch sein, damit ihre Partnerinnen auch weiterhin gewillt sind, die anderen 80 Prozent der Zeit zu ertragen. Nette Burschen, gute Jungs, großzügige Männer, großherzige Typen, Schätzchen, Herzchen … wie auch immer Ihr Euphemismus für sie lautet: Vergessen Sie nicht, dass sie die *meiste* Zeit Süchtige sind, deren Verhalten Ihnen großen Kummer bereiten wird. Und höchstwahrscheinlich werden sie immer mit dem zu kämpfen haben, was sie momentan bekämpfen. Das ist garantiert, solange ein Süchtiger noch seiner Sucht frönt. Der Weg des Süchtigen zur Genesung ist ein langer und gewundener, und meistens hat er auf seinem Weg ein paar gebrochene Frauenherzen hinterlassen.

Geschichten von Frauen

Annies Geschichte veranschaulicht die potenziell endlose Abwärtsspirale, in die das Leben eines Menschen geraten kann, wenn er sich ernsthaft mit einem Süchtigen einlässt.

ANNIES GESCHICHTE

Einige von Annies Familienangehörigen waren alkoholabhängig. Daher hatte Annie das Gefühl, einigermaßen auf das Thema Substanzmissbrauch eingestellt zu sein: weshalb sie es auf der Highschool ausdrücklich vermied, mit irgendjemandem eine Beziehung einzugehen, den sie auf Feten zu viel hatte trinken oder Drogen nehmen sehen. Stattdessen ging sie mit Bobby aus, den sie schon die ganze Highschool-Zeit hindurch kannte und mit dem sie seit Jahren befreundet war. Er war ein stämmiger Bursche mit einem großartigen Charakter, der jeden bezauberte, dem er begegnete. Sie gingen beide fort aufs College und nahmen während eines Besuchs zu Hause wieder Kontakt auf. Bobby hatte inzwischen abgenommen und war gefühlsmäßig erwachsen geworden. Die Beziehung begann sich zu entwickeln.

Annie war auf dem College zu Feten von Studentenverbindungen gegangen. Sie wusste, was in der Szene abging, und feierte auch selbst gelegentlich ganz gerne. Aber ihr Alkoholkonsum, fand sie, diente nur der Entspannung. Sie strebte einen medizinischen Beruf an und musste eine saubere Weste behalten. So schwand der Reiz, auf Partys zu gehen rasch, als mit Annies Abschluss auch die Verantwortlichkeiten eines Berufsweges in der Medizin näherrückten.

Annie und Bobby waren inzwischen seit Jahren befreundet und seit zwei Jahren waren sie ein Paar. Sie beschlossen zu heiraten. Sie fing an, im Krankenhaus in der täglichen Schicht von 15 bis 23 Uhr zu arbeiten, während es ihm schwerfiel, durchgängig Arbeit zu haben. Sie fragte sich, was sein Problem war und warum er keine feste Arbeitsstelle fand. Sie dachte, er versuchte, in seiner Arbeit »sich selbst« zu finden. Im Gegensatz zu ihr hatte er das College nicht beendet. Genau genommen gab es nicht viel, was er beendet hatte. Aber sie unterstützte weiter seine Bemühungen und Versuche, seine Nische in der Arbeitswelt zu finden.

Bobby bekam einen Job als Kellner und arbeitete nachts. Wenn Annie nach 23 Uhr von der Arbeit nach Hause kam, war er selten da. Er arbeitete gewöhnlich bis in die frühen Morgenstunden. Aber sie fragte sich, ob Leute tatsächlich um drei Uhr morgens essen gingen. Bald kam das Geld nicht so regelmäßig wie am Anfang. Schlechte Trinkgelder, ein flaue Nacht – er hatte alle möglichen Gründe für seine schwindenden Einkünfte.

Binnen Kurzem unterhielt Annie sie beide vollends. Kurz danach fand sie den wahren Grund heraus, warum er keine gleichbleibenden Einkünfte hatte. Er trieb Missbrauch mit Drogen und Alkohol.

Annie war examinierte Krankenschwester und nutzte ihr Wissen, um Bobby zu überreden, sich einer medikamentösen Therapie zu unterziehen. Jedes Mal kam er aus der Entziehungskur und wirkte ein paar Wochen oder Monate normal, nur um irgendwann erneut rückfällig zu werden. Das Muster blieb Jahr für Jahr das gleiche. Ultimaten wurden gestellt und nicht eingehalten, und die Schulden wegen unbezahlter Reha-Rechnungen stiegen.

Bobby wurde so regelmäßig verhaftet und gegen Kaution auf freien Fuß gesetzt, dass es Annie schwerfiel, sich auf der Arbeit zu konzentrieren. Sie war ständig beunruhigt wegen seines Drogenproblems, und die Sorge beeinträchtigte ihre berufliche Leistung. Daher beendete Annie die Ehe.

Jahre später hört sie immer noch Berichte über seinen ständigen Kampf mit Sucht und Obdachlosigkeit. Sie fühlt sich schlecht, weil sein Leben so endete, aber sie fühlt sich nicht schlecht, weil sie die Ehe beendete. Auch ihr Leben hätte so ausgehen können …

Abhängigkeiten in Geschichten aus anderen Kapiteln erkennen

Die nachfolgenden Geschichten von Frauen erscheinen in anderen Kapiteln. Im Leben ihrer Kombi-Pack-Männer spielten Abhängigkeiten eine Rolle.

NATASCHA

Wie wir in der Geschichte von Buck und Natascha gesehen haben (Kapitel 6: »Der Mann mit dem heimlichen Leben«), bezieht sich die Abhängigkeit manchmal auf Sex und Pornografie. Wie es bei Abhängigkeit oft der Fall ist, war auch eine psychische Erkrankung ein Faktor. Bei Buck wurde eine narzisstische Persönlichkeitsstörung diagnostiziert. Eine Abhängigkeit existiert selten unabhängig von anderen gefährlichen Faktoren. Dies macht das Verhältnis mit einem Süchtigen so problematisch.

SIERRA

Im Fall von Sierra und Chase (Kapitel 7: »Der psychisch kranke Mann«) war es eine Sucht nach Nervenkitzel, Krise, Chaos und Drama, die das Leben von Chase beherrschte, plus ein bisschen Drogenkonsum. Eine psychische Krankheit war ebenfalls ein Faktor bei Chase, da bei ihm eine bipolare Störung und eine dissoziale Persönlichkeitsstörung festgestellt wurden.

AMY

Amys Geschichte erscheint in Kapitel 9: »Der misshandelnde oder gewalttätige Mann«. Sie zeichnet dort ein Bild ihres Verhältnisses mit einem bedeutenden Professor, der psychisch krank, gewalttätig und alkoholabhängig war. In gewisser Weise führte auch er ein heimliches Leben. Tagsüber lehrte er an einer angesehenen Universität, und zu allen anderen Zeiten trank er. Viele Süchtige können als Männer mit einem heimlichen Leben angesehen werden. Wenn er sich von seiner Abhängigkeit in der Öffentlichkeit nichts anmerken lässt, dann lebt er sie hinter verschlossenen Türen aus. Amys Geschichte erinnert uns daran, dass die sich überschneidenden Eigenschaften gefährlicher Männer zu mehreren Kategorien gehören können.

TINA

Tina (Kapitel 5: »Der emotional nicht verfügbare Mann«) ließ sich mit Männern ein, die pseudoproduktive (berufliche) Abhängigkeiten hatten und deshalb emotional nicht verfügbar waren. Der Versuch, eine Beziehung mit jemandem zu führen, der unter dieser Art von Abhängigkeit leidet, tut nicht weniger weh, als sich mit jemandem einzulassen, der irgendeine der anderen Arten von Abhängigkeit hat. Tina suchte sich Männer aus, die ständig auf Beförderungen aus waren oder gerade frisch vom College kamen und auf Erfolg programmiert waren (die aber niemals wirklich ihren Möglichkeiten gerecht wurden) – wodurch sie immer noch härter arbeiteten. Sie hatten nie viel Zeit für sie, was gut zu ihrem niedrigen Selbstwertgefühl passte (und es verstärkte). Tina sagt:»Das Ende dieser Geschichte ist, dass ich immer das kriegte, was ich von vornherein erwartet hatte, nämlich nichts. Sie waren so produktionsorientiert, dass sie sich kaum etwas aus mir machten. Ironischerweise hätte ich mich nie mit einem Drogensüchtigen eingelassen, weil ich weiß, dass er verkorkst ist. Aber mit Süchtigen habe ich eine Beziehung angefangen!«

Wir dürfen nicht vergessen, dass jede Abhängigkeit lebensverschlingend ist. Irgendwann wird sie zum Mittelpunkt der Welt des Süchtigen. Das bedeutet normalerweise, dass auch der Süchtige als emotional nicht verfügbar angesehen werden kann. Ich habe nicht viele Süchtige kennengelernt, die für andere Menschen in ihrem Leben emotional präsent waren, denn andere Menschen stehen einer Abhängigkeit im Wege.

Bei diesem Verhalten gilt die höchste Alarmstufe – eine Checkliste

Der Süchtige

- nimmt das Suchtmittel fast täglich oder bei Exzessen oder in Zyklen

- widmet einen Großteil seiner Zeit, seines Geldes oder seiner Interessen dem Suchtmittel

- macht Stimmungsschwankungen oder Einstellungsänderungen durch, wenn er das Suchtmittel nicht nehmen kann

- hat wegen seiner Sucht Beziehungen, Jobs oder andere wesentliche Dinge verloren

- erzählt die Unwahrheit über seine Sucht

- erzählt die Unwahrheit über seinen Aufenthaltsort, damit er in Ruhe seiner Sucht frönen kann

- möchte nicht über das Suchtmittel diskutieren

- ist unnachgiebig, was das Suchtmittel betrifft

- hatte früher schon andere Abhängigkeiten, oder Abhängigkeiten liegen bei ihm in der Familie

- zieht das Suchtmittel immer Menschen vor

- bereitet Ihnen mit seiner Einstellung zu dem Suchtmittel Unbehagen

- läuft oder lief Gefahr, dass seine Gesundheit oder seine sozialen Beziehungen sich aufgrund seiner Abhängigkeit verschlechtern

Ihre Verteidigungsstrategie

Abhängigkeiten, selbst die pseudoproduktiven, kommen oft in Familien vor. Aber um in der Lage zu sein, eine Abhängigkeit zu erkennen und den Fehler zu vermeiden, sie für normal zu halten, müssen Sie zuerst in Ihrer eigenen Familie und Ihrer eigenen Geschichte nachforschen, um festzustellen, ob dort verdeckte oder offene Abhängigkeiten existieren oder existierten. Bei meinen Recherchen hatten die Frauen, die nicht erkannten, dass ein Süchtiger sich an sie ranmachte, entweder Süchtige in ihren Familien und waren somit daran gewöhnt, in ihrer Nähe zu sein, oder sie hatten nie Zeit in der Nähe von Süchtigen verbracht und wussten folglich nicht, wonach sie Ausschau halten sollten. In diesem Kapitel habe ich Anhaltspunkte bereitgestellt, nach denen Sie suchen müssen, falls Sie mit der Erscheinungsform von Abhängigkeiten nicht vertraut sind.

Falls Sie den Verdacht haben, dass es in Ihrer Familie Abhängigkeiten gab, sollten Sie erwägen, vielleicht an einer Selbsthilfegruppe für Abhängige oder Angehörige von Abhängigen teilzunehmen, zum Beispiel einer Zwölf-Schritte-Gruppe, die sich mit allen möglichen Abhängigkeiten befasst. Man spricht von »Zwölf-Schritte-Programmen«, weil sie auf den »Zwölf Schritten der Anonymen Alkoholiker« beruhen. Diese Gruppen können Ihnen helfen, bei sich selbst und bei Ihrer Familie das zu machen, was die Anonymen Alkoholiker (AA) auf ihrer Website als »gründliche und furchtlose Inventur« bezeichnen, um einzuschätzen, ob Abhängigkeiten vorhanden sind. Es ist wichtig, daran zu denken, dass Süchtige sich oft zu Süchtigen hingezogen fühlen. Eine klassische Kombination ist, dass eine Frau, die beziehungssüchtig ist, sich mit einem Mann einlässt, der alkoholabhängig und/oder drogensüchtig ist.

Sobald Sie Ihr eigenes Leben und Ihre Familiengeschichte auf das Vorhandensein offener oder verdeckter Abhängigkeiten hin durchforstet haben, können Sie anfangen, gefährliche Männer in neuem Licht zu untersuchen. Um einen Abhängigen zu erkennen, müssen Sie wissen, wie Abhängigkeiten aussehen – in Ihrer Familie, bei Ihnen selbst und bei Ihrem Partner und seiner Familie. Ihre Fähigkeit, das Suchtverhalten Ihrer Familie zu benennen, wird Ihnen sehr dabei helfen, es bei einem potenziell gefährlichen Mann zu erkennen.

Sollten Sie in einer süchtigen Familie aufgewachsen sein, ist bei Ihnen das Risiko besonders hoch, diese Dynamik zu wiederholen, indem Sie sich mit einem Süchtigen einlassen. Aber mithilfe der Lektüre dieses Kapitels und durch die neuen Informationen, die Sie bei den Nachforschungen in Ihrer eigenen Familie herausgefunden haben, können Sie eine Strategie entwickeln, noch genauer nach jenen Süchtigen Ausschau zu halten, die sich unter Ihrem Radar hindurchmogeln wollen.

Ein Süchtiger, der aktiv seiner Sucht frönt, kann als schlechte Wahl bei der Partnersuche angesehen werden. Basta, ohne Ausnahmen. Aber was ist mit einem Süchtigen, der abstinent ist oder sich gerade einer Therapie unterzieht? In diesen Fällen sage ich: Gehen Sie mit Bedacht vor! Wie ich zu Anfang dieses Kapitels betont habe, müssen Sie sich bewusst sein, dass die bloße Tatsache, dass jemand seine Lieblingsdroge nicht mehr nimmt oder kein Suchtverhalten mehr an den Tag legt, *nicht* heißt, dass er oder sie nicht rückfällig werden wird. Und selbst wenn ein abstinenter Süchtiger, ob Mann oder Frau, niemals rückfällig wird, heißt das nicht, dass er oder sie in irgendeiner Form beziehungsfähig ist. Auf der anderen Seite bleiben viele Süchtige erfolgreich abstinent, wachsen später auch gefühlsmäßig und erweisen sich zu guter Letzt als beziehungsfähig. In Kapitel 11 werden sowohl einige Anzeichen für eine schlechte Partnerwahl als auch einige Unterschiede zwischen gesunden und ungesunden Beziehungen aufgeführt. In Kapitel 12 werden ein paar allgemeingültige Warnsignale aufgelistet. Es wäre klug, wenn Sie sich mit diesen Listen vertraut machen würden, da sie ein guter Weg sein können, um einzuschätzen, ob ein abstinenter Süchtiger ein guter Partner sein kann.

MIRANDAS GESCHICHTE

Miranda, die außer mit ihrem Ehemann nie mit irgendjemandem zusammen gewesen war, war seit 25 Jahren verheiratet, als ihr Mann sich von ihr scheiden ließ. Bald darauf lernte sie Roy kennen. Roy war ein trockener Alkoholiker, der 15 Jahre bei den AA gewesen war, und er nahm nach wie vor an drei oder vier Treffen pro Woche teil. Er schien ein offenes Ohr für ihren Kummer zu haben und offerierte ihr einige der Lebensweisheiten, die er bei den AA gelernt hatte. Miranda verknallte sich ernsthaft in Roy, aber der vermied es stets, die Beziehung noch tiefer werden zu lassen. Schließlich fragte Miranda ihn, warum er sich so verhielt. Er sagte:»Ich bin immer noch nicht gut in Beziehungen. Sie machen mir Angst, und ich will mich wirklich auf keine festlegen.« Miranda fragte, ob er mit ihr zur Paartherapie gehen würde, um einen Weg zu finden, seine Angst vor Beziehungen aufzuarbeiten. Roy sagte:»Ich gehe einfach zu noch mehr AA-Treffen, bis ich es herauskriege.« Miranda wies darauf hin, dass er jetzt seit 15 Jahren zu mehreren Treffen pro Woche ginge und trotzdem nicht in der Lage sei, eine ernsthafte Beziehung zu führen. Er brauche offensichtlich mehr als bloß Treffen, sagte sie. Roy verweigerte die Therapie, und die Beziehung endete.

Sollten Sie in Erwägung ziehen, sich mit einem abstinenten oder in Therapie befindlichen Süchtigen einzulassen, dann finden Sie hier ein paar Leitlinien, die Sie befolgen sollten, zusätzlich zu dem, was in den Kapiteln 11 und 12 empfohlen wird:

- Sie müssen wissen, dass Jahre der Abstinenz keine dauerhafte Abstinenz garantieren.
- Beurteilen Sie seine Beziehungsfähigkeit im Großen und Ganzen und nicht die Anzahl seiner abstinenten Jahre.
- Achten Sie darauf, wie gesund seine längeren Beziehungen heute sind – etwa die zu seinen Freunden, seinen Kindern, seinen Ex-Frauen oder -Freundinnen, seinen Eltern.
- Beobachten Sie, welcher Art seine Kommunikationsfähigkeit ist. Kann er ohne Drama, Schweigen oder Schmollen um das bitten, was er braucht?
- Beobachten Sie, wie er angesichts der Abhängigkeit, die er bekämpft, an sich arbeitet. Geht er zu Zwölf-Schritte-Treffen? War er in Therapie oder in der Gruppentherapie?
- Beobachten Sie, wie viel Einsicht er zu haben scheint, was seinen Kampf gegen die Sucht betrifft. Schätzt er ihre lebenslange Wirkung realistisch ein? Falls nicht, ist es unwahrscheinlich, dass er weiter zur Therapie oder zu Treffen geht, um seine Genesung zu fördern.

Die mitfühlende Seite von Frauen macht sie anfällig für Beziehungen mit Süchtigen, mit Männern, die psychisch krank sind, und mit ewigen Kindern. Frauen, die nichts lieber tun, als einen Mann zu »hegen und zu pflegen«, dessen Vorgeschichte zeigt, dass er Liebe, Mitgefühl und Führung braucht, fallen sehr oft auf diese gefährlichen Männer rein. Aber denken Sie an einen der Standardsprüche dieses Buches: *Sie können nicht heilen, was mit diesen gefährlichen Männern nicht stimmt.* Dies gilt ganz gewiss für jeden Süchtigen. Nach allgemeiner Ansicht ist jemanden zu retten nicht dasselbe wie eine Beziehung mit ihm zu haben. Im Laufe der Zeit merken Frauen schließlich, dass ein Leben, das daraus besteht, einen Mann zu retten und auf seine Abstinenz zu warten, sie am Ende emotional ausdörrt. Sie haben die Wahl, diesen Tanz der Verzweiflung zu vermeiden, indem Sie lernen, einen Süchtigen zu entdecken, bevor Sie sich mit ihm einlassen.

Dazu müssen Sie die Anzeichen früh genug erkennen, damit Sie sich schnell verabschieden können, bevor Sie eine ausgewachsene Beziehung mit ihm haben. Wie wir in dem Kapitel über Warnsignale gesehen haben, ist es viel gesünder, sich in einem solchen Fall sofort zu verabschieden, als auf knallharte, wiederholte Beweise zu warten.

Weibliche Einsichten

Annie sagt:
»Okay, was den Anfang der Beziehung betrifft, bin ich aus dem Schneider, weil ich ahnungslos war. Ich wusste wirklich nicht, dass er süchtig war. Aber inzwischen weiß ich Bescheid. Jeder verdient eine Chance, sich zu bessern und einen Lebensstil anzunehmen, der beide glücklich machen kann. Wie lange man das umsetzt, sagt mehr über einen selbst aus als über den Süchtigen. Der macht einfach das, wonach es ihn verlangt – konsumieren, konsumieren, konsumieren. Was mich beunruhigt, ist, was es mich lehrte: dass ich ihn relativ normal erscheinen ließ, um nicht wirklich wissen zu müssen, dass er ein Riesenproblem hatte. Ich mache mir Sorgen, dass ich es beim nächsten Mal übersehen werde, wenn ich auf Partnersuche bin. Ich hoffe nicht. Ich bin zu einer Beratung gegangen, um etwas über mich zu erfahren und darüber, warum ich mir ihn aussuchte und warum ich blieb. Bei unseren Entscheidungen für bestimmte Männer geht es in Wirklichkeit um uns. Ich wollte, dass es um ihn und sein Problem geht, aber ich blieb, auch als die Realität der Situation ganz klar auf der Hand lag – und deshalb geht es auch um mich.
Ich habe Glück. Ich verlor weder meinen Job noch meinen Beruf. So viele Frauen gehen zusammen mit dem Süchtigen den Bach runter, weil sie versuchen, ihn zu retten. Das Eine, was ich Frauen sagen möchte,

ist: Wenn euch die Qualität eures Lebens etwas bedeutet, dann lasst euch nicht mit einem Süchtigen ein. Da gibt es keine Lebensqualität. Und falls ihr sie jemals bekommt, merkt ihr, dass ihr dafür mit Blut, Schweiß und Tränen und wahrscheinlich noch mit einer Menge anderer Dinge bezahlt habt. Vor allem wenn ihr Kinder habt – das ist eine schreckliche Sache, die sie euretwegen durchmachen müssen. Erkennt Abhängigkeit bei einem Mann frühzeitig und entscheidet euch für jemand anderen. Wir alle merken uns, womit wir in Berührung kommen; diese Art von Erziehung brauchen wir nicht, und unsere Kinder brauchen sie bestimmt auch nicht. Die meiste Zeit ist es eine Situation, die nur Verlierer kennt. Tatsächlich kann es für sein eigenes Leben und seine Genesung das Beste sein, die Beziehung zu verlassen oder gar nicht erst mit einem Süchtigen etwas anzufangen. Frauen haben Schwierigkeiten, das zu begreifen.«

Andrea, deren Geschichte Sie im nächsten Kapitel begegnen werden, war mit Rocky zusammen, der krank, gewalttätig und süchtig war.

Andrea sagt Folgendes:
»Ich habe diesen Mann so sehr geliebt, dass es mir körperliche Schmerzen bereitete. Es wäre mir leichter gefallen, mich vor einen Laster zu werfen, als diesen Mann inmitten seiner Abhängigkeit zu verlassen. Ich hatte ein ganz schlechtes Gefühl dabei. Ich wusste, er brauchte mich und meine Liebe. Ich wusste, dass es das war, was ihn aus seiner Abhängigkeit herausreißen würde. Also liebte ich heftiger und tiefer. Ich stellte mich auf den Kopf für ihn. Meine Kinder an eine Sozialeinrichtung zu verlieren war ein großer Weckruf. Wer musste sonst noch verstoßen werden, damit dieser Mann gesund werden konnte? Gott sei Dank kam ich zur Besinnung. Wir alle haben für seine Abhängigkeit bezahlt, aber die Kinder vielleicht am meisten. Sie mussten gehen und bei vollkommen Fremden leben, weil Mama ganz besessen davon war, diesen Mann mit ihrer Liebe von seiner Sucht zu heilen. Es waren meine Entscheidungen – aber was für verrückte Entscheidungen ich getroffen habe!«

Natascha (Kapitel 6) hat Folgendes über ihre Ehe mit Buck zu sagen, der psychisch krank und sexsüchtig war und der ein verheimlichtes Leben führte: *»Wer weiß, welches Risiko ich habe, Aids zu bekommen? Man sagt mir, es liege bei irgendwas nahe 100 Prozent. Wie soll ich weiter leben und arbeiten und mir vielleicht eines Tages einen Partner suchen, wo diese Sache mich innerlich belastet? Mein ganzes Leben steht auf dem Spiel. Sobald ich von alldem wusste, war das sicherlich ein Warnsignal, und es war eine Gelegenheit auszusteigen. Wer um alles in der Welt hätte* *es mir verübelt? Aber ich tat es nicht. Ich investierte weiter in unsere Ehe. Jetzt bin ich geschieden und deswegen vielleicht sicherer.«*

Amy, deren Geschichte ebenfalls im nächsten Kapitel erscheint, sagt: *»Wie konnte ich all die Anzeichen übersehen? Mein Vater war Alkoholiker, gebildet und clever; mein Mann war Alkoholiker, gebildet und clever. Mein ganzes Leben lang habe ich immer heruntergeleiert: ›Ich will nie mit jemandem zusammen sein, der so ist wie mein Vater.‹ Wie um alles in der Welt konnte das passieren?«*

KAPITEL 9: **DER MISSHANDELNDE ODER GEWALTTÄTIGE MANN**

Hier ist er: der eine, den wir alle fürchten. Der eine, den zu viele Frauen kennengelernt, mit dem sie eine Beziehung angefangen haben und den sie geheiratet haben. Er ist der Grund, warum wir Statistiken über Gewalt in Partnerschaften verfolgen. Die Tatsache, dass er weiter Erfolg hat bei dem, was er tut, verlangt, dass wir das Phänomen häuslicher Misshandlung untersuchen – und zwar nicht nur hinsichtlich seines Verhaltens, sondern auch, was vielleicht noch wichtiger ist, hinsichtlich dessen, was Frauen am Anfang vermissen und was sie veranlasst, sich weiter mit einem solchen Mann einzulassen und bei ihm zu bleiben. Denn ohne Opfer hätten gewalttätige Männer kaum eine nennenswerte Karriere als Gewalttäter.

Sascha Schlange

Lassen Sie mich zuerst betonen, dass Männer, die Frauen körperlich angreifen, nicht der einzige misshandelnde Männertypus sind, der als gefährlich angesehen werden kann. Wie Sie aus Tammys Geschichte ersehen werden, gibt es viele andere Verhaltensweisen, die einen mal mehr, mal weniger offenkundig misshandelnden Charakter haben. Viele dieser Verhaltensweisen werden weiter unten in dem Abschnitt »Was macht Misshandlung aus?« beschrieben. Es geht in diesem Kapitel um Männer, die alle Arten von Misshandlung verüben. Es ist wichtig, sich klarzumachen, dass misshandelndes Verhalten fast ausnahmslos eskaliert.

Tausende von Frauen werden Opfer von gewalttätigen Männern, mit denen sie ein intimes Verhältnis hatten. Wie kann das sein? Die Antwort lautet natürlich, dass viele Frauen, die bei Ausbrüchen häuslicher Gewalt verletzt werden, die Neigung ihres Partners zu Gewalt sehr gut kennen, sich aber trotzdem nicht ein für alle Mal von ihm trennen. Entweder versuchten sie es, und ihre Partner stellten ihnen nach, oder sie versuchten es nicht und waren am Ende schwer verletzt. Wenn es jemals ein Argument dafür gab, Ihre Warnsignale zu beachten und darauf zu reagieren, dann ist es die Möglichkeit, sich mit einem gewalttätigen Mann einzulassen.

Nur sehr wenige Beziehungen beginnen mit einer Ohrfeige bei Rendezvous Nummer eins. Wäre es so, würde Rendezvous Nummer zwei sicher nicht mehr stattfinden. Zu Gewalt in einer Beziehung kommt es, sobald sich eine Beziehung entwickelt hat; sie beginnt als Folge von Grenzverletzungen, die nicht weiter thematisiert werden. Wenn einem Mann schon früh gestattet wird, verbal herabwürdigend, seelisch rücksichtslos oder körperlich ausfällig zu sein, und die Frau bleibt bei ihm, dann hat sie ihm eine Botschaft darüber vermittelt, was zu tolerieren sie bereit ist. Schweigen ist Zustimmung zu einer gewalttätigen Absicht. Selbst wenn sie ihre Besorgnisse in Worte fasst, kommt ihr Bleiben in seinen Augen einem Einverständnis gleich. Sie bringt ihm bei, wie er sie behandeln soll. Viele Zentren für häusliche Gewalt behaupten, dass Männer weiter misshandeln, »weil sie können«. Das heißt, ein Mann kommt mit Gewalttaten durch, weil seine Partnerin ihn nicht der Polizei meldet, weil sie die Sache auf sich beruhen lässt und keine Anzeige erstattet, weil sie bleibt oder wieder zu ihm zurückgeht. Obwohl die Misshandlung vielleicht schon am Anfang der Beziehung mit verbal und emotional ungehörigem Verhalten beginnt, wächst sie sich schlussendlich zu gefährlichen und gewalttätigen Äußerungen von Macht und Kontrolle aus. So wie Abhängigkeiten fortschreiten, so ist es auch mit Gewalt.

Gewalttätige Männer haben Probleme mit Macht und Kontrolle. Warum und wie diese Männer schließlich diese tödlichen Fähigkeiten erworben haben, ist innerhalb der Fachwelt noch weithin umstritten. Aber immerhin ist man sich einig darin, dass eines ihrer Hauptprobleme die Unfähigkeit ist, eine auf Gleichberechtigung beruhende Beziehung zu führen. Sie müssen das Sagen haben. Wenn ihre Macht und Kontrolle durch Ihre Individualität oder Ihre Wünsche bedroht werden, ist Misshandlung oder Gewalt die wahrscheinliche Folge. Diese Männer wuchsen höchstwahrscheinlich in Haushalten auf, in denen Gewalt eine vorherrschende Form der Kommunikation war. Sie lernten, dass die Lösung für das, was ihnen missfiel, Gewalt war.

Diese Männer haben auch noch andere Probleme. In mehr als 50 Prozent der Fälle haben Männer, die gewalttätig sind, auch Drogenund/oder Alkoholprobleme. Und die Bereitschaft, gewalttätig zu werden, wird höchstwahrscheinlich zunehmen, wenn Drogen oder Alkohol im Spiel sind.

Wie oben erwähnt, haben manche dieser Männer schon in der Kindheit Gewalt erlebt. Dies bedeutet: Es ist sehr gut möglich, dass sie seelische Probleme oder eine psychische Krankheit haben, die mit der Gewalt, die sie durch ihre Eltern, Stiefeltern oder andere Bezugspersonen erfuhren, zusammenhängen. Einige Formen von psychischer Erkrankung sind aufs Engste mit der Bereitschaft für gewalttätiges

Verhalten verbunden. Diejenigen, bei denen eine Borderline-Persönlichkeitsstörung, eine bipolare Störung, PTBS und manchmal Schizophrenie diagnostiziert worden ist, können gewalttätig werden. Die Erkenntnis des Zusammenhangs zwischen psychischer Erkrankung und Gewalttätigkeit entschuldigt keinesfalls irgendeine Form von Gewalt. Sie hilft uns lediglich, das Gewaltpotenzial näher zu untersuchen, das eine schwere psychische Erkrankung in eine Beziehung hineintragen kann. Diese Kombi-Pack-Männer bringen komplizierte Vorgeschichten mit, die erlernte Gewalttätigkeit, Missbrauch und Gewalt in der Kindheit, eine gestörte Erziehung, aktive Abhängigkeiten, mögliche Traumatisierungen und psychische Probleme beinhalten können. Der Versuch, einen einzigen Ursprung für ihre Gewalttätigkeit zu finden, gleicht dem Ziehen eines losen Fadens aus einem Wandteppich. Man weiß nicht, wie der Faden verwebt ist und was sich alles dadurch löst.

Frauen, die mit diesen tickenden Zeitbomben zusammen sind, erfahren vielleicht nie die Gründe für die Gewalttätigkeit. Dazubleiben, um herauszufinden, warum der Partner so außer Kontrolle ist, kann für eine Frau gefährlich werden. Ich weiß nicht, warum Frauen dringend das »Warum« seines traurigen Lebens wissen wollen, aber es könnte sich als Wissen erweisen, das einen mächtig hohen Preis hat.

Was macht Misshandlung aus?

Wie ich in Kapitel 1 und oben betont habe, übersehen Frauen manchmal die Anzeichen von Misshandlung, wenn sie meinen, dass nur ein körperlicher Angriff eine Misshandlung sei. Dabei beginnt Misshandlung nur selten so abrupt oder offenkundig. Gewalt beginnt mit kleineren Akten der Missachtung und wächst sich zu größeren Verhaltensmustern aus, die mehrere Kategorien von Misshandlung umfassen können. Im Folgenden finden Sie eine kurze Beschreibung einiger der Arten von Misshandlung, über die Sie Bescheid wissen sollten:

Verbale Misshandlung beinhaltet, dass er Sie mit Worten und lautstark beschimpft, Sie bedroht und herabsetzt, über Sie flucht und Sie einschüchtert.

Emotionale Misshandlung beinhaltet, dass er Sie kontrolliert und beherrscht, indem er Ihnen nicht erlaubt, Ihre eigenen Entscheidungen zu treffen; dass er Ihnen sagt, wie Sie sich anziehen und sich benehmen sollen oder mit wem Sie sprechen beziehungsweise nicht sprechen dürfen; dass er herabsetzende Bemerkungen über sie macht; dass er Sie kritisiert, was Ihr Selbstwertgefühl stört, sodass Ihnen das Selbstvertrauen fehlt zu gehen; grundlose Eifersucht; Handgreiflichkeiten gegen tote Gegenstände, nur um Ihnen Angst zu machen, wie etwa auf eine

Wand einhämmern oder mit Dingen werfen; Sie öffentlich zu demütigen; Sie von anderen abzusondern, damit diese nicht erfahren, was Ihnen widerfährt, und damit Sie nicht die Hilfe bekommen, die Sie brauchen, um zu gehen.

Spirituelle Misshandlung beinhaltet, sich über Sie lustig zu machen oder Ihre spirituellen Überzeugungen zu kritisieren, sowie den Versuch, Ihnen Ihr Verhältnis zu einer »höheren Macht« vorzuschreiben oder es zu kontrollieren und Ihnen vorzuschreiben, wie dieses Verhältnis sich in Ihrem Leben ausdrücken soll, oder die Verwendung einer verzerrten Deutung der Bibel, um die Herrschaft über Sie zu rechtfertigen, weil »die Frau dem Manne untertan sein soll«.

Finanzielle Misshandlung besteht darin, dass er – als eine Form, Sie zu kontrollieren – das ganze Geld kontrolliert, sodass Sie keine finanziellen Mittel zur Verfügung haben, um zu gehen; dass er Vermögenswerte oder gemeinsames Geld zurückhält, weshalb Sie von ihm abhängig sind und wegen Ihrer sämtlichen Bedürfnisse zu ihm gehen müssen, oder dass er Geld verpulvert, um seine Macht zu demonstrieren und Ihnen wenig oder nichts übrig lässt.

Körperliche Misshandlung beinhaltet jeden Akt von Gewalt, wie schlagen, würgen, prügeln, treten, schubsen, beißen, zurückhalten oder festhalten, damit Sie nicht gehen können, Sie einschließen, damit Sie nicht fliehen können.

Sexuelle Misshandlung beinhaltet jedweden körperlichen Angriff auf die sexuellen Zonen Ihres Körpers; von Ihnen ungewollte sexuelle Handlungen zu erzwingen; Vergewaltigung; Sie zu zwingen, sich gegen Ihren Willen sexuelle Akte oder Pornografie anzuschauen.

Missachtung des gesellschaftlichen Systems resultiert daraus, dass er gegen Kontaktverbote oder irgendwelche anderen gerichtlichen Anordnungen, deren Befolgung ihm auferlegt wurde, verstößt und sie ignoriert; dass er der Polizei oder den Sozialbehörden die Unwahrheit über Sie erzählt, damit Ihnen Ihre Kinder weggenommen oder Sozialleistungen eingestellt werden, die Ihnen helfen würden, ihn zu verlassen; dass er gegen Sorgerechtsvereinbarungen verstößt und keinen Kindesunterhalt zahlt, sodass Sie finanzielle Probleme bekommen; und dass er zu gerichtlich verfügten Therapien nicht erscheint.

Welchen Frauentyp sie suchen

Es sollte auf der Hand liegen, dass Frauen, die willens sind, unter allen Umständen bei einem Mann zu bleiben, für misshandelnde oder gewalttätige Männer ganz oben auf der Liste stehen. Das eine (die Frau) zu haben, ohne von dem anderen (der Macht) zu lassen, ist sehr verlockend für diese gefährlichen Männer. Ich sage dies nicht, um die sehr komplizierten Gründe dafür, *warum* Frauen bleiben, zu verharmlosen. Ich sage es, um aus seiner Perspektive klarzumachen, warum die Bereitschaft einer Frau, auf jeden Fall zu bleiben, verlockend für ihn ist.

Eine Frau, die einem gewalttätigen Mann glaubt, wenn er sagt, es sei ihre Schuld, er werde sich ändern, er werde es nie wieder tun, er werde zur Therapie gehen, er werde in die Kirche gehen, er tue es nur, weil sie ihn dazu bringe, oder er tue es, weil sie es brauche oder verdiene, ist für einen gewalttätigen Mann eine leichte Beute. Leider gibt es sehr viele Frauen, die solchen Männern glauben und auch noch die Schläge und Tritte hindurch ausharren, um zu sehen, ob er sich nicht doch ändern wird. Ich will Ihnen etwas Zeit ersparen: Er wird nicht.

Eine Frau, die sich mit seiner Taktik zufrieden gibt, ihr in der Maske des braven Jungen etwa ein neues Schmuckstück zu spendieren oder sie zum Essen oder zu einem Urlaub einzuladen, damit sie die Schrecken der vergangenen Woche vergisst, ist eine weitere Kandidatin für einen misshandelnden Mann. Wenn schöne Worte oder schöne Dinge den durch Gewalttaten zugefügten Schaden ungeschehen machen können, hat dieser gefährliche Mann seine Wohlfühlzone gefunden: schlagen und kaufen.

Frauen, die aus Elternhäusern stammen, in denen es ebenfalls Misshandlung gab, kennen bereits die Gepflogenheiten gewalttätiger und pathologischer Menschen. Sie wissen, wie sich Gewalt manifestiert, und sind mit den Spielregeln vertraut. Niedriges Selbstwertgefühl und eine Opferhaltung bei einer Frau ist eine attraktive Eigenschaft für einen misshandelnden Mann. Eine Weltanschauung, die lautet: »Ich kann nicht weggehen – das ist nun mal so«, hilft ihr, sich an die Welt ihres Misshandlers anzupassen.

Eine Frau, die sich früher schon mit gewalttätigen Männern eingelassen hat, ist ebenfalls eine »gute« Wahl für diese Sorte Mann. Je länger und öfter Sie mit misshandelnden Männern zusammen waren, desto eher passen Sie sich ein nächstes Mal an.

Manche Frauen wollen lieber glauben, sie seien bloß aus Versehen in Gewaltbeziehungen geraten, statt sich klarzumachen, dass ihre Männer wissen, welche Art von Frau sie brauchen, um sich selber nicht ändern zu müssen. Sie sind alles andere als ein Zufall.

Ihre Masche – warum sie bei Frauen erfolgreich sind

Misshandelnde und gewalttätige Männer sind aus einer ganzen Reihe von Gründen erfolgreich bei Frauen, die meist damit zu tun haben, dass sie gut sind in dem, was sie machen, *und* immer wieder damit davonkommen. Doch jede Frau sollte möglichst früh die Anzeichen für misshandelndes und gewalttätiges Verhalten bei Männern registrieren und es nicht deshalb übersehen, weil sie nicht glauben, sie würden jemals in einer Beziehung mit einem solchen gefährlichen Mann landen. Frauen werden von diesen Männern ausgetrickst, weil sie nicht nach den Anzeichen und Symptomen von Misshandlung und Gewalt suchen. Ob er in dem, was er macht, gut ist oder nicht, ist keine Entschuldigung dafür, dass Sie unaufmerksam sind und dann positiv auf ihn reagieren.

Ein misshandelnder Mann gibt sich am Anfang der Beziehung, zumindest kurzzeitig, augenscheinlich ein wenig anders als an ihrem Ende. Er ist charmant, aufmerksam, amüsant, gesprächig. Er ist alles, was Sie zu ihm hinzieht. Vergleichen und kontrastieren Sie dies mit seinem Verhalten, wenn die Beziehung endet; dann erkennen Sie vielleicht nicht einmal mehr einen Schimmer des Mannes wieder, der er einst war. Aber am Anfang musste alles gut sein, damit Sie sich mit ihm einlassen. Er ist erfolgreich, wenn Frauen sich an das Bild klammern, »wie es war«, und vergessen, wie es gegenwärtig ist. Der Wunsch, sich auf dieses »lovin' feeling«* zurückzubesinnen, kann dafür sorgen, dass Frauen jahrelang an einer ausweglosen Beziehung kleben. Solange Sie mit einem gewalttätigen Mann zusammen sind, ist nicht die Zeit, all die schlechten Zeiten jemals zu vergessen, die nach den guten Zeiten kamen.

Er ist erfolgreich, weil Frauen ihre eigenen Grenzen bezüglich dessen, was sie tolerieren werden, verletzen. Sie versäumen es, nach der »One Strike-Regel« zu leben. Ein einziger Schlag, eine einzige Angst machende Geste, ein einziger Vorfall, bei dem hässliche und herabsetzende Worte fallen – ein einziges irgendwas, das sie veranlasst, sich zu fragen, ob er gewalttätig werden *könnte* –, und sie sollte weg sein. Stattdessen sagen zu viele Frauen: »Wenn du mich noch einmal schlägst«, und ziehen eine Linie im Sand, die sich als bedeutungslos erweist. Sie wird ausgewischt. Beim nächsten Mal sagt sie wieder: »Wenn du mich nur noch ein einziges Mal schlägst …« Fünf Jahre später ist die Linie im Sand längst vergessen – vielleicht von beiden.

Die Anzahl von Zentren für häusliche Gewalt hat seit den Siebzigerjahren des vorigen Jahrhunderts stark zugenommen. Es gibt für *alle* Frauen Mittel und Wege, Gewaltbeziehungen zu entkommen. Es gibt so viele Hilfsquellen und so viele Formen von Beistand, dass fehlende Hilfe kein zulässiger Grund mehr dafür ist, warum Frauen in Gewaltbeziehungen bleiben. Hilfe existiert in Form von Frauenhäusern, Übergangswohnungen, beruflicher Ausbildung, Beratungsdiensten und mehr. Alles, was Sie brauchen, um wegzugehen und auf sich allein gestellt zu überleben, ist heute verfügbar.

---

* Anspielung auf den Song »You've Lost That Lovin' Feeling« von den Righteous Brothers (1964) [Anm. d. Übers.].

Diese gefährlichen Männer sind so erfolgreich, weil es manchen Frauen derart peinlich ist, bei einem misshandelnden Mann gelandet zu sein, dass sie lieber versuchen würden, die Tatsache zu verheimlichen, als sie zu enthüllen und wegzugehen. Oft bleiben Frauen aus Angst vor Scheitern und Bloßstellung in diesem tödlichen Umfeld.

Schließlich sind gewalttätige Männer weiterhin gewalttätig, weil Frauen, selbst wenn sie gehen, oft keine Anzeige erstatten. Dies ist ein Riesenproblem für diejenigen, die damit beschäftigt sind, Misshandler zu verfolgen und Opfern häuslicher Gewalt zu helfen. Es ist auch ein Riesenproblem für die Frauen, mit denen diese Männer in Zukunft zusammen sein werden. Ob Sie es mit der Beziehung noch einmal versuchen oder nicht – hinterlassen Sie wenigstens belastende Unterlagen für andere Frauen, die sich vielleicht in Zukunft auf diesen Mann einlassen werden. Es sollten Gerichtsdokumente, Polizeiberichte und Haftstrafen sein, um sie zu warnen, falls sie Nachforschungen über ihn anstellt. Geben Sie ihr so viele Informationen wie möglich, damit sie zumindest eine informierte Wahl treffen kann!

Geschichten von Frauen

Andreas Geschichte veranschaulicht, wie teuer Sie ein gewalttätiger Mann wirklich zu stehen kommen kann. Amys Geschichte beweist, dass Männer aus allen sozioökonomischen Schichten und mit jeglicher Vorbildung gewalttätig sein können. Tammys Geschichte zeigt, dass jede Misshandlung – selbst wenn sie nicht in körperliche Gewalt mündet – darauf angelegt ist, das Opfer durch Angst und Einschüchterung zu beherrschen.

ANDREAS GESCHICHTE

Andrea war Ende zwanzig, als sie geschieden wurde und vor der Aufgabe stand, vier junge Töchter allein großzuziehen. Sie war Hausfrau und Mutter gewesen und besaß nur sehr wenige berufliche Kenntnisse. Sie fing an, in einfachen Jobs zu arbeiten, die dazu beitragen sollten, ihr neues Leben als einzige Ernährerin ihrer Familie zu unterstützen.

Und dann kam Rocky, ein stämmiger Mann, der seinen Lebensunterhalt mit dem Bau von Wohnhäusern verdiente. Er war ursprünglich, unbändig und ungezähmt. Diese Kombination hatte etwas, das Andrea absolut unwiderstehlich fand, nach der »Schlaftablette«, die ihr Ehemann gewesen war. Andrea nahm seine früheren Beziehungen nicht sehr gründlich unter die Lupe, und bald fingen sie an zusammenzuleben.

Es zeigte sich rasch, dass Rocky eine Menge Probleme hatte. Er trank vom frühen Nachmittag an, bis er umkippte. Er rauchte Gras und Crack und trank, bis er voller Wut war und seine Augen vor Zorn funkelten. Aber es gab Zeiten, wo er weder trank noch Drogen nahm und sich Andrea und den Kindern gegenüber »normal« verhielt. Dies waren die Zeiten, an die sie sich klammerte, und wie viel lieber wollte sie sich an ihn als »meinen Rocky« erinnern.

Der Stress für Rocky wurde größer. Er verlor seine Arbeit, sodass Geld knapp war. Seine Mutter starb. Wegen wiederholter Trunkenheit am Steuer verlor er seinen Führerschein, sodass es ein Problem wurde, zu den Baustellen zu kommen. Doch Rocky riskierte es jedes Mal und fuhr ohne Führerschein, denn er liebte es, ein extremes Leben zu führen. Mindestens einmal im Monat wurde er angehalten, erhielt eine Geldstrafe und wanderte wegen Fahrens ohne Führerschein oder Versicherung in den Knast. Für die Miete reserviertes Geld wurde stattdessen dafür ausgegeben, ihn aus dem Gefängnis zu holen. Als der Geldmangel zum Problem wurde, fing er an, wegen zusätzlicher Einkünfte mit Drogen zu handeln. Aber er wurde häufig wegen Dealens festgenommen, ins Gefängnis gesteckt und gegen Kaution, die mit dem Mietgeld bezahlt wurde, wieder rausgelassen.

Zu allem Übel gingen ihre Autos kaputt, und da kein Geld da war, um sie reparieren zu lassen, konnte Andrea weder zur Arbeit kommen noch Rocky zur Arbeit fahren. Andreas Kinder konnten nicht zu nachschulischen Aktivitäten gebracht werden. Ihre Welt schrumpfte auf die Größe ihrer Wohnung.

Natürlich nahm Rockys Reizbarkeit zu. Er verprügelte Andreas Kinder allzu schwer und allzu oft, boxte Löcher in die Wand, versetzte Autotüren einen Fußtritt und hatte Kneipenschlägereien mit anderen Männern. Wieder wanderte er ins Gefängnis, diesmal wegen Körperverletzung. Weiteres Mietgeld floss an die Gerichte, was weniger Geld zum Leben bedeutete. Der Kreislauf von Gewalt und Armut hatte eingesetzt.

Bald kam die Polizei zu ihnen nach Hause. Rocky schlug Andrea regelmäßig, wovon Blutergüsse auf ihren Armen und ihrer Brust und im Gesicht zurückblieben. Rocky wurde an ein Interventionsprogramm für Schläger überwiesen und Andrea an ein Beratungsprogramm für Opfer häuslicher Gewalt. Rocky selber meinte, er habe kein Problem. Es seien weder Drogen und Alkohol noch Gewalt. Es sei das »verdammte System, das bloß darauf aus ist, mich zu kriegen. Die sollten sich um ihren eigenen verdammten Kram kümmern.«

Fast tägliche Verhaftungen waren nun üblich. Rocky musste sich im Schnitt sieben Mal pro Woche vor Gericht verantworten. Das gesamte Einkommen der Familie ging für die Bezahlung von Gerichtskosten,

Anwaltsgebühren und Tagessätzen drauf. Andrea ging zu Sozialeinrichtungen, um Mietbeihilfe, Essensmarken, Beförderungsgeld und jede andere Hilfe, die man dort erhalten konnte, zu erbitten. Sie lernte die Kunst, leise zu gehen, die Kinder ruhig zu halten, zu versuchen, jeden Stressfaktor für Rocky vorauszuahnen, damit sie ihn ausschalten und sicher bleiben konnte.

Aber eines Abends, als Rocky trank und Drogen nahm, wurde er durch wer weiß was zum Tier. Er schlug Andrea brutal vor ihren Kindern. Die Kids versuchten ihn von ihrer Mutter wegzuziehen, aber er schleuderte sie gegen die Wände wie weggeworfene Schuhe. Er riss Andrea ihre hüftlangen Haare büschelweise aus, als er sie zurück in die Wohnung zerrte. Er schlug sie, bis ihr Gesicht nicht mehr wiederzuerkennen war.

Andrea riss sich los und flüchtete. Orientierungslos rannte sie durch den Wald und kauerte sich hinter Bäume. Sie blieb bis zum Morgengrauen dort, dann ging sie zum Haus einer Freundin und rief Verwandte an, die sie bat, ihre Kinder aus der Wohnung zu holen. Aber inzwischen waren Sozialeinrichtungen über die Prügel in Kenntnis gesetzt worden. Aus Sicht der Behörden hatte Andrea ihre Kinder an besagtem Abend im Stich gelassen, als sie um ihr Leben lief und floh, weil sie sie bei einem gewalttätigen und betrunkenen Mann zurückließ. Alle vier Mädchen wurden ihr weggenommen.

Erschüttert schwor Rocky, »ordentlich Dampf zu machen«, bis er »diese Kids für Andrea zurückholen« könnte. Andrea blieb hoffnungsfroh, dass mit dem Interventionsprogramm für Schläger Rocky wieder »mein Rocky« werden könnte. Aber in der Zwischenzeit kostete es sie ihre Kinder. Die Mädchen wurden an verschiedene Pflegefamilien vergeben. Andrea gestand man pro Woche eine Stunde mit ihnen zu. Weinend, hysterisch und deprimiert zog Andrea sich nach jedem Besuch bei ihren Kindern in ihr Bett zurück. Aber trotzdem blieb sie überzeugt, dass Rocky, irgendwie, gewaltfrei werden würde.

Rocky ging zu dem Interventionsprogramm. Er hörte zu und nannte seine Gründe, warum er prügelte und trank, was jede Menge Verweise auf das »verdammte System« einschloss. Aber viel änderte sich nicht. Dann ging er mehrere Wochen zu den Anonymen Alkoholikern. Andrea strahlte – jetzt waren sie auf dem Weg, eine gesunde Familie zu werden. Aber bald trank Rocky wieder. Andrea flüchtete ins Frauenhaus, bevor er den Kreislauf aufs Neue beginnen konnte. Diesmal erkannte sie die Zeichen. Es hatte sie ihr Haus, ihren Job, ihr Auto und ihre vier Kinder gekostet. Das Einzige, was ihr noch geblieben war und was ihr gehörte, war das Pochen ihres Herzens. Also nahm sie es und ging für immer. Wir können nur hoffen, dass sie in Zukunft lernen wird, ihre Warnsignale zu beachten, und jeder Versuchung widersteht, sich mit einem weiteren gewalttätigen Mann einzulassen.

AMYS GESCHICHTE

Amy war ein Einzelkind. Ihre Eltern waren beide Pädagogen, die sich mit Leistung und Intellekt rühmten, beides zentrale Grundwerte in Amys Zuhause. Sie wusste schon früh, dass sie aufs College gehen und wahrscheinlich ein Aufbaustudium machen würde. Es war einfach das, was man von ihr erwartete.

Bei all seiner Bildung und Intelligenz hatte ihr Vater doch ein paar Fehler, die sich verheerend auf sein Privatleben auswirkten. Er war Alkoholiker, und bei Wutanfällen und Blackouts kam es oft vor, dass er ihre Mutter schlug. Amy lebte in ständiger Angst um ihre Mutter. Außerdem fürchtete sie, dass die Gewalttätigkeit ihres Vaters sich eines Tages gegen sie wenden würde. Häufig fand sie ihre Mutter schluchzend vor, weil ihr Dad andere »Freundinnen« hatte und er in dieser Hinsicht nicht allzu viel Feingefühl zeigte. Die Trinkerei und das irrationale Verhalten ihres Vaters begannen Probleme auf der Arbeit zu verursachen. Oft erhielt er einen Bewährungsstatus, und er riss sich jedes Mal zusammen, nur um abermals rückfällig zu werden. Seine Arbeitsplatzsicherheit war immer bestenfalls »vorläufig«. Je älter Amy wurde, desto mehr widerte ihr Vater sie an. »Abstoßend« und »trunksüchtiger prügelnder Ehemann« sind die Ausdrücke, mit denen sie ihn beschrieb. In ihren Fantasien rannte sie fort, um jemand Wunderbaren zu heiraten, und nahm ihre Mutter mit.

Amy machte ihren Magister und arbeitete später für einen großen College-Verbund. Sie lernte Edmund kennen, einen kultivierten Dozenten und Institutsleiter. Sie war beeindruckt von seiner Qualifikation und seiner Fähigkeit, sich mit festen Grundsätzen über jedes Thema auszulassen. Auch er war von sich beeindruckt – er wollte über niemanden oder nichts sonst reden. Am Anfang genoss Amy es, alles über die Themen zu erfahren, für die er sich interessierte, aber als sich schließlich in ihr der Wunsch regte, über sich zu reden, erlebte sie eine andere Seite von Dr. Jekyll.

Er fiel in tiefe Depressionen, gefolgt von flammenden Schilderungen seiner eigenen Brillanz. Danach versank er jedes Mal in alkoholische Hoffnungslosigkeit. Er riss sich am Riemen und erschien am nächsten Tag zum Unterricht, aber jeder Monat, der verging, brachte weitere Katerstimmungen, weniger Alltagstauglichkeit, mehr Lügen, die vertuscht werden mussten. Amy war bald klar, dass sie sich als Freund ein Duplikat ihres Vaters ausgesucht hatte.

Sobald Amy erkannt hatte, dass sie mit einer Version ihres Dads zusammen war, versuchte sie mit Edmund Schluss zu machen. An jenem Abend schlug er sie. Der Kreis hatte sich geschlossen. Zutiefst entsetzt über sein Verhalten, versprach Edmund Amy am nächsten Morgen, er würde sie heiraten und ihr helfen, in ein Promotionsprogramm zu kommen, damit sie ebenfalls Dozentin werden könne. Er versprach, sie allen wichtigen Leuten in der akademischen Welt vorzustellen. Er würde ihr helfen, genauso bekannt zu werden wie er.

Edmunds Versprechungen hielten Amy ein weiteres Jahr in der Beziehung; während dieser Zeit nahm die Trinkerei zu, gingen die Prügel weiter und häuften sich die Versprechungen. Dann schlug die entscheidende Dosis Realität zu. Edmund wurde wegen seiner »psychologischen und Suchtprobleme« auf der Arbeit auf Bewährung gesetzt. Amy packte ihre Tasche, sagte Edmund auf Wiedersehen und blickte nie mehr zurück.

TAMMYS GESCHICHTE

Tammy, eine unverheiratete 35-jährige Autorin, weiß, dass es nicht sehr ungewöhnlich ist, den einen gewalttätigen Mann durch einen anderen zu ersetzen. Sie sagt:

»Ich war mit mehreren Männern zusammen, die dominant, aggressiv und manchmal gewalttätig waren. Die erste Beziehung ging nicht so weit, wie sie hätte gehen können, und er wurde auch nicht so gewalttätig, wie er meiner Ansicht nach werden wollte, weil ich noch bei meinen Eltern wohnte und er ihnen nicht Rede und Antwort stehen wollte.

Aber bei dem letzten Mann, mit dem ich mich einließ, dachte ich ungelogen, ich hätte die Reinkarnation von Jack the Ripper kennengelernt. Er wurde sehr schnell ›ganz verrückt‹ nach mir. Er ging ganz schön ran und redete mir zu, in sein Haus einzuziehen, kaum dass wir uns kennengelernt hatten. Dann fing er an, jeden Aspekt meines Alltagslebens zu kontrollieren. Ich lernte ihn in Europa kennen, als ich dort unterwegs war, um Werbung für ein Buch zu machen, das ich geschrieben hatte. Da ich in seinem Land war, beschloss er, sich einzuschalten und sich an meiner statt um mein Buch zu kümmern.

Ich kannte ihn gerade erst ein paar Tage, da erzählte er mir, wie schlimm seine Kindheit gewesen sei, wie sehr er seinen Vater gehasst habe und wie froh er gewesen sei, als sein Vater starb. Er erzählte mir, wie er in der Schule drangsaliert und darüber so neurotisch geworden sei, dass er ein Jahr lang die Fähigkeit zu sprechen verloren habe.

Er erzählte mir weiter, wir würden prima miteinander auskommen, solange ich genau das täte, was er mir sagte. Als es nach der Lesereise Zeit für mich war, in die Vereinigten Staaten zurückzukehren, flehte er mich an, ihn nicht so zu verlassen, wie all die anderen Frauen in seinem Leben es getan hatten. Sobald ich zu Hause war, schickte er mir eine Schachtel mit Fotos von mir, die verschandelt waren, mit ausgestochenen Augen und auf mein Gesicht gemaltem Blut.«

Tammys heißer Typ aus Europa war offensichtlich ein Kombi-Mann. Seine ganze Pathologie und seine seelischen Probleme zusammengenommen mündeten in misshandelndes, kontrollierendes Verhalten und geplante Gewalt, die sich sehr wahrscheinlich in reale körperliche Gewalt verwandelt hätte, wäre sie bei ihm geblieben.

Bei diesem Verhalten gilt die höchste Alarmstufe – eine Checkliste

Der misshandelnde oder gewalttätige Mann

- redet von oben herab mit Ihnen, kritisiert Sie, beschimpft Sie oder bedient sich einer sonst wie herabsetzenden Ausdrucksweise Ihnen gegenüber
- spricht schlecht und auf erniedrigende Weise von seinen früheren Partnerinnen
- versucht, Ihre Lebensentscheidungen, kleine oder große, zu kontrollieren oder zu dominieren
- versucht, Ihre spirituellen oder religiösen Überzeugungen zu bestimmen
- ist häufig gereizt
- erhebt seine Stimme, schreit oder brüllt, auch wenn er ein »normales Gespräch« führt
- schreit und brüllt und wirkt »allzu aufgeregt«, wenn er in eine Auseinandersetzung mit Ihnen oder anderen gerät
- hat eine Vorgeschichte als Gewalttäter
- hat Tiere verletzt oder sie grausam behandelt
- hat zerstörerische Brände gelegt
- wird gewalttätig oder verliert die Beherrschung, wenn er Drogen nimmt oder Alkohol trinkt
- boxt gegen Wände oder wirft mit Gegenständen, wenn er wütend ist
- scheint Wut als seine häufigste Gefühlsregung zu erleben

- macht Sie und andere für seine Wut oder Ausbrüche verantwortlich

- hat wegen seiner Wut Schwierigkeiten in anderen Beziehungen

- ist früher schon zum Antiaggressionstraining geschickt worden

- ist früher schon wegen Substanzmissbrauchs in Therapie geschickt worden

- wurde wegen Wut oder Streitlust von der Schule verwiesen oder von der Arbeit suspendiert

- hängt mit Leuten ab, die als gewalttätig bekannt sind

- ist jähzornig oder hat ein hitziges Temperament

- wird wütend, wenn man ihn zur Rede stellt, ausfragt oder korrigiert

- hat ständig gewalttätige Filme, Fernsehsendungen oder Videospiele im Kopf

- idealisiert Akte der Gewalt und Zerstörung

- benutzt in seiner Alltagssprache Wörter wie »getötet«, »kaputtgeschlagen« und »getreten«

Ihre Verteidigungsstrategie

Frauen landen in gewalttätigen Langzeitbeziehungen, weil sie nicht früh genug gehen. Sie ignorieren die Warnzeichen und Warnsignale, die am Anfang der Beziehung auftauchen, wo Flüchten viel leichter und ungefährlicher ist. Sie entschuldigen das Verhalten, denken, es sei ein vereinzeltes Vorkommnis, oder glauben seinen Gründen dafür. Sie ignorieren Indizien und warten auf bestätigte Beweise. Im Falle misshandelnder oder gewalttätiger Männer sind bestätigte Beweise ziemlich schmerzhaft. Sicherer ist es, auf ein Indiz hin zu handeln, als auf seine Bestätigung zu warten.

Gewalt wird in der Regel zunehmen. Welcher Grad von Misshandlung oder Gewalttätigkeit momentan auch erreicht ist, es wird schlimmer werden. Frauen haben die besten Chancen zu entkommen, wenn sie am Anfang der Beziehung gehen, nachdem er sich *zum ersten Mal* gewalttätig oder unangemessen verhalten hat, und *nicht zurückkehren*. Es ist sehr viel leichter, aus einer Liebesbeziehung zu verschwinden, wenn noch nicht allzu viel passiert ist, als nach drei Jahren ernsthaften Engagements Schluss zu machen, wenn ein gewalttätiger Mann Ihnen wahrscheinlich nachstellen und Sie belästigen wird. Lassen Sie mich wiederholen: Ein früher Abgang kann Ihr seelisches und körperliches Wohlbefinden retten.

Misshandelnde und gewalttätige Männer sind für ihre theatralischen Zurschaustellungen von Reue und Gewissenskampf bekannt. Sie schwören beim Leben ihrer Mutter, dass sie es nie wieder tun werden, dass sie in die Kirche oder zur Beratung gehen werden. Sie bringen jede Menge scheinbar einsichtiger Gründe dafür vor, warum ihnen die Sicherungen durchbrannten. Es gibt immer Gründe, warum, Geschichten über eine traurige Kindheit natürlich inbegriffen. Doch sobald Sie wieder vereint sind, folgen auf das Angebot, zur Beratung zu gehen, keinerlei Taten. Eine Frau hat den größten Einfluss auf die Bereitschaft eines Mannes, sich Hilfe zu holen und sie weiter in Anspruch zu nehmen, wenn sie aus dem Haus und aus der Beziehung raus ist. Das scheint ein Widerspruch in sich zu sein. Aber sobald Sie wieder vereint sind, zusammen leben oder wieder daheim sind, sind seine Begeisterung und Motivation, Hilfe zu suchen, wie weggeblasen. Er hat zurück, was er zurückhaben wollte. So wie er es sieht, ist er eigentlich sowieso nicht das Problem, daher gibt es auch keinen Grund, weiter zur Beratung zu gehen. Gewalttätige Männer ändern sich selten aus eigenem Antrieb ohne intensive Beratung, und wenn sie eine pathologische Störung haben, dann besteht ohnehin kaum eine Aussicht auf Änderung.

Der Beziehung fernzubleiben – und das bedeutet, sich nicht einmal auf ein Rendezvous mit ihm zu treffen – und zu verlangen, dass er *selbst* sechs Monate zur Beratung geht (nicht zur Paarberatung), ist eine sichere Methode, um herauszufinden, wie sehr er wirklich daran interessiert ist, eine Beziehung zu führen, die auf emotionaler Reife und seelischer Gesundheit beruht. Frauen, die diesen simplen Ansatz befolgten, haben die Antwort gefunden, die sie suchten. Die Männer, die das tatsächlich durchgezogen haben, kann ich an einer Hand abzählen. Die anderen waren weit eher geneigt, die Beziehung sausen zu lassen, als an sich zu arbeiten. Das allein wird Ihnen schon etwas darüber verraten, ob der Mann gesund und normal ist. Gewalttätige Männer wollen nie Beratung, und wenn sie sie anfangen, bleiben sie nicht dabei. Obwohl es schmerzhaft sein mag, diese Information zu bekommen, ist es besser, dass Sie seine wahre Natur jetzt kennenlernen als später, wenn seine Hände sich um ihren Hals legen.

Wie bei anderen pathologischen Männern glauben viele Frauen auch bei einem misshandelnden Mann, dass sie ihn ändern oder ihm ein stressfreies Umfeld bieten können, in dem er »nicht gewalttätig werden muss«. Aber diese Dinge ändern ihn nicht. Die Frauen, die als

Opfer häuslicher Gewalt in den Lokalnachrichten erscheinen, sind die Frauen, die das nicht geglaubt haben. Fragen Sie nur Andrea.

Seien Sie auf der Hut vor anderen Störungen, die Hand in Hand gehen können mit Gewalttätigkeit; dazu gehören die bipolare Störung oder andere zyklische Gemütszustandsstörungen, Abhängigkeiten, die posttraumatische Belastungsstörung, die Borderline-Persönlichkeitsstörung und die dissoziale Persönlichkeitsstörung. (Zur Beschreibung dieser Leiden siehe den Anhang.) Diese Leiden machen ein ohnehin schon schwerwiegendes Gewaltproblem noch komplizierter. Man füge eine schwere psychische Störung einem Verhaltensmuster aus Misshandlung oder Gewalttätigkeit hinzu, und man hat eine Situation, die sich höchstwahrscheinlich nur zum Schlimmeren wandeln wird.

Weibliche Einsichten

Tammy sagt:
»Ich begann zu spüren, dass er potenziell immer gewalttätiger wurde. Dinge, die er sagte und wie er sie sagte, bereiteten mir Unbehagen. Er wollte mich nicht aus den Augen lassen, und ich kannte ihn erst seit drei Tagen! Wenn ich früher gegangen wäre, nach diesen drei Tagen, wäre nicht viel von einer Beziehung da gewesen, hinter der er hätte her sein können. Er fing sofort an, über Heirat und Pläne für unsere Zukunft zu reden. Ich begann zu spüren, dass ich schließlich in eine Situation geraten könnte, der ich nicht entkommen könnte, wenn ich nicht direkt wegging. Er trat als so ein freundlicher und charmanter europäischer Mann auf. Er war der Traum jeder amerikanischen Frau. Ich war eine Idiotin, dass ich ignorierte, was sich binnen drei Tagen abzuspielen begann. Ich interessierte mich mehr dafür, eine Fantasie zu leben, die ich meinte, mit ihm haben zu können, als dafür, am Leben zu bleiben! Ich hätte getötet werden können. Das ist mein Bauchgefühl bei alldem.

Ich ignorierte es sogar, wenn er mich auf die Palme brachte, weil er wie mein Vater war – der war Ausbilder in der Army. Ich hatte bereits beschlossen – so dachte ich jedenfalls–, dass ich nie zulassen würde, mich so kontrollieren zu lassen, wie mein Dad mich kontrollierte. Und doch managte dieser Mann binnen drei Tagen mein Leben – oder wenigstens versuchte er es wirklich.

Ich hasse die Botschaften, die meine Mutter mir über Machtmissbrauch vermittelte. Sie sagte mir, in einer Beziehung müsse ich meine Macht abgeben, weil Männer sie verlangen und sich ohne sie unweigerlich machtlos vorkommen. Seitdem habe ich gegen diese Botschaft angekämpft – mit meinem Vater und jetzt in anderen Beziehungen.

Doch vermutlich hatte ich diese Botschaft bei diesem europäischen
Mann zu sehr verinnerlicht.«

Hilfe für Frauen in missbräuchlichen Beziehungen

Wenn Sie erkennen, dass Sie sich in einer missbräuchlichen Beziehung mit einem gewalttätigen Mann befinden, ist es unerlässlich, dass Sie lebensrettende Maßnahmen für sich selbst ergreifen und ebenfalls für Ihre Kinder, falls Sie welche haben. Wie Sie in diesem Kapitel gelesen haben, ist Gewalt fortschreitend. Es wird nur noch schlimmer werden. In einer Beziehung mit einem gewalttätigen Mann werden Sie nie sicher sein, und ebenso wenig können Sie in Gegenwart eines kranken und gewalttätigen Mannes Ihre Kinder schützen.

Jede Gemeinde verfügt über Dienstleistungen für Frauen, die versuchen, eine Beziehung abzubrechen und vor Gewalt und Kontrolle zu fliehen. Am Schluss dieses Buches sind einige Adressen und Websites aufgeführt, die Ihnen wirklich helfen können, in Ihrer Kommune die entsprechenden Ansprechpartner zu finden. Diese Organisationen unterhalten umfangreiche Datenbanken, die Ihnen helfen werden, Hilfsangebote in Ihrer Nähe ausfindig zu machen.

Zu den kommunalen Hilfsangeboten gehören die folgenden: Frauenhäuser und -asyle, wo Sie wohnen können, während Sie auf die Beine kommen und Ihr Leben wieder einrichten; vom Gericht bestellte Anwälte, die Sie begleiten und Ihnen helfen, Strafanzeige zu erstatten und Kontaktverbotsverfügungen zu erwirken, falls Sie die benötigen; die Zuweisung staatlicher Sozialleistungen, die Sie vielleicht brauchen, wie etwa die Geltendmachung von Kindesunterhalt; Überweisungen zur psychologischen Betreuung für Sie und Ihre Kinder, damit Sie alle eine Heilungschance haben; lokale Selbsthilfegruppen, bestehend aus anderen Frauen, die sich von Gewalt erholen; der Schutz der Vollzugsbehörden; und Prozesskostenhilfe, falls Sie Rechtsmittel benötigen.

Eine Gewaltbeziehung zu verlassen kann Risiken für Ihre körperliche Sicherheit bergen, weil eine Frau am stärksten gefährdet ist, wenn sie versucht zu gehen und unmittelbar nachdem sie gegangen ist. Es ist von entscheidender Bedeutung, dass Sie das begreifen. Eine Frau braucht eine Unterstützungsgemeinschaft, rechtliche Hilfe, soziale Unterstützung und den Beistand der Vollzugsbehörden, um sich gefahrlos von einem gefährlichen Mann zu lösen. *Versuchen Sie nicht, eine Gewaltbeziehung auf eigene Faust zu verlassen.* Sie brauchen den Rat und die Unterstützung kommunaler Stellen. Diese wissen, wie und wann die Trennung erfolgen sollte, und können Ihnen sagen, wie Sie sich gefahrlos von der Beziehung abkoppeln können. Siehe abermals die Hilfsquellen am Schluss dieses Buches, und nutzen Sie die dort aufgeführten Websites und Adressen als Hilfe, um sich mit Ämtern, Dienststellen und Organisationen in Ihrer Gegend in Verbindung zu setzen und sich um deren Unterstützung zu bemühen.

KAPITEL 10: **DER EMOTIONALE RÄUBER**

In Ordnung, meine Damen, schlimmer geht's nimmer. Der Räuber hat einen Riecher für Bedürftigkeit bei den Frauen, denen er nachjagt. Es ist seine beste Fähigkeit, und er wird sie einsetzen, um Sie zu erobern.

Ronny Räuber

Den emotionale Räuber könnte man auch als »emotionalen Hellseher« bezeichnen. Und zwar deshalb, weil es seine Fähigkeit, die seelischen Schwachstellen einer Frau intuitiv zu erahnen und zu spüren, ist, die sie in Gefahr bringt. Er hat einen Hang, andere zum eigenen Vorteil zu verletzen oder auszunutzen, als »Räuber« ist er jemand, der andere »erbeutet, vernichtet oder verschlingt«. Dies ist eine treffende Zusammenfassung der Verhaltensweisen dieses gefährlichen Mannes. Fragen Sie sich selbst, ob dies wie normale Verhaltensweisen bei der Partnersuche klingt.

Diese Männer können wirklich die charmantesten Verabredungspartner sein, zumindest anfangs. Doch je krankhafter er ist, desto überzeugender ist er meistens darin, um Sie zu werben. Er wird sich auf Ihre Schwachstellen einschießen und in Ihnen lesen. Wenn ihm gefällt, was er liest, wird er nachfassen, indem er Sie in sein furchterregendes und gefährliches Leben einlädt.

Räuber haben eine natürliche Fähigkeit, in Frauen zu lesen, die einsam, gelangweilt, von Natur aus bedürftig, seelisch verletzt oder verletzlich sind. Der Räuber hat außerdem ein Gespür für Frauen, welche die unterbewusste Botschaft senden, dass sie in ihrem Leben unerfüllte Bedürfnisse haben. Er versteht es meisterhaft, Ihre Körper- und Augensprache zu deuten. Er setzt die Botschaften zusammen, die Sie via Körper-, Augen- und verbaler Sprache aussenden, und kann dann so in etwa erkennen, ob Sie kürzlich sitzen gelassen oder anderweitig verletzt wurden. Als Nächstes findet er heraus, wie er sich in die Leerstelle in Ihrem Leben zwängen kann und was Sie hören müssen, um zuzulassen, dass dies geschieht.

Pathologische Männer zeigen oft, dass sie einen Raum »überfliegen« und spüren können, welche Frau das beste Ziel für sie abgeben wird. Sie wissen nicht, warum sie diese Gabe besitzen oder wie sie sie erworben haben. Sie wissen nur, dass sie seit Kindertagen Frauen gründlich studiert haben. Als Junge zeigte dieser gefährliche Mann wahrscheinlich sehr viele derselben charmanten Charakterzüge, die er heute besitzt. Damals setzte er seine Fähigkeiten bei seiner Mutter, seinen Lehrerinnen und Schwestern ein. Es ist, als ob die Frauen in seinem Leben gespürt hätten, dass sie keine andere Wahl hatten, als ihm alles durchgehen zu lassen und ihm alles zu geben, was er begehrte. Sie waren ihm in keiner Hinsicht gewachsen. Der intuitive sechste Sinn eines Räubers ist normalerweise darauf zurückzuführen, dass der Betreffende in seiner Kindheit einem missbräuchlichen oder extrem gestörten Umfeld ausgesetzt war, wie später noch erläutert wird. Mit der Zeit und während er seinen Charme und sein Verständnis immer erfolgreicher einsetzte, lernt er allmählich, was funktioniert und was noch besser funktioniert. Schon früh wurde er ein Meister in Verhaltenspsychologie.

In Kapitel 1 habe ich dargelegt, dass ein Mensch mit einer Persönlichkeitsstörung höchstwahrscheinlich schon früh im Leben – speziell zwischen der Geburt und etwa dem siebten Lebensjahr, wenn die Persönlichkeitsstruktur sich aktiv entwickelt – Missbrauch und/oder emotionalen Defiziten ausgesetzt war. Jenseits dieses Alters ist es weniger wahrscheinlich, dass sich Persönlichkeitsstörungen entwickeln. In den meisten Fällen bedeutet dies, dass Männer mit Persönlichkeitsstörungen in ihrer Kindheit ungünstige Umstände durchgestanden haben und infolgedessen eine Menge persönlicher Probleme haben. Wenn ein Mann als sehr kleines Kind ein schweres Trauma erlitten hat, dann ist das für sich genommen schon ein Warnsignal. Doch denken Sie auch daran, dass einige psychische Störungen auf keine bekannte Ursache zurückgeführt werden können – wir wissen nicht in jedem Fall, warum manche Menschen eine psychische Krankheit entwickeln.

Wie inzwischen klar sein dürfte, lassen sich emotionale Räuber in die Kategorie »psychisch krank« einordnen; die Diagnose lautet gewöhnlich »dissoziale Persönlichkeitsstörung«. Die meisten haben außerdem ein verheimlichtes Leben. Wenn Sie die natürlichen Instinkte eines emotionalen Räubers mit Fähigkeiten verbinden, die ein Leben lang durch das erfolgreiche Übertölpeln, Ausnutzen und Verletzen von Frauen verfeinert wurden, dann haben Sie einen Mann, der nichts weniger als außerordentlich gewieft ist und der äußerst gefährlich werden kann.

Die Motive der Räuber variieren. Aber Sie können sicher sein, dass ein Räuber etwas von Ihnen will. Das ist der ganze Grund für die Beziehung. Er ist nicht bloß an einem Rendezvous interessiert. Ein Räuber jagt und benutzt andere erklärtermaßen zu seinem eigenen

Vorteil. Es gibt etwas in Ihnen oder in Ihrem Leben, das er will. Vielleicht ist »alles«, was er will, Ihre äußerste Hingabe oder dass Sie sein Ego preisen. Vielleicht will er bei Ihnen einziehen, sodass er Ihnen auf der Tasche liegen kann und nicht zu arbeiten braucht. Vielleicht will er Ihr Geld, oder vielleicht will er das, was Sie als Hilfe zum Aufbau seines Images beitragen können (schon mal von einer »Vorzeigefrau« gehört?). Oder vielleicht interessiert er sich, wie in Jennas Geschichte unten, am meisten für die Verfolgung und Eroberung einer Frau, und zwar so sehr, dass er Schwierigkeiten hat, sich damit abzufinden, wenn sie versucht, alle Brücken zu ihm abzubrechen.

Räubertypen können Sie sehr teuer zu stehen kommen. Falls er ein sexueller Räuber ist, sind Sie (oder jemand anderes) ein Ziel, sei es für einvernehmlichen Sex oder für Vergewaltigung – je nachdem, wie der jeweilige Typus sich manifestiert oder in welcher Stimmung der Räuber gerade ist. Falls er ein Pädophiler ist, kann es sein, dass er es auf Ihre Kinder abgesehen hat und dass Sie lediglich als Mittel zum Zweck dienen. Er braucht eine enge Beziehung mit Ihnen, um Ihr Vertrauen zu gewinnen und sich Zugang zu Ihren Kindern zu verschaffen. Dies gilt besonders für Räuber, die in Ihren Kindern Ihren Schwachpunkt sehen. Diese Männer erscheinen hilfsbereit, weil sie die Rolle der Vaterfigur, des Mentors, Seelsorgers, kirchlichen Jugendbetreuers, Vorbilds, Pfadfinderleiters oder Sporttrainers übernehmen. Mittels der Bedürfnisse Ihrer Kinder machen sie sich bei Ihnen lieb Kind. Es existieren zu viele Geschichten von Kindern, die von einem Trainer, Lehrer, Priester oder Ferienlager-Betreuer missbraucht wurden. Allzu oft besteht die gerissene Methode dieser Männer darin, mit der Mama zusammen zu sein, um Zugang zu den Kindern zu haben. Kinder werden brutal behandelt von »hilfsbereiten« Männern, die Frauen in kirchlichen Single-Gruppen, Scheidungs-Selbsthilfegruppen, Zwölf-Schritte-Programmen oder Partnerschaftsbörsen kennengelernt haben und sich in ihr Leben einschalten.

Es ist schwer vorstellbar, dass irgendeiner dieser Männer es in Ihr Leben schaffen könnte. Aber genau das haben andere Frauen auch gedacht – dass sie nie mit einem Vergewaltiger oder Kindesmisshandler zusammen sein würden. Weil Räuber nicht mit ihren auf die Stirn tätowierten Vergehen an Ihrer Haustür auftauchen, können sie sich unter Ihrem Radar hindurchstehlen.

Indem wir lernen, genau auf unsere Warnsignale zu achten, sollten wir schon bei dem Gedanken, mit einem Räuber anzubandeln oder ihn sogar zu heiraten, zittern müssen. Für einige Frauen, die sich am Ende mit diesen gefährlichen Männern einließen, wie Tori (siehe unten), mag der Ausgang recht gnädig gewesen sein. Ihr Räuber war »bloß« ein Versager. Andere Frauen landen, wie Sie sehen werden, bei Räubern, die Kinderschänder oder Vergewaltiger sind. Noch einmal: Die Motive eines Räubers sind so breit angelegt wie seine Pathologie. Je kränker er ist, desto kränker sind seine Handlungen.

Um einen Räuber von einer Klette zu unterscheiden, die sich an Frauen ebenfalls mit zielgerichtetem und echtem Interesse heranmacht, müssen Sie wissen, dass eine Klette die Beziehung »braucht«. Ein Räuber nicht. Die Klette konzentriert sich schon früh mehr auf Freundschaft, wohingegen der Räuber mit mehr Bedacht romantisch ist. Kletten bauen oft eine Verbindung zu einer Frau auf, indem sie sich auf die traurigen Geschichten, wie sie »abserviert« wurden, konzentrieren, die sie gemeinsam haben. Räuber sind veränderliche Chamäleons, die alles für alle Frauen sein können. Kletten können unerfahren in Beziehungen sein und wirken vielleicht ein wenig unbeholfen. Räuber sind geschmeidig wie Seide. Kletten sind Schwätzer, die Ihnen alles über ihr ganzes Leben erzählen, während Räuber Zuhörer sind, die sehr wenige Informationen preisgeben, bis sie sich sicher sind, dass die Details aus ihrem Leben sich mit Ihrer Geschichte decken. Bei Kletten fühlen Frauen sich stärker gebraucht, aber von Räubern sind sie stärker fasziniert.

Welchen Frauentyp sie suchen

Räuber sind von allen gefährlichen Männern am geschicktesten darin, Frauen zu suchen und zu finden, die ihren momentanen Hunger stillen werden – worin auch immer er besteht. Die Sorte Frau, um die ein Räuber sich bemüht, variiert je nach der Art seiner Pathologie. Seine Auswahl basiert auf seinem Bedürfnis und Ihrer Verletzlichkeit. Er weiß, es geht darum, Bedürfnis auf Bedürfnis abzustimmen. Je mehr er über Ihre Bedürfnisse weiß, desto besser kann er auf sie eingehen.

Er hat eine Nase für Verletzlichkeit, daher »riechen« Frauen, die unerfüllte Bedürfnisse haben, für ihn besonders gut. Er sucht Frauen, die Männer brauchen, die sie auf einer beinahe spirituellen Ebene »spüren und verstehen« können. Da er darin gut ist, wird er den Eindruck machen, Sie gut – und schnell – zu kennen.

Frauen, die meinen, dass das Vorhandensein ähnlicher Interessen, Hobbys und vergangener Erfahrungen ein wichtiges Element bei der Partnersuche sei, fühlen sich naturgemäß zu diesem Chamäleon hingezogen. Er wird alles sein, was Sie gewesen sind, egal was. Er ist Ihr männlicher Zwilling.

Frauen, die sich von Charme und Gewandtheit beeindrucken lassen und deren Warnsystem diese Eigenschaften nicht erkennt, werden von Räubern aufgespürt. Der Unterschied zwischen anderen gefährlichen Männertypen und Räubern ist, dass echte Räuber sich nicht ungeschickt anstellen. Sie sind erfahren in der Partnersuche, machen weder grobe Schnitzer noch sagen sie die falschen Dinge oder wirken unbeholfen in Beziehungen.

Weil Räuber wissen, welche Sorte Frauen auf ihre individuell abgestimmten Jagdinstinkte reagiert, suchen sie Frauen mit Vergangenheit. Sie mögen Frauen, die abwesende Väter hatten oder Mütter, die ihnen beibrachten, bedingungslos zu vertrauen, oder gleichgültige oder misshandelnde Ehemänner. Sie mögen auch Frauen mit einer naiven Weltsicht, die besagt, dass Menschen im Grunde gut sind und die Welt sicher ist. Da sie wissen, dass viele Frauen dazu erzogen wurden zu glauben, dass Menschen in ihrem Innersten gut sind, geben Räuber sich als Männer von Tugend und Ehre. Wenn Sie einen abwesenden Vater hatten, umso besser. Für Sie wird der Räuber diesen Leerraum mit seiner eigenen väterlichen Art füllen. Aber weil er ein Chamäleon ist, wird er genau zuhören, um festzustellen, ob Sie auch einen Mentor, einen Ratgeber zu irgendeinem Thema, einen spirituellen Führer oder einen männlichen Freund für sich oder Ihre Kinder brauchen.

Während der Therapiesitzungen, die ich mit emotionalen Räubern hatte, drückten einige ihre Ziele in Worten aus. Einer sagte: »Ich suche naive Frauen. Ich mag eine gewisse Verletzlichkeit an ihr – dass sie Menschen vertraut, ohne nach Beweisen zu fragen. Vielleicht ist sie häufig verletzt worden, sodass sie eine Verletztheit an sich hat. Frauen, die keinen Schimmer haben, wie die wirkliche Welt funktioniert, sind auch gut. Die Naivität und Verletzlichkeit bringt sie dazu, dir zu glauben, weil sie dir glauben *müssen*.«

Ein anderer sagte: »Ich mag die innerlich Schwachen – Frauen, die von Männern plattgemacht wurden, und die mit Kindheiten, die nicht so gut waren. Die sind besonders leicht zu haben.«

Ein dritter sagte: »Ich bin gut. Ich kann die Atmosphäre spüren. Ihre Körpersprache, die Art, wie sie schüchtern gucken oder wie sie bloß auf ein Kompliment reagieren, schafft optimale Voraussetzungen für mich. Obwohl all die Frauen nicht einfach schüchtern sind. Einige überkompensieren und versuchen, großspurig oder aufgeblasen zu sein. Aber ich weiß, darunter ist dieselbe Botschaft. Ich weiß, was Frauen wollen und brauchen. Es ist so einfach.«

Es ist wichtig zu begreifen, dass jeder Räuber seinen eigenen, einzigartigen Stil entwickelt hat. Er hat einen »Typus« Frau, den er bevorzugt, weil er mit diesem Typus Erfolg hatte. Der eine Räuber bevorzugt vielleicht kürzlich geschiedene Frauen, weil es ihm gelingt, sich auf diesen Aspekt bei ihnen einzustellen. Er spricht ihre Sprache. Ein anderer zieht möglicherweise alleinstehende Frauen oder College-Mädchen vor. Wieder anderen Räubern scheint es langweilig zu werden, und sie entscheiden sich dafür, die Profile der Frauen zu wechseln, hinter denen sie her sind, nur so zum Spaß.

Ihre Masche – warum sie bei Frauen erfolgreich sind

Wie bereits erwähnt, ist die herausragende Eigenschaft der emotionalen Räuber ihr unglaublicher Charme. Sie besitzen eine Fähigkeit, großartige Verabredungspartner zu sein und rasche emotionale Vertrautheit anzubahnen. Heutzutage, wo Frauen die Nase voll haben von Männern, die »nicht kapieren«, was Frauen brauchen, können diese Burschen einer Frau zeigen, dass sie es auf jeden Fall »kapieren«. Sie erweisen Ihnen all die Aufmerksamkeit, welche die Neandertaler, mit denen Sie bis jetzt zusammen waren, Ihnen nicht erwiesen haben. Sie haben all die richtigen Sprüche drauf, welche die Männer in Ihrer Vergangenheit niemals über die Lippen brachten. Sie sind brillant und einfühlsam, was Ihre Bedürfnisse betrifft. Sie scheinen jeden Schmerz genau zu kennen, den Sie jemals erlitten haben.

Mit mehr Geschick als ein Hellseher auf der Kirmes kann der emotionale Räuber sich auf jedes Ihrer Bedürfnisse einstellen und mit Ihnen derart mitfühlen, dass Sie glauben, Ihren längst verloren geglaubten Seelengefährten getroffen zu haben. Er erobert Ihr Herz im Sturm, noch bevor der Schaum auf Ihrem Bier verfliegt. Er ist geschmeidiger als ein 40 Jahre alter Brandy und einfühlsamer als ein Therapeut. Er »kennt« Sie so, wie niemand sonst Sie je gekannt hat.

Dieser heiße Typ handelt schnell. Er muss – bevor Sie ihm auf die Schliche kommen. Jede Frau sollte Beziehungen misstrauen, die sich auf der Autobahn emotionaler Vertrautheit auf der Überholspur bewegen. Ein Räuber muss Sie mit Komplimenten und Liebesworten in einen Zustand permanenter Euphorie versetzen, sodass Sie weder zuhören noch beobachten oder achtgeben. Er strotzt vor Aufrichtigkeit, schaut Ihnen tief in die Augen und klammert sich an jedes Wort, das Sie sagen. »Ich kann nicht genug von dir kriegen«, lautet der von den besten Räubern verwendete meisterhafter Spruch. Ein Räuber will schnell mit Ihnen zusammenziehen oder Sie heiraten, weil die Zeit gegen ihn arbeitet.

Um die Beziehung voranzutreiben und für Sie unentbehrlich zu werden, muss er hilfsbereit, tröstend und großzügig handeln. Da er gegen die Uhr arbeitet, muss er herausfinden, was Sie brauchen, und dieses Bedürfnis dann erfüllen. Sind Ihre Dachrinnen verstopft? Jeder Mann weiß, dass alleinstehende Frauen unerledigte »Schatz-mach-mal«-Listen haben. Er kann sich auf der Stelle in Hank den Heimwerker verwandeln. Er macht Ihre Dachrinne frei und bemerkt noch ein paar lose Schindeln, die er gleich befestigt, wo er schon mal dabei ist.

Sie haben gerade einen Elternteil verloren? Er weiß alles über den Trauerprozess und lässt Sie bei einer Flasche Wein in sein Taschentuch weinen, während er Ihnen die Hand tätschelt. Ihre Kinder brauchen Aufmerksamkeit? Er hat sie dazu gekriegt, das ganze Wochenende zu wandern, Fahrrad zu fahren und zu angeln. Sie sind mit Ihrer Stromrechnung 15 Tage im Verzug? Er würde sich freuen, Ihnen auszuhelfen – auch wenn Sie ihn gerade erst kennengelernt haben.

Während er Ihnen zuhört und Sie beobachtet, wird er sehr viele Informationen über Ihre Hobbys, Interessen, spirituellen Überzeugungen und Wertesysteme herausbekommen. Er ist der echte Identitätsdieb. Er deckt so weit wie möglich alles darüber auf, was Sie als Individuum ausmacht, und verwendet es für seine eigenen Zwecke. Er wird Sie erstaunlich, schön, gescheit und talentiert finden – wie niemanden, den er *jemals* zuvor getroffen hat. Er wird seine Selbstdarstellung an Ihren Bedürfnissen und auch an Ihren Interessen ausrichten, bis Sie das Gefühl haben, Ihren Zwillingsbruder vor sich zu haben.

Schließlich haben manche Räuber noch mit einer anderen Methode Erfolg bei Frauen, indem sie nämlich Jagd auf ihr Mitgefühl machen. Die meisten Beispiele, denen Sie in diesem Kapitel begegnen werden, zeigen Räuber, die es bei Frauen mit Stärke, Selbstbewusstsein und Bestimmtheit versuchen. Doch Räuber machen sich auf alle möglichen Arten an eine Frau heran, je nachdem, was bei ihr funktioniert. Manche Räuber täuschen Krankheiten, Gehbehinderungen oder Nahtoderlebnisse vor, um das Mitgefühl von Frauen zu erregen. Wenn eine Frau sich erst einmal in der Gewalt eines Räubers befindet, kann alles passieren.

Geschichten von Frauen

Bevor Sie jetzt denken, dass Sie sich niemals mit jemandem liieren würden, der so ausgeflippt ist, sehen Sie zunächst, was den drei gescheiten Frauen passierte, die sich nicht die Mühe machten, die Möglichkeit in Betracht zu ziehen, dass Räuber sie als Ziele ausgemacht hatten.

In den Kapiteln 1 und 2 haben Sie Tori kennengelernt, eine 52-jährige Künstlerin. An dem Abend, als Tori in einem Restaurant Jay kennenlernte, hatte der sie bereits »erspäht«, als sie zur Toilette ging. Blickkontakt genügte ihm als Einladung. Es war sein »Los!«-Signal. Als sie die Toiletten verließ, stellte er sich höflich vor und bot an, sie zu einem Drink einzuladen.

Über sich selbst bot er nicht allzu viele Informationen an. Stattdessen erkundigte er sich nach ihr. Tori, Italienerin und sehr redselig, erzählte ihm viel zu viel. Als der gute Räuber, der er war, hörte er aufmerksam zu. Er beachtete ihren Sprachstil, Dinge, auf die sie sich bezog, ihre Körpersprache. Er suchte ihre Kleidung nach irgendwelchen Hinweisen auf ihr Leben oder ihre Vorlieben ab.

Jay präsentierte sich während ihrer ersten Unterhaltung als alles, wofür Tori sich interessierte. Als er ihre Sprachgewandtheit spürte, stellte Jay sich mit seinen Prahlereien der Herausforderung. Rasch stellte er sich darauf ein, dass sie für ihr Leben gern las, und mutierte zum selbsternannten und frustrierten Dichter, der Yates und Edgar Allan Poe zitierte. Als er spürte, dass sie etwa gleichaltrig waren, redete er über die Vietnam-Jahre – etwas, womit jeder aus ihrer Generation leidenschaftliche Gefühle verband. Jay sagte, er sei ein Veteran aus diesem Konflikt. Bis zum Ende des Abends hatte er sich vom einfachen Soldaten zum edlen Söldner gewandelt, den man wegen seines Mutes auf gefährliche Missionen entsandt hatte.

Als er feststellte, dass sie Italienerin war, schnitt Jay Ernährung, Volkszugehörigkeit und Religion als Themen von gegenseitigem Interesse an. Natürlich hatte er tolle Reisen nach Italien und darüber hinaus unternommen. Er sagte, er sei Ire, und erzählte Geschichten über den Konflikt zwischen Protestanten und Katholiken in Irland. Auch dort sei er gewesen und habe das erlebt. Jay äußerte sich zu Toris ungewöhnlichem Kleidungsstil, was Tori zu der Enthüllung veranlasste, sie sei von Beruf Künstlerin. Sofort redete er über seine Liebe zur Kunst und über die großartigen Kathedralen und Museen in Europa. Als sie sagte, sie habe eine 20-jährige Tochter, sagte er ebenfalls, er habe eine 20-jährige Tochter, was zu Gesprächen über ihre gegenseitigen Erfahrungen mit Scheidung und als alleinerziehende Eltern führte. Tori machte ein paar Kommentare zu Gott, und schon passte kein Blatt mehr zwischen Jay und einen Altar. Sein Großvater sei Pfingstprediger gewesen, und seine Familie habe ein langes Erbe in der Kirche. Im Verlauf einer einzigen Unterhaltung war alles, was Tori war, Jay auch. Was für ein Glück sie hatte, einen Burschen in ihrem Alter zu finden – ein ehrenwerter Vietnam-Veteran, im Grunde seines Herzens ein Poet, ein Globetrotter, beschlagen in Literatur und Kunst, und ein Bursche, dessen Familie »in der Kirche« war!

Merken Sie sich aus Toris Geschichte, wie ein Räuber die Vergangenheit einer Frau benutzt, um sich sogleich kompatibel mit ihr zu machen. Er rechnet mit der übertriebenen Offenheit einer Frau, was sie selbst betrifft. Er ist sich sicher, dass sie nicht aufhören wird, von sich zu erzählen, wenn er ihr nur ein wenig Aufmerksamkeit schenkt. Während sie es tut, klaubt er Bröckchen aus ihren Geschichten, die er verwenden kann, um sich mit ihrer Hilfe zu ihrem idealen Verehrer zu erklären. Er baut auf die Tatsache, dass frühere Männer in ihrem Leben ihre Geschichten wahrscheinlich nicht in solcher Ausführlichkeit hören wollten. Er gibt sich interessiert und markiert den guten Zuhörer. Er weiß, dass dies Charakterzüge sind, die Frauen unwiderstehlich finden. Er stellt ihr Fragen, auf die man nicht einfach mit Ja oder Nein antworten kann, sondern über die man sich endlos auslassen kann, wie »Was machen Sie?« oder »Woher kommen Sie?«

Jay wartete, dass Tori sich mitteilte, und wurde dann etwas, das mit allem kompatibel war, was sie gesagt hatte. Auf ein Gespräch über ihre Volkszugehörigkeit folgte die Enthüllung seiner Volkszugehörigkeit. Auf ihren christlichen Glauben folgte das kirchliche Milieu seiner Familie. Auf ihr Interesse am Vietnamkrieg folgte sein Heldenmut im Krieg. Was auch immer sie war, er wurde genauso.

Das ist bei Räubern nicht ungewöhnlich. Die meisten von ihnen haben hohe IQs und verfügen über genug Hintergrundinformationen über viele Themen, um auf einer oberflächlichen Ebene geistreich darüber zu parlieren. Wie viele Räuber las auch Jay zur Entspannung sogar Lexika. Er entnahm ihnen Informationen und Wissenshäppchen, die er in Zukunft verwenden konnte.

Jay auf Partnersuche war ein Wirbelwind. Binnen weniger Monate war er mit ihr zusammengezogen. Toris ganzes Leben änderte sich. Ihre normalen Aktivitäten – Gartenarbeit, Wandern, die Pflege des Freundeskreises – wurden für ihr neues Leben mit Jay aufgegeben. Seine ständige Beschäftigung mit ihr schuf die Isolation, die er brauchte, um ihr Leben zu kontrollieren. Bald überprüfte er ohne Toris Wissen ihren E-Mail- und Telefonverkehr. Die Freunde wurden auf rätselhafte Weise immer weniger, weil sie ihre Nachrichten nicht erhielt. Nicht lange nachdem er eingezogen war, wurde der arme Jay gefeuert. Dachte sie jedenfalls. Er zog los, durchkämmte die Straßen nach Arbeit. Aber nichts klappte – dachte sie jedenfalls.

Sobald Jay Teil ihres Lebens war, begann Tori infolge seiner »bedauernswerten Arbeitslosigkeit« ihre gesamte gemeinsame Existenz zu finanzieren. Es kostete sie die Ersparnisse ihres ganzen Lebens. Während Tori den Rasen mähte und den Müll rausbrachte, saß er vor dem Fernseher und zappte durch die Kanäle, um seinen wahren geistigen Interessen nachzugehen, den *Simpsons*. Was war aus dem Burschen geworden, der klassische Literatur zitiert hatte?

Als Tori schließlich genug hatte, bat sie Jay auszuziehen. Aber siehe da, bei ihm wurde Prostatakrebs diagnostiziert. Er nannte die Namen von Ärzten, Terminzeiten und trug seine Prognose vor. Er habe nicht mehr lange zu leben; wolle sie ihn nicht einfach bis in seine letzten Tage hinein lieben?

Ungeheuerlich? Ja! Eine Lüge? Natürlich! Er wollte einfach sein Schäfchen, das er ins Trockene gebracht hatte, nicht verlieren. Vielleicht hätten die meisten von uns diesen Bus auf sich zurasen sehen, aber Tori hatte von ihrer Mutter gelernt, »die Bekümmerten zu lieben«,

»mit den weniger Glücklichen zu spielen« und »in jedem Menschen das Gute zu suchen«. Das mag eine gute Philosophie für die philanthropische Arbeit sein, aber sie taugt nicht für intime Beziehungen.

Tori verbrachte drei Jahre mit Jay. So lange brauchte sie, um über seine guten und schlechten Eigenschaften nachzudenken, sie abzuwägen, sich zu fragen, ob er in einer Therapie gesund werden könnte, seiner häufigen Arbeitslosigkeit und erbärmlichen Faulheit überdrüssig zu werden und ihre Warnsignale in Bezug auf all seine unsinnigen Geschichten zu überprüfen. Statt die Initiative zu ergreifen, das Problem beherzt anzugehen und ihn aufzufordern auszuziehen, blieb sie passiv und ließ die Beziehung einen langsamen Tod sterben. Erst als es absolut nicht mehr auszuhalten war, war sie bereit, Jay den Laufpass zu geben.

Toris Erfahrungen erteilen uns eine Lektion. Wenn Sie nicht wissen, wie Sie zügig aus Beziehungen herauskommen, sollten Sie nicht in sie hineingeraten. Die Kunst, Beziehungen vernünftig, gefahrlos und rechtzeitig zu beenden und zu verlassen, ist wichtiger als Ihre Fähigkeit, einen Partner zu finden.

PAMS GESCHICHTE

Pam, eine 38-jährige Zeitschriftenredakteurin, hat soeben ihre fünfte Beziehung mit einem gefährlichen Mann beendet. Seit sie mit Männern ausgeht, steckte sie meistens in ungesunden Beziehungen. Obwohl sie in ihrem Job als Chefin einer mittelgroßen Zeitschrift brillant ist, hat ihr Können bislang noch nicht zu einer Fähigkeit geführt, sich gesunde Männer auszusuchen.

Jeff, ihr letzter Freund, verfolgte sie unaufhörlich. Weil er sie so leidenschaftlich begehrte, kam sie sich irgendwie »besonders« vor. Obwohl sie schon früher mit gefährlichen Männern ausgegangen war, hatte Pam, wie viele Frauen, nie Zeit darauf verwendet, ihre Verhaltensmuster und ihre Partnerentscheidungen zu hinterfragen, sodass sie aus vergangenen Fehlern hätte lernen können. Jeff kam unter ihrem Rader hinweg in ihr Leben gedüst.

Jeff zeigte sehr großes Interesse an Pams »faszinierender Vergangenheit«, sodass sie in einem fort über ihre Erziehung, ihre gescheiterten Beziehungen, ihre Tochter und ihre Hobbys und Interessen sprach. Sie liebte den Strand; und er ebenfalls. Das bedeutete, sie könnten zusammen verreisen, sagte er. Sie kam aus einer großen Familie; er ebenfalls. Er fragte, ob er ihre Familie kennenlernen könne (lud sie aber nicht ein, seine kennenzulernen). Sie tanzte für ihr Leben gern; er war ein prima Tänzer, nach seiner Aussage. Sie war einsam; er war es ebenfalls. Ihre Arbeit war anspruchsvoll; seine ebenfalls.

Pam wurde ganz schwindelig im Kopf von all den fürstlichen Essen, den Blumen, Anrufen, Besuchen auf der Arbeit, den durchtanzten Nächten und den Urlauben. Sie war außer Atem vom Tempo der Beziehung. Jeff sagte Pam, ihre Schönheit, ihre Zurückhaltung, ihr Scharfsinn hätten ihn »verzaubert«. Obwohl er sich sehr für ihre Vergangenheit und ihr Leben zu interessieren schien, redete er nie über sich. Dass er ihren Fragen über sich auswich, hielt Pam fälschlicherweise für Bescheidenheit.

Jeff betreute den Werbeetat einer Computerfirma. Sein Leben war interessant und temporeich, und er war stets »voll da« für den nächsten Verkauf und die nächste Aktivität. Pam genoss seine außerordentliche Tatkraft und die Art, wie er sein Leben lebte. Sie hatte keine Ahnung, dass sie seine nächste »Aktivität« war. Es dauerte Monate, bevor ihr klar wurde, dass ihre Attraktivität für Jeff darauf beruhte, dass er außer ihrer reizenden Gesellschaft noch etwas anderes von ihr wollte: Er versuchte für Anzeigen in ihrer Zeitschrift einen ermäßigten Preis herauszuschlagen. Sich ein Schnäppchen zu erschlafen erschütterte seine Moral nicht im Geringsten. Es würde ihm einen 10 000-Dollar-Bonus einbringen, wenn er die meisten Anzeigen fürs gleiche Geld abstaubte, und einzig und allein deswegen machte er ihr den Hof. Seine nächste Beförderung – inklusive Firmenwagen und Spesenkonto – wäre garantiert. Außerdem war es nicht so, dass er nicht schon früher Frauen manipuliert hätte, um zu bekommen, was er wollte.

Unvorstellbar schlimmer war jedoch, dass er Pams Vertrauen in ihn ausnutzte, um sich ihre elfjährige Tochter als Opfer auszusuchen. Bei dem Kind engagierte er sich besonders. Irgendwann nahmen sie die Kleine mit zu einigen ihrer Strandurlaube. Während Pam duschte, belästigte Jeff das Mädchen und drohte ihr, falls sie es erzählte. Wenn Pam viel arbeitete, holte Jeff ihre Tochter jedes Mal von der Schule ab, lud sie zum Essen ein und brachte sie dann nach Hause und »half ihr bei den Hausaufgaben«. Er sagte, er mache es, weil er wisse, dass Pams Job »sehr anspruchsvoll« sei. In Wirklichkeit zeigte er Pams Tochter bei diesen Gelegenheiten pornografische Bilder, verabreichte ihr Wein und begrapschte sie. Er hatte freien Zutritt zu Pams Haus, wenn sie nicht da war, und er installierte ein paar Webcams, um Bad und Schlafzimmer ihrer Tochter zu filmen.

Während eines romantischen Strandurlaubs erhielt Jeff das Gewünschte. Er brachte Pam dazu, einen mehrjährigen Anzeigen-Deal zu einem unglaublichen Preis zu unterschreiben. Die Tinte unter dem Vertrag war noch nicht trocken, als Jeffs Beförderung perfekt war, und er verzog sich zu seiner neuen Arbeitsstelle am anderen Ende des Landes. Als Pam ein paar Tage nichts von ihm hörte, machte sie sich Sorgen. Er ging nicht an sein Handy, und bald war es abgemeldet. Sie ging bei der Adresse vorbei, wo er, wie er gesagt hatte, wohnte, nur um festzustellen, dass er dort nie gewohnt hatte. Sie ging bei seinem Büro vorbei und erfuhr, dass er befördert und vom Südosten in den pazifischen Nordwesten versetzt worden war.

Er rief nie an, um sich zu verabschieden. Aber der Schock und die Verzweiflung waren natürlich ungleich größer, als Pams Tochter ihrer Mutter erzählte, wie Jeff ihr Gewalt angetan hatte.

JENNAS GESCHICHTE

Jenna stammt aus einer »normalen Mittelschichtfamilie«, wie sie selbst sie bezeichnet. Sie hatte eine nicht berufstätige Mutter, die fürsorglich war, und einen arbeitenden Vater, der ihr gesunde Aufmerksamkeit schenkte. Zu ihren Geschwistern hatte sie ein gutes Verhältnis. Sie fand, dass ihre Familie gut kommunizierte, und sie wuchs in dem Glauben auf, dass alle Menschen das täten. Ihre Familie unterstützte ihre Interessen und riet ihr, auf ihre Instinkte zu vertrauen. Sie genoss ihre weiblichen Freundschaften und ging auf der Highschool nur selten aus. Jennas Erziehung vermittelte ihr das Gefühl, »ein vernünftiger Mensch« zu sein.

Jenna begann auszugehen, als sie zu Hause auszog, um aufs College zu gehen. Sie fing nichts Ernsthaftes an, was in Ordnung war. Sie wollte einfach das College genießen und das wahnsinnige Arbeitspensum schaffen, welches das Studium zu verlangen schien. Sie wählte Journalismus als Hauptfach. Bald darauf lernte sie Cory kennen und fing an, mit ihm auszugehen. An die konstruktiven Kommunikationsmuster ihrer Familie gewöhnt, hatte sie den unguten Eindruck, dass mit Cory irgendetwas nicht stimmte. Sie hatte ein Gespür dafür, was »gesund« war, und sie spürte, dass dieser Bursche »nicht ganz richtig« war. Sie konnte es nicht genau ausmachen, aber irgendetwas an ihrem Umgang miteinander gefiel ihr gar nicht. Weil sie dachte, dass sie wahrscheinlich zu ängstlich sei, ließ sie sich trotzdem auf ihn ein.

Jenna versuchte ihr Bauchgefühl bei Leuten zu überprüfen, die Cory kannten. Immerhin sah er, oberflächlich betrachtet, ziemlich gut aus. Er hatte einen gut bezahlten Job, war freundlich und kontaktfreudig und pflegte mehrere Freundschaften. Warum also hatte sie trotzdem dieses quälende Gefühl? Er war charmant, aber allzu charmant. Er schien mit allem, was sie sagte, und jeder Ansicht, die sie vertrat, einverstanden zu sein. Aber die Gespräche mit ihm waren seicht und banal. Wie Jenna sagte: »Er war so tiefgründig wie Resopal.« Deshalb legte Jenna Wert darauf, tiefer nach Antworten zu bohren, seinen Freunden genauer zuzuhören und gezieltere Fragen nach seiner Familie zu stellen. Cory hatte schon mehrere gescheiterte Beziehungen hinter sich. Nichts funktionierte jemals, obwohl er attraktiv und ein toller Plauderer war. Die Frauen müssen etwas gesehen haben, das ihnen nicht gefiel. Er war gescheit und gut in seinem Beruf – aber dieses »etwas« sorgte dafür, dass Jenna innerlich verkrampft und angespannt blieb.

Jenna hatte den Eindruck, dass Cory sich in der Beziehung »allzu sehr anstrengte«, daher dachte sie, sie würde hinter seine wahren Ansichten kommen. Sie fing an, ihre Auffassungen jedes Mal zu ändern, wenn sie mit ihm redete, bloß um zu sehen, wie er damit umgehen würde. Cory stimmte sofort jeder neuen Auffassung, die sie äußerte, zu. Er sei genau der gleichen Meinung, pflegte er zu sagen. Da wurde Jenna klar, dass es echte Probleme mit ihm gab. Sie machte Schluss, aber nach ein paar Wochen kam Cory mit einem Haufen neuer Sprüche im Gepäck vorbei. Er rief immer an oder schaute auf einen Sprung vorbei und sagte, er mache sich »Sorgen um sie«, weil sie »offensichtlich Probleme habe«. Er sagte, dass er nach ihr sehe, sei einfach ein Akt der »Freundlichkeit von einem Freund«, wegen der Beziehung, die sie einmal hatten.

Für Jenna war seine Geschichte das, was sie tatsächlich war: absoluter Schwachsinn. Sobald sie ihn mit seinen vorgetäuschten Ansichten bei ihr hatte auffliegen lassen, versuchte er den Spieß umzudrehen und es so aussehen zu lassen, als sei Jenna diejenige, die emotionale Probleme hätte. Genauso ärgerlich war, dass er sie hartnäckig verfolgte, als sie klargestellt hatte, dass sie nicht länger an ihm interessiert war. Die Vorstellung, Jenna zu erobern und ihre Zuneigung zu gewinnen, war für ihn zu einer fixen Idee geworden. Schließlich machte Jenna endgültig Schluss mit ihm und dankte ihren Glückssternen, dass sie ihren Warnsignalen letztendlich Beachtung geschenkt hatte.

GESCHICHTE EINER BELIEBIGEN FRAU

Was geschieht, wenn der Räuber ein Profi ist? Um wie viel überzeugender ist er, wenn er zugleich Ihr Hausarzt, Zahnarzt, Therapeut, Anwalt oder Steuerberater ist? Diese Situation ist alles andere als ungewöhnlich. Da Räuber normalerweise intelligent und überzeugend sind, ist es möglich, dass eine Frau einen Räuber in ihr Leben einlädt, indem sie seine professionellen Dienste in Anspruch nimmt.

Genau das passierte in einer Kleinstadt in North Carolina. Irgendwann stellte man fest, dass ein bestimmter Arzt bei unverheirateten Frauen »andere Praktiken« anwandte als bei denjenigen, die verheiratet waren oder Familienangehörige zu ihren Terminen mitbrachten. Er verschrieb vielen seiner weiblichen Patienten so lange zu viele Medikamente, bis sie drogenabhängig wurden und fortan auf ihn angewiesen waren. Er sammelte seelisch abhängige und drogenabhängige Frauen als Trophäen. Diese Patientinnen empfing er häufiger als andere Patienten und verschrieb ihnen mehr Arzneimittel als anderen Patienten mit derselben Diagnose. Er schrie jede seiner Arzthelferinnen an, die seine Praktiken anzweifelte. Es ist nicht ungewöhnlich, dass Patienten meinen, Ärzte seien ohne Tadel, und es vermeiden, die ärztliche Versorgung, die sie erhalten, in Frage zu stellen. Eine solche Mentalität gibt professionellen Räubern alle Lockmittel an die Hand, die sie brauchen, um ihre Beute einzufangen.

Der besagte Arzt tarnte seinen Missbrauch von Patienten durch Ausrichtung der anderen Hälfte seiner Praxis auf »ganzheitliche medizinische Ansätze«. Weil er Patienten zur Akupunktur überwies, die Katathym-Imaginative Psychotherapie einsetzte und Vitamine, Kräuter und andere alternative Arzneien vorschlug, erschien er als progressiver praktizierender Arzt und nicht als der Räuber, der er in Wirklichkeit war. Wenn Anschuldigungen erhoben wurden, er würde einigen seiner Patientinnen zu viele Medikamente verschreiben, verwies er stets auf seine ganzheitlichen Verfahren und behauptete: »Um Ersteres geht es mir überhaupt nicht. Letzteres ist das, woran ich glaube.« Unterdessen waren die unglücklichen Frauen, die ihm zum Opfer fielen, nicht nur der Aufmerksamkeit, die er jedem ihrer Bedürfnisse widmete, erlegen, sondern auch den Narkotika, die er verschrieb und die ihnen halfen, ihrem einsamen Leben zu entfliehen. Die meisten von ihnen wurden süchtig – sowohl nach den Arzneien, die er ihnen verschrieb, als auch nach der Aufmerksamkeit, die er ihnen erwies.

Eine der Frauen, die unter den Bann dieses Arztes gerieten, war Jo, eine alleinstehende 62-Jährige, die jede Menge seelische Probleme hatte. Außerdem hatte sie eine Blutkrankheit, die sie an ihre Wohnung fesselte. Ihre einzige Tochter lebte in einem anderen Bundesstaat, und sie hatte nur wenige Freunde und keine anderen Verwandten. Ihre einzige Verbindung zur Außenwelt war der Arzt.

Nach Praxisschluss machte er Hausbesuche, um Jo aufzusuchen. Sie empfing ihn an der Tür mit einer Flasche Wein und einem Teller Käse und trug ihre besten Rüschendessous. Sie plauderten und tranken Wein und taten so, als wäre es ein Freundschaftsbesuch. Jo flirtete mit ihm und berichtete über ihre zunehmenden Schmerzen und wachsende Sorge. Der Abend endete stets mit einem neuen Stoß Rezepte für Jo und einem Versprechen des guten Doktors, für ihr »besonderes Zusammensein« bald wieder einen Besuch zu machen.

Jos Tochter kam auf Besuch und war bestürzt, fast zwanzig Flaschen mit ähnlichen Medikamenten vorzufinden, die ihre Mutter alle gleichzeitig nahm. Als die Tochter um ein Treffen mit dem Arzt bat, um über die Medikamente zu sprechen, weigerte er sich. Sobald eine Untersuchung seiner Praxis eröffnet worden war, stellte sich heraus, dass es Dutzende weiterer alleinstehender Frauen ohne Familien gab, die mit diesem gefährlichen Arzt zusammen Wein tranken und haufenweise Rezepte von ihm erhielten.

Jo starb eines Nachts im Schlaf einen frühen Tod. Als Todesursache wurde ihre Blutkrankheit ausgemacht. Aber wer sie kannte und wer den Arzt kannte, der wusste, dass der tieferliegende Grund für ihren Tod das unangebrachte Vertrauen war, das sie in einen Räuber gesetzt hatte.

Bei diesem Verhalten gilt die höchste Alarmstufe – eine Checkliste

Der emotionale Räuber

- hat einen natürlichen Instinkt, mit dem er verletzliche oder »sensible« Frauen wittert

- wittert Frauen mit geringem Selbstwertgefühl

- wittert Frauen mit schwachen emotionalen und sexuellen Grenzen

- wittert Frauen, die gelangweilt, einsam oder bedürftig sind

- wittert Frauen, die unter einer gescheiterten Beziehung leiden, weil sie kürzlich sitzen gelassen, geschieden, emotional nicht beachtet oder verletzt wurden

- nimmt die Körper- und Augensprache von Frauen wahr

- hört genau zu, was eine Frau sagt, um Hinweise aufzuschnappen, die er in späteren Unterhaltungen nutzen kann

- erspürt unerfüllte Bedürfnisse nach körperlicher Nähe und sexuelle Bedürfnisse

- erzeugt ein Gefühl der Freude und des Zaubers, um Sie zu umgarnen

- ist gewandt und scheint all die richtigen Sprüche draufzuhaben und sich perfekt in Sie einfühlen zu können

- geht schnell und ganz schön ran und erobert Ihr Herz im Sturm

- ist übertrieben interessiert an jedem Detail Ihres Lebens

- will schnell zusammenziehen oder heiraten

- deutet an, dass er Sie gut »kennt«, bevor er genug Zeit darauf verwendet hat, Sie wirklich kennenzulernen
- drängt Sie, ihm rasch sehr viel von sich zu offenbaren
- versucht Ihre körperlichen, finanziellen oder emotionalen Bedürfnisse zu erfüllen
- ist bestrebt, Rollen in Ihrem Leben auszufüllen, wie etwa Berater, Vaterfigur, spiritueller Führer, Mentor
- ist überaus hilfsbereit, tröstend und verständnisvoll
- hat genau die gleichen Interessen, Wertvorstellungen, Hobbys etc. wie Sie
- ist ein Chamäleon, das alles für alle Leute sein kann

Ihre Verteidigungsstrategie

Viele Frauen auf Partnersuche haben ein gemeinsames Problem: Sie offenbaren Männern, die sie nicht kennen, zu schnell zu viel. Ich bezeichne diese Angewohnheit (nicht so liebevoll) als »verbale Bulimie«. Es ist ein Dilemma, denn eine der Möglichkeiten, jemanden kennenzulernen, besteht darin zu reden. Aber ich ermutige Frauen gerne, doppelt so viel zuzuhören, wie sie selber reden. Anders gesag: Drehen Sie den Spieß um und stellen Sie selbst endlos Fragen. Erzählen Sie einem neuen Mann nicht sofort von Ihren Interessen, Ihren früheren Beziehungsfehlschlägen, Ihrer Familiengeschichte oder Ihrem Beruf. Hören Sie stattdessen ihm zu und merken Sie sich, was er sagt. Achten Sie, wenn Sie das nächste Mal mit ihm reden, darauf, ob seine Geschichte sich in das einfügt, was er zuvor gesagt hat. Nutzen Sie seine Auskünfte, um herauszufinden, ob Sie beide irgendetwas gemeinsam haben. Sie entscheiden! Geben Sie ihm nicht so viel Informationen, dass er alles werden kann, was Sie jemals wollten.

Beobachten Sie, wie er reagiert, wenn Sie ihm nicht die Informationen geben, die er von Ihnen bekommen möchte. Versucht er Sie dazu zu bringen, über sich zu reden, indem er sich einfach »noch mehr anstrengt«? Und wenn er keine Informationen über Sie hat: Beantwortet er Fragen über sich vage und versucht sich möglichst nicht auf irgendeine spezielle Beschreibung von sich festzulegen? Zu viele Frauen fangen an, in Windeseile von sich zu erzählen, sobald man ihnen ein bisschen Aufmerksamkeit schenkt. Das ist keine sichere Methode, wenn Sie sich in Gegenwart eines Mannes befinden, der räuberische Instinkte haben könnte.

Denken Sie daran, dass »im Sturm erobert werden« schlicht und einfach bedeutet, dass Sie die Bodenhaftung verloren haben. Das heißt, Sie stehen nicht mehr mit beiden Beinen fest auf der Erde, sodass Sie sich Auge in Auge der Realität stellen können. Wenn Ihre neue Beziehung ein Wirbelwind ist, dann ist das ein Hinweis. Wenn er darauf besteht, sofort Tag und Nacht mit Ihnen zu verbringen, sollten Sie lieber auf die Bremse treten, die Autotür öffnen und das Weite suchen!

Die meisten von uns wissen, dass Männer sich für die winzigen Einzelheiten, was unsere Gefühle, Gedanken und Gewohnheiten betrifft, eigentlich nicht *so sehr* interessieren. Wenn er nicht geblinzelt oder geatmet hat, seit Sie angefangen haben zu reden, dann ist das eine Vorwarnung. Wenn er zu vertraut mit weiblichen Empfindungen zu sein scheint, dann fragen Sie sich, woher er diese Vertrautheit wohl hat.

Diese Charmeure wirken so überzeugend, dass sie Sie Ihr eigenes Wertesystem vergessen lassen. Wenn Sie Dinge tun, von denen Sie nie gedacht hätten, dass Sie sie tun würden, und es beunruhigt sie – *hören Sie auf!*

Weibliche Einsichten

Pam fragt sich, ob sie familiäre Muster wiederholt, die dem Verhältnis zu ihrem Vater ähneln. Sie sagt:

»*Ich war berauscht von seinen Aufmerksamkeiten. Er meinte es viel zu schnell viel zu ernst. Diese Burschen sind charmant und intelligent. Sie sind geheimnisvoll, aufregend und ausweichend. Ich weiß nicht, warum mir da kein Licht aufging. Ich war einfach so aufgeregt, weil jemand mich so ›cool‹ fand. Ich schätze, mein geringes Selbstwertgefühl war für ihn ein Wegweiser, gerade mich auszuwählen. Und es ist außerdem wahrscheinlich der Grund, warum er so schnell wieder weg war.*
Dies war meine fünfte ›gefährliche‹ Beziehung! Man sollte meinen, ich würde es inzwischen kommen sehen! Auf irgendeiner Ebene meine ich wohl, dass diese Burschen eine persönliche Herausforderung sind. Natürlich ist es eine Herausforderung, die keine Frau jemals gewinnt. Aber seit wann geht es bei der Partnersuche darum, eine Herausforderung zu wollen? Wenn ihr eine Herausforderung wollt, sucht euch einen ordentlichen Beruf. Geht keine Beziehung ein, um euch herauszufordern. Das ist lächerlich! Wieso bin ich bloß jemals darauf gekommen?
Ich habe mir andauernd Räuber ausgesucht – Leute, die unecht sind und mir nie nahekommen würden, weil sie niemandem nahekommen.

*Räuber sind da und wieder weg, bevor man sich's versieht – wenn man
Glück hat.*
*Ich glaube nicht, dass mir auf einer bewussten Ebene klar war, dass er
ein Räuber war. Aber etwas in mir ließ sich immer wieder mit diesen
Männertypen ein, um keine echte Beziehung führen zu müssen.
Diesmal war meine Tochter der Preis. Und das war der große Weckruf
für mich. Meine eigenen kranken Entscheidungen haben meinem Kind
geschadet. Wegen dieser einen Wahl werde ich lange Zeit in Therapie
sein.«*

Jenna erinnert sich, wie ihre Warnsignale aufflackerten, als sie Cory
kennenlernte:
*»Mit diesem Kerl stimmte von Anfang an etwas nicht. Seine Ansichten
waren Widerspiegelungen der Ansichten, die ich vertrat. Es war, als
würde er Worte von mir wie ein Papagei nachplappern und sich
abmühen, es so klingen zu lassen, als hätten wir gemeinsame
Überzeugungen und Interessen. Aber das Ganze hatte etwas erkennbar
Unechtes – seine Äußerungen waren unaufrichtig und ohne Tiefgang.
Er hatte einen guten Job mit einem guten Gehalt und hatte Freunde, die
große Stücke auf ihn hielten, daher ignorierte ich weiter meine
Warnsignale. Aber am Ende konnte er es mit der Existenz einer echten
Person nicht aufnehmen. Er hatte einfach nicht ganz das echte Herz
und die echte Seele und die echte emotionale Tiefe, um es überzeugend
durchzuziehen. Als ich versuchte, die Sache zu beenden, holte er die
verbalen Tricks raus und erzählte mir, er mache sich Sorgen um mich
und sei der Ansicht, dass ich offensichtlich ›Probleme hätte‹. Es war so
eindeutig manipulierend, dass ich danach einfach jeden Kontakt zu
ihm abbrach.
Heute ist mir klar, dass ich eine der Glücklichen war, die ziemlich
schnell den Abgang schafften. Ich lernte, dass ich nicht zulassen darf,
mich von echt aalglatten Plauderern, die eine Menge oberflächlichen
Charme haben, zu sehr fesseln zu lassen. Solche Menschen meiden
emotionale Tiefe oftmals nicht bloß aus Angst; sie besitzen wirklich
nicht die Fähigkeit zu größerer Tiefe. Genau genommen ist ›Charme‹
überhaupt etwas, das mich heute hellhörig werden lässt.«*

Jamie aus Kapitel 5 landete als Köder für einen Räuber in einer weiteren
Beziehung. Sie sagt Folgendes über ihr Wohlfühl-Level bei Männern:
*»Raubtierhafte Männer umgibt ein gewisser Zauber, der die meisten
Frauen anspricht – ein Gefühl der Macht im Kampf um ihre
Zuneigung, das elementar und grundlegend ist. Mein Leben ist voll von
ihnen, weil ich feststelle, dass ich mich bei Männern wohler fühle als bei
Frauen, daher lande ich in Beziehungen mit ihnen, auf die ich mich*

eigentlich gar nicht einlassen wollte. Ich bilde mir ein, ich bekomme einen männlichen Freund, aber in Wirklichkeit bekomme ich den nächsten Räuber.
Ich schätze, sie können mich riechen. Ich gab eine Kontaktanzeige in einer Zeitung auf, und mehrere Männer schrieben mir und sagten, sie könnten aus diesen paar Sätzen erkennen, dass ich für sie verfügbar sei. Der Gedanke macht mir Angst, dass das Wort ›Ziel‹ mir auf die Stirn gestempelt sein könnte.«

Jacey war nicht allzu beziehungserfahren. Über eine Freundin fing sie einen Briefwechsel mit einem Gefängnisinsassen an und begann sich mit ihm zu treffen, nachdem er entlassen worden war, obwohl sehr viele Leute ihr davon abrieten. Das Ergebnis war katastrophal und verheerend. Sie hält frühe Konditionierung und Botschaften von ihrer Familie für die Ursache hinter ihrer Bereitschaft, sich mit einem verurteilten Schwerverbrecher einzulassen:
»Ich bin ein naiver Mensch. Man braucht nicht lange, um das herauszufinden, wenn man mit mir redet. Außerdem bin ich schüchtern und habe wenig Selbstwertgefühl. Meine Mutter war genauso. Wir wurden in dem Glauben aufgezogen, dass die Menschen gut sind. Man zweifelt das einfach nicht an, und man gibt jedem Chancen, sich zu ändern.
Deshalb schien es nicht riskant zu sein, einem Mann im Gefängnis zu schreiben. Ich dachte, ich würde etwas Gutes und Freundliches tun, wenn ich ihm schriebe. Ich dachte, er könnte sich ändern, und wahrscheinlich änderte er sich auch tatsächlich, als er da drin war. Ich musste erst ein paar Mal von ihm vergewaltigt werden, bevor mir klar wurde, dass ich nicht immer glauben sollte, dass Menschen das sind, was sie behaupten zu sein. Heute weiß ich, dass manche Menschen immer vorgeben, etwas zu sein, das sie nicht sind, um zu bekommen, was sie wollen.
Ich habe einfach nicht genug Menschenkenntnis, um die Hinweise im Voraus mitzubekommen. Jeder andere wäre sich im Klaren darüber gewesen, dass mit dem Charakter dieses Burschen offensichtlich etwas nicht stimmte, wenn er im Gefängnis war. Doch ich denke normalerweise nicht so, und ich wurde auch nicht erzogen, so zu denken. Daher weiß ich, dass ich ›in Gefahr‹ lebe.«

KAPITEL 11: ANZEICHEN FÜR EINE SCHLECHTE PARTNERWAHL

In den verschiedenen vorangegangenen Kapiteln habe ich zu veranschaulichen versucht, wie die unterschiedlichen Arten einer schlechten Partnerwahl aussehen. Ich habe zu jeder Kategorie gefährlicher Männer sehr viele Details beigefügt, weil man nicht anerkennen und ändern kann, was man nicht benennt und beschreibt.

Dieses Kapitel bietet noch eine weitere Methode, die Anzeichen für eine schlechte Partnerwahl zu benennen und zu beschreiben. Diese Methode hat mit den persönlichen Grenzen und mit dem Problem, Grenzen angemessen zu setzen, zu tun. Wenn Sie Ihre Grenzen vernünftig setzen, können Sie schnell erkennen, ob Ihr Verabredungspartner für eine richtige Beziehung infrage kommt. Der letzte Abschnitt des Kapitels enthält einen Fragenkatalog, mit dessen Hilfe Sie herausfinden können, ob Sie Gefahr laufen, Ihr altes Verhaltensmuster zu wiederholen und sich weiter auf gefährliche Männer einzulassen. Mit Hilfe dieser Informationen werden Sie leichter entscheiden können, welcher Art von Intervention Sie bedürfen, um bei Ihrer künftigen Partnersuche eine zerstörerische Wahl zu vermeiden.

Grenzen und ihre Funktion in gesunden Beziehungen

Grenzen sind Indikatoren dafür, wo wir anfangen und aufhören und wo andere Menschen anfangen und aufhören. Wir setzen in Beziehungen Limits – oder Grenzen –, um unser leibliches Ich und unsere Würde zu schützen. Vernünftige Grenzen zeigen, dass wir ein Bewusstsein dessen haben, wofür wir stehen; sie sind Aussagen darüber, was wir zu tolerieren bereit sind. Zu einer gesunden Beziehung gehören zwei Menschen mit einem jeweils klar definierten eigenen Identitätsgefühl. Keiner ist in der Angst, dass die andere Person anders ist als man selbst, gefangen, keiner empfindet Unterschiede als bedrohlich.

Vernünftige Grenzen erlauben uns, unsere eigenen Gedanken, Gefühle und Bedürfnisse von denen der Menschen um uns herum zu trennen. Das Fehlen einer Fähigkeit, diese Aspekte unserer selbst von denen der anderen zu trennen, bezeichnet man als *Verstrickung*. Verstrickung entsteht, wenn eine Person anfängt, die Gedanken, Gefühle und Bedürfnisse von jemand anderem zu übernehmen, obwohl diese Gedanken, Gefühle und Bedürfnisse nicht sein oder ihr eigenes Identitätsgefühl widerspiegeln. Sie entsteht, wenn eine Person anfängt, ihre Identität von einer anderen Person herzuleiten. Es kann verheerende Folgen haben, wenn Sie Ihre Identität von einem gefährlichen Mann herleiten, wie die Geschichten in diesem Buch auf so dramatische Weise zeigen. Wenn Sie sich für eine Beziehung aufgeben, so ist das ein untrügliches Anzeichen dafür, dass Sie Ihre Grenzen unvernünftig ziehen.

Frauen ohne Grenzen oder mit schwachen Grenzen ziehen oft sämtliche gefährlichen Männertypen an. Emotionale Räuber sind wie Schnüffler auf der Spur solcher Frauen. Es ist das Markenzeichen ihrer Spürnase, Sie aufzuspüren. Emotional nicht verfügbare Männer zählen darauf, dass Sie es nicht über sich bringen, sie heim zu ihren Ehefrauen zu schicken oder schlicht zum Teufel zu jagen, wenn sich zeigt, dass sie »zu beschäftigt« sind, um sich wirklich auf eine Beziehung mit Ihnen festzulegen. Elternsucher und lästige Kletten wissen um Ihre fehlende innere Stärke, ihnen den Laufpass zu geben, wenn sie jammern und klammern. Süchtige setzen auf Ihre Koabhängigkeit als Möglichkeit, einen Fuß in Ihrer Tür zu behalten. Ein psychisch kranker Mann erkennt, dass Sie wahrscheinlich Mitgefühl mit Liebe verwechseln werden. Ein misshandelnder oder gewalttätiger Mann weiß verdammt gut, dass Sie wahrscheinlich zu viel Angst vor ihm haben, um zu sagen, was Sie meinen, und zu meinen, was Sie sagen.

In diesen Fällen kommt Schweigen Zustimmung gleich, und Bleiben ist gleichbedeutend mit Willfährigkeit. Frauen mit schwachen Grenzen versäumen es, das, was sie brauchen, in Worten auszudrücken und entsprechend zu handeln. Sie bleiben still und hoffen, dass alles »irgendwie« klappen wird. Frauen mit unzureichenden Grenzen hegen gemeinhin Tagträume von gesunden Beziehungen, die wie durch ein Wunder keinerlei Mühe erfordern. Aber die Botschaft, die Ihr Schweigen an einen gefährlichen Mann aussendet, lautet, dass Sie sein unangemessenes Verhalten billigen. Deshalb ist es so entscheidend, dass Frauen, die gefährlichen Männern aus dem Weg gehen wollen, Grenzen entwickeln, die ein gesundes Verhalten ermöglichen. Die Fähigkeit, am Anfang einer Beziehung unpassenden Grenzen und Verhaltensweisen entgegenzutreten, kann Ihnen helfen, frühzeitig festzustellen, ob ein neuer Mann ein brauchbarer Kandidat für eine gesunde Beziehung mit Ihnen ist.

Manche Frauen mit unzureichenden Grenzen sind nicht passiv, schwach oder schweigsam. Im Gegenteil, sie können aggressiv und durchsetzungsfähig sein. Eine solche Frau verletzt die Grenzen ihres Mannes, indem sie versucht, seine gefährlichen und ärgerlichen Verhaltensweisen zu ändern. Sie fängt an, sich darauf zu konzentrieren, seine »fehlgeleiteten Gewohnheiten« neu auszurichten. Vielleicht bleibt ihr nichts anderes übrig, als zu nörgeln, anzuregen, zu schimpfen, zu moralisieren, zu toben oder zu drohen – alles mit der Hoffnung, dass solche Taktiken eine positive Verhaltensänderung bewirken werden. Aber natürlich passiert das nicht. Das hier geschilderte Verhalten der »Dampfwalzen«-Frau ist genauso ineffektiv wie das der oben beschriebenen »Fußabtreter«-Frau. Diese Art von unvernünftigem, grenzverletzendem Verhalten ändert nichts oder niemanden.

Grenzen sind auch wichtig, weil sie Partnern eine Möglichkeit bieten, das Privatleben des anderen und seine Fähigkeit, selbst für sein Leben verantwortlich zu sein, zu respektieren. Frauen, die sich mit gefährlichen Männern einlassen, laufen Gefahr, Männern unverhältnismäßigen Einfluss auf ihr Leben einzuräumen. Grenzverletzungen sind großartige Indikatoren für künftige Beziehungsprobleme und sollten als sachdienliche Informationen betrachtet werden, die nicht ignoriert werden dürfen.

Unsere Grenzen spiegeln unser ureigenstes Ich wider – unsere Lebensentscheidungen, Freunde, beruflichen Entscheidungen, Vorlieben und Abneigungen. In gesunden Beziehungen schränkt keine Seite diese Lebensbereiche des anderen unaufgefordert ein. Grenzen sind wie Tore, durch die hindurch wir andere in bestimmte Bereiche unseres Lebens einladen.

Wenn jemand Ihre Tore unaufgefordert zertrümmert, können Sie sicher sein, dass diese Person versuchen wird, innerhalb Ihrer Tore zu leben und unaufgefordert in Ihre persönlichen Angelegenheiten einzugreifen. Männer, die Grenzverletzer sind, fühlen sich per definitionem befugt, Ihr Leben in die Hand zu nehmen.

Oberflächlich betrachtet, mag ein Grenzverletzer lediglich als rechthaberisch oder übertrieben engagiert erscheinen. Aber Männer, bei denen Grenzverletzungen in chronischer Regelmäßigkeit vorkommen, sind weit mehr als bloß rechthaberische Wichtigtuer. Einige der in diesem Buch beschriebenen gefährlichen Männertypen sind durch ihre Angewohnheit definiert, die Grenzen der Frauen zu verletzen, mit denen sie sich einlassen. Frauen könnten sehr viele der gefährlichen Situationen, in die sie sich bringen, vermeiden, wenn sie Grenzverletzungen nur endlich als die ernsthaften Eingriffe in gesunde Beziehungen anerkennen würden, die sie in Wahrheit sind. Würde eine Frau anerkennen, dass mit jeder Grenzverletzung ihre Bereitschaft steigt, all jene Dinge zu tolerieren oder zu tun, die sie nach eigener Auskunft niemals tolerieren oder tun würde – Dinge, die sie am Ende ihrer Würde berauben –, könnte sie auf die Verletzungen reagieren, sobald sie anfangen.

Wie in den Geschichten von Frauen, die sich mit gefährlichen Männern einließen, wiederholt gezeigt wurde, können Frauen schnell eine wachsende Toleranz gegenüber Grenzverletzungen entwickeln. Dies kann in »Hypertoleranz« münden – eine Gemütsverfassung, in der abnormales Verhalten normalisiert wird. Jedes Mal, wenn eine Grenze verletzt wird, wird die Linie im Sand ausgewischt und in größerer Nähe zu Ihnen neu gezogen. Irgendwann haben Sie keine Linie mehr, die zeigt, was Sie tolerieren und nicht tolerieren werden. Ihre »Null-Toleranz-Zone« wurde auf nichts reduziert, mit Ihrer Einwilligung.

Wir wollen nicht vergessen, was die Ausführungen über krankhaftes Verhalten in Kapitel 1 uns gelehrt haben: Grenzverletzungen, die von denjenigen begangen werden, die psychisch schwer gestört sind, können außerordentlich gefährlich sein. Je schwerer die Grenzverletzung, desto stärker verweist sie auf eine chronische und anhaltende Pathologie beim Täter. Zu den gefährlich fortgeschrittenen Formen von Grenzverletzung gehören die folgenden (dies sind Risikofaktoren, die berücksichtigt werden sollten, wenn jemand für psychopathologisch erklärt wird):

- Drohung, irgendjemanden oder irgendetwas zu töten bzw. zu zerstören,
- tätlicher Angriff auf eine schwangere Frau,
- tätlicher Angriff vor den Augen anderer Leute,
- erzwungener Sex in jeglicher Form, auch mit einer bekannten Partnerin,
- Verstoß gegen gerichtliche Anordnungen,
- Verfolgung und Belästigung von irgendjemandem aus irgendeinem Grund,
- Rückfälle in irgendeine der Verhaltensweisen auf dieser Liste.

Gesunde vs. ungesunde Beziehungen

Und wie können Frauen vergleichen und gegenüberstellen, was gesund und was ungesund ist, wenn es um Grenzen geht? Was für Dinge sind ungesund in einer Beziehung? Die folgende Tabelle bietet ein paar Antworten auf diese Fragen:

WAS IST GESUND?

- Offene und ehrliche Kommunikation
- Freunde außerhalb der Beziehung zu haben
- Verantwortung für das eigene Leben und das eigene Glück zu übernehmen
- Seine eigene Identität zu haben

- Ein ausgeglichenes Verhältnis zwischen gemeinsam und getrennt verbrachter Zeit
- Emotionale Vertrautheit, die ohne Drogen oder Alkohol hergestellt wird
- Ein angemessenes Maß an Verbindlichkeit in der Beziehung
- Flexibilität in der Beziehung
- Zu wissen, was man braucht
- Zu erbitten, was man braucht

WAS IST UNGESUND?

- Spielchen zu treiben und manipulative Kommunikation
- Kaum andere Freundschaften als die mit dem Liebespartner
- Andere für das eigene Glück verantwortlich zu machen
- Sich nur erfüllt vorzukommen, wenn man eine Beziehung mit einem anderen Menschen hat
- Zu viel Zeit gemeinsam oder zu viel Zeit allein
- Die Zuhilfenahme von Alkohol oder Drogen, um unechte Verbundenheit zu erreichen
- Zu große oder zu geringe Verbindlichkeit (ausgehend von der bisherigen Länge der Beziehung)
- Unnachgiebigkeit in der Beziehung
- Ahnungslosigkeit in Bezug auf die eigenen Bedürfnisse
- Angst, die eigenen Bedürfnisse zu äußern*

Grenzverletzungen in diesen und anderen Bereichen sind möglicherweise frühe Warnzeichen für ernsthaftere Verletzungen, die folgen könnten.

Spezifische Anzeichen für eine schlechte Partnerwahl

Nachdem Sie vernünftige Grenzen entwickelt haben und sich angewöhnt haben, sie zu schützen, wird das Erlernen der unten aufgelisteten Anzeichen für eine schlechte Partnerwahl hilfreich sein. Damit können Sie auf eine neue Bewusstseinsebene gelangen, um gefährliche Männer zu entdecken, bevor Sie sich mit ihnen einlassen. Aber es handelt sich lediglich um allgemeine Leitlinien. Die zuverlässigste Liste mit »Gefahrenzeichen« wäre die, die Sie auf der Grundlage Ihrer eigenen spezifischen Beziehungsgeschichte anfertigen. Ein Mann könnte eine schlechte Partnerwahl sein, wenn er:

---

*   Nach der Website *http://groups.msn.com/PSYCHOPATH/home.htm, mit freundlicher Genehmigung*

- Ihr Bedürfnis nach allein verbrachter Zeit nicht respektiert,
- darauf drängt, Sie ständig zu sehen,
- von Ihren äußeren Interessen, Ihrer Familie und Ihren Freunden abrät,
- Sie bittet, Dinge zu tun, bei denen Ihnen nicht wohl ist (z.b. lügen, ihm Geld leihen, Sex etc.),
- Drogen nimmt (jedwede Art von Drogen sollte ein Warnsignal sein)
- zu häufig und/oder reichlich Alkohol trinkt,
- häufig arbeitslos ist (außer wenn er noch zur Schule geht),
- häufig die Arbeitsstellen wechselt oder häufig gefeuert oder entlassen wird, aber immer eine plausible Erklärung dafür findet,
- Ihre Frisur, Ihre Kleidung, Ihr Verhalten, Ihre Freunde, Ihre Jobs oder die Art, wie Sie Ihre Spiritualität ausdrücken, kontrollieren will,
- will, dass Sie für ihn Arbeitsstellen oder Freunde aufgeben oder wechseln,
- mehrere gescheiterte Beziehungen hinter sich hat,
- irgendeine Geschlechtskrankheit hatte oder hat,
- als Lügner bekannt ist,
- wichtige Informationen über sich verschweigt, die Sie erst später entdecken,
- körperlich, emotional, verbal oder sexuell »grob« oder »schräg« ist,
- zu charmant ist, all die richtigen Sprüche drauf hat, übertrieben glatt wirkt,
- schon lange psychisch krank ist, oder wenn früher bei ihm eine psychische Erkrankung diagnostiziert worden ist, die nicht angemessen behandelt wurde. Gemeint sind insbesondere,
  - unbehandelte Depression,
  - unbehandelte Angststörungen,
  - bipolare Störung (manische Depression, vor allem wenn unbehandelt oder sporadisch behandelt),
  - Verhaltensstörung oder dissoziale Persönlichkeitsstörung,
  - Schizophrenie oder irgendeine andere psychotische Störung,
  - narzisstische Persönlichkeitsstörung,
  - Substanzmissbrauch (erfolglos behandelt) oder andere Abhängigkeiten,
  - Borderline-Persönlichkeitsstörung,
  - Posttraumatische Belastungsstörung (PTBS),
- vorbestraft ist, insbesondere wegen,
  - wiederholter Geschwindigkeitsüberschreitung,
  - mehrfacher Trunkenheit am Steuer,
  - tätlichen Angriffs auf eine Frau,
  - Körperverletzung jedweder Art,

- anderer Tätlichkeiten,
- irgendeiner Sexualstraftat,
- Urkundenfälschung/ungedeckter Schecks,
- Probleme hat, weil er als Vater seinen Unterhaltspflichten nicht nachkommt,
- unflexibel ist – sich nicht ändern kann, um eine spontane Bitte zu erfüllen,
- glaubt, dass die Regeln für alle anderen außer für ihn gelten,
- sich »besonders und einzigartig« vorkommt und sich auch so benimmt.

Für Frauen, die ein Verhältnis mit einem gefährlichen Mann haben: Entscheiden, ob man bleibt oder geht

Ich denke, inzwischen ist hinreichend dargelegt worden, warum die Wahl einer Frau, die einen Beziehungspartner sucht, niemals auf einen gefährlichen Mann fallen sollte. Die hoffnungslosen Ergebnisse, wenn man sich mit gefährlichen Männern einlässt, sind dieses ganze Buch hindurch von Frauen dokumentiert worden, die möchten, dass Sie wissen, warum ein solches Tun sinnlos und schädlich ist. Die Recherchen haben gezeigt, dass Sie und Ihr Mann keine Ausnahmen von der Regel sein werden; und die Gründe dafür, auf Ihre Warnsignale zu reagieren und ausweglose oder zerstörerische Beziehungen zu beenden, wurden geliefert. Jetzt, wo es an der Zeit ist, dem Wissen Taten folgen zu lassen, sind Sie am Zug.

Wie ich in Kapitel 8 dargelegt habe, liegt die Entscheidung zu gehen einzig und allein bei Ihnen. Oftmals wird es aber nötig sein, dass Sie die Unterstützung anderer Personen oder Hilfsangebote in Anspruch nehmen, die Sie bei dem Prozess, Ihren Partner verlassen zu können, unterstützen. Dies gilt auf jeden Fall, wenn Sie im Begriff stehen, eine gewalttätige oder potenziell gewalttätige Beziehung zu verlassen.

Wenn Sie bereit sind, die Beziehung zu verlassen, sollten Sie Kontakt zu Organisationen und Einrichtungen in Ihrer Stadt oder Region aufnehmen, um Hilfe, Unterstützung und Rat zu bekommen, wie die Trennung gefahrlos zu bewerkstelligen ist.

Darüber hinaus sollten Sie weitere Hilfsangebote ausfindig machen, um psychologische Betreuung oder eine Gruppentherapie zu bekommen, damit Sie verstehen können, wie und warum dies in Ihrem Leben passiert ist und was Sie aus Ihren Entscheidungen für einen gefährlichen Mann lernen können. Schaffen Sie eine heilende Gemeinschaft von Unterstützern, um sicherzustellen, dass Sie wirklich gehen können und dass Sie in Zukunft vor diesem Mann und ähnlichen Männern sicher sind.

Frauen müssen die allgemeinen Anzeichen für gefährliche Verhaltensweisen bei Männern verstehen und beachten. Dieses Kapitel hat einen Überblick über Anzeichen und Symptome gegeben, die für jede Frau von Interesse sein sollten, wenn sie sie bei einem Mann sieht, mit dem sie sich eine Beziehung eventuell vorstellen kann.. Aber ich ermuntere Sie, es nicht dabei bewenden zu lassen. Tun Sie den nächsten Schritt: Schalten Sie Ihr internes Warnsystem wieder ein, damit Sie Ihre Warnsignale wahrnehmen und das, was sie Ihnen mitteilen, mit den in diesem Kapitel enthaltenen Listen vergleichen können. Entscheidend ist, dass Sie sich Ihrer emotionalen, körperlichen und spirituellen Warnsignale wieder bewusst werden; das nächste Kapitel beschäftigt sich mit diesem Thema.

Fragenkatalog:
Laufe ich Gefahr, mich auf weitere gefährliche Männer einzulassen?

Festzustellen, ob Sie Gefahr laufen, sich mit weiteren gefährlichen Männern einzulassen, kann ein Anreiz sein, die nächsten Schritte in dem Prozess, sich eine neue Zukunft zu schaffen, zu tun – eine Zukunft, frei von gefährlichen Männern und voll von der Verheißung neuer, gesunder Beziehungsmöglichkeiten.

Geben Sie sich zwei Punkte für jede »Ja«-Antwort und null Punkte für jede »Nein«-Antwort:

    ____ Ich war mit mehr als einem gefährlichen Mann zusammen.
** ____ Ich war mit mehr als drei gefährlichen Männern zusammen.
** ____ Ich war mit fünf oder mehr gefährlichen Männern zusammen.
    ____ Ich habe mit einem gefährlichen Mann Schluss gemacht und bin dann zu ihm zurückgekehrt.
** ____ Einen gefährlichen Mann, mit dem ich zusammen war, würde man als gewalttätig bezeichnen.
    ____ Einen gewalttätigen Mann, mit dem ich zusammen war, würde man als Süchtigen bezeichnen.
    ____ Einen gewalttätigen Mann, mit dem ich zusammen war, würde man als psychisch krank bezeichnen.
** ____ Einen gefährlichen Mann, mit dem ich zusammen war, würde man als eine Kombination aus gewalttätig, abhängig und psychisch krank bezeichnen.
    ____ Ich ignoriere regelmäßig meine Warnsignale.
** ____ Das Ignorieren meiner Warnsignale hat mich bei gefährlichen Männern in Gefahr gebracht.
    ____ Ich weiß nicht einmal, welches meine Warnsignale sind.

___ Freunde und Familie sind bestürzt über die Männertypen, die ich mir aussuche.

___ Ich war mehr als einmal mit emotional nicht verfügbaren Männern zusammen.

___ Ich weiß nicht, was gesunde Beziehungsmuster sind.

___ Ich schwanke zwischen Männern, die emotional nicht verfügbar sind, heimliche Leben haben oder gewalttätig sind, und Männern, die lästige Kletten oder ewige Kinder sind.

___ Ich schwanke nicht bei dem Männertypus, mit dem ich zusammen bin, ich suche mir immer denselben gefährlichen Männertypus aus, auch wenn es in der Vergangenheit nicht funktioniert hat.

___ Ich bin erzogen worden, Menschen bedingungslos zu vertrauen und meine eigenen Gefühle und meine Intuition nicht zu beachten.

___ GESAMTPUNKTZAHL

Die Risiko-Skala

(Anmerkung: Dies ist keine medizinisch überprüfte Skala.) Wenn Sie Ihr Risiko, sich auf gefährliche Männern einzulassen, abwägen wollen, dann dürfen Sie nicht nur Ihre Punkte addieren, sondern müssen auch berücksichtigen, *welche* Fragen Sie mit Ja beantwortet haben. Die mit ** markierten Fragen deuten auf ein höheres Risiko hin; wenn Sie irgendeine dieser mit Sternchen gekennzeichneten Aussagen bejaht haben, sollte dies Anlass zu zusätzlichen Bedenken sein.

0–8 Punkte: geringes Risiko (es sei denn, Sie haben irgendwelche mit ** markierten Fragen mit Ja beantwortet)

10–18 Punkte: mäßiges Risiko (es sei denn, Sie haben irgendwelche mit ** markierten Fragen mit Ja beantwortet)

20–34 Punkte: hohes Risiko (außerordentlich hoch, wenn Sie auch irgendwelche mit ** markierten Fragen mit Ja beantwortet haben)

Frauen, die Punkte in den Kategorien »mäßiges« und »hohes« Risiko erzielen, sollten sich im eigenen Interesse um eine therapeutische Intervention bemühen. Über das Durcharbeiten dieses Buches hinaus könnten Sie überlegen, professionelle Beratung in Anspruch zu nehmen, die Ihnen helfen kann, Ihre zerstörerischen Lebensmuster abzubauen.

KAPITEL 12: SEI DIR SELBER TREU:* LERNEN, DIE EIGENEN WARNSIGNALE ZU BEACHTEN

Im vorherigen Kapitel ging es darum, welche *seiner* Handlungen darauf hinweisen könnten, dass er eine schlechte Partnerwahl für Sie ist. Dieses Kapitel richtet den Fokus einmal mehr auf Sie. Es geht darum, welche *Ihrer* Handlungen ein Warnsignal für Sie sein sollten. Sich auf die Verhaltensweisen von Männern zu konzentrieren löst nur 50 Prozent der Gleichung. Die anderen 50 Prozent liegen in Ihren Erfahrungen und Verhaltensmustern. Sie zu untersuchen bietet eine Gelegenheit, aus ihnen zu lernen und sie zu ändern.

Wie Frauen es versäumen, ihre Warnsignale zu würdigen

Im Allgemeinen tendieren Frauen auf dreierlei Weise dazu, nicht gemäß ihrem inneren Warnsystem zu leben: Sie bemerken ihre Warnsignale nicht, sie richten zu viel Energie darauf, »ihm« die Schuld zu geben, und sie stellen die Erziehung und Konditionierung, die ihnen in ihrer Herkunftsfamilie zuteil wurde, nicht in Frage. Werfen wir nun einen Blick auf jedes dieser drei Verhaltensmuster.

NICHT ZUR KENNTNIS NEHMEN

Das gefährliche Verhalten eines Mannes zu definieren ist ein wichtiger Schritt hin zu besserer Partnerwahl. Ebenso wichtig ist es, Ihre eigenen Reaktionen (oder das Ausbleiben einer Reaktion) auf gestörtes Verhalten zur Kenntnis zu nehmen und *Ihren Reaktionen dann Beachtung zu schenken – und sie nicht zu ignorieren.* Es sind dies Ihre natürlichen Warnsignale, und Ihr Alarmsystem wieder zu verstehen hat höchste Priorität, wenn Sie die Art Ihrer Reaktion auf gefährliche Männer ändern wollen. In Kapitel 2 haben Sie gelernt, dass Ihr Körper, Ihr Verstand und Ihr Geist sich mit Ihnen darüber verständigen werden, wie sie irgendeinen Mann deuten – vorausgesetzt, Sie hören zu.

---

*   William Shakespeare, Hamlet I, Szene 3.

Wir haben dieses ganze Buch hindurch gezeigt, dass es oft vorkommt, dass eine Frau die Signale, die ihr Warnsystem ihr sendet, immer weniger bemerkt. Dies passiert mit der Zeit, wenn Sie Ihre Warnsignale beständig ignorieren, und es ist ein zerstörerisches Verhaltensmuster. Deshalb behaupten wir auch, es gibt keine Opfer, nur Freiwillige. Sich selbst treu zu sein und Ihre Auswahlmuster zu ändern, bedeutet, sich darauf einzustellen, was Sie emotional, mental, körperlich, spirituell und sexuell von einem bestimmten Mann halten. Diese drängenden inneren Stimmen nicht zur Kenntnis zu nehmen ist ein Abwehrmechanismus, mit dem Sie sich selbst sabotieren. Stattdessen sollten Sie sich entscheiden, zuzuhören und entsprechend zu handeln. Es ist außerdem Ihre Gelegenheit zur Veränderung.

BESCHULDIGEN

Um Ihre Verhaltensmuster erfolgreich zu ändern, müssen Sie sich davon lösen, allen Männern in Ihrer Vergangenheit (und Gegenwart) die Schuld daran zu geben, was in Ihren Beziehungen passiert ist. Stattdessen sollten Sie sich klarmachen, dass Sie genauso wie Ihr Partner an der Auswahl beteiligt sind. Ich rede hier nicht über Vergewaltigungen oder andere Fälle von Gewalt durch Fremde. Ich rede über einvernehmliche Beziehungen zwischen zustimmenden Erwachsenen. Es mag sein, dass der Gedanke der Gegenseitigkeit bei der Partnerwahl bei einigen Feministinnen unbeliebt ist. Aber ich nehme Anstoß an einer Denkrichtung, die unterstellt, dass Frauen lediglich aus Versehen immer wieder in gefährliche Beziehungen hineingeraten und dass der gesamte resultierende Schaden von Männern verursacht wird.

Diese Vorstellung vereinfacht die komplexen Probleme, welche die interaktive und persönliche Psychologie sowohl des Mannes als auch der Frau umgeben. Außerdem enthebt sie die Frau jeder Verantwortung für ihr eigenes fehlendes Bewusstsein, ihre eigenen sich wiederholenden Entscheidungen, ihre eigene psychische Verfassung, ihre eigenen Verhaltensweisen, mit denen sie sich selbst sabotiert, und ihre eigene Entwicklung. Eine solche Vorstellung stempelt sie zum Opfer, indem sie unterstellt, sie sei schwach und ohnmächtig. Wenn andererseits die Entscheidungen einer Frau ihre eigenen sind und sie immer wieder Probleme hat, die aus diesen Entscheidungen resultieren, dann liegen ihre Chancen auf Entwicklung, Einsicht und Veränderung durchweg im Rahmen ihrer Möglichkeiten. Sie ist die Herrin ihres Schiffes und bestimmt den Kurs. Das Schuldspiel zu spielen kann dazu führen, dass eine Frau für ihren Anteil an Dingen nur eingeschränkt Verantwortung übernimmt, eine Einstellung, die ihr nicht hilft, auch nur einen Deut sicherer zu sein. Vielmehr bietet sie ihr ein gefährliches

Hintertürchen für ihre Denk- und Verhaltensmuster. Wenn alles sein Verschulden ist, dann gibt es nichts, was sie tun oder ändern kann. Wie kann eine solche Haltung ihr denn dauerhaft Sicherheit bieten?

SICH MIT DER FALSCHEN FAMILIÄREN PRÄGUNG ABFINDEN

Durch Ihre familiäre Erziehung und Prägung sind Sie möglicherweise dafür prädisponiert, gefährliche Männer als Verabredungspartner zu akzeptieren. Zur Entwicklung einer Verteidigungsstrategie gehört es, sich deutlich bewusst zu werden, dass Ihre Denkweise Sie veranlasst, über das Verhalten gefährlicher Männer hinwegzusehen. Einige dieser geistigen Verrenkungen gehen zurück bis in die Kindheit, als Familienangehörige oder die familiäre Dynamik Sie möglicherweise folgendermaßen konditioniert haben:

- abnormales Verhalten für normal zu halten,
- Gefahr zu verharmlosen,
- sich über Ihre ängstlichen, besorgten oder unbehaglichen Gefühle hinwegzusetzen,
- misshandelndes Verhalten zu akzeptieren,
- Abhängigkeiten bei Männern zu akzeptieren,
- von Menschen nicht zu erwarten, dass sie sich Ihr Vertrauen verdienen, sondern ihnen stattdessen augenblicklich zu vertrauen,
- gegen Ihre eigenen Werte und Moralvorstellungen zu verstoßen und verheiratete Männer als Verabredungspartner zu akzeptieren,
- Menschen zu erlauben, Ihre Grenzen ohne Folgen zu verletzen,
- zu vermeiden, die eigene Meinung zu sagen, wenn Sie meinen, sie sollten es tun,
- männliche Aufmerksamkeit jedweder Art zu akzeptieren und froh zu sein, sie zu haben,
- labile Männer aus ihrem eigenen Leben zu befreien,
- scheiternde Beziehungen niemals abzuschreiben und ewig optimistisch zu bleiben, dass *alle* Männer sich ändern und weiterentwickeln können und wollen,
- Problemverhalten einen anderen, weniger bedrohlichen Namen zu geben,
- niemals Nein zu sagen,
- Einladungen für Verabredungen nicht auszuschlagen,
- sich dagegen zu wehren, einen Mann als »alkoholkrank«, »psychisch krank«, »problematisch« oder irgendetwas anderes abzustempeln, das Sie veranlassen könnte, sich nicht auf ihn einzulassen.

Sich im Leben auch weiterhin an solche unsicheren familiären Botschaften zu halten ist eine weitere zerstörerische Methode, wie Ihre Verhaltensweisen und Überzeugungen dafür sorgen, dass Sie sich auf gefährliche Männer einlassen.

Universelle Warnsignale

Einige Warnsignale weisen auf unleugbare Wahrheiten hin. Frauen reagieren auf diese universellen Warnsignale, wenn sie sich in der Gegenwart eines gefährlichen Mannes befinden. Die kluge Frau wird sich die Warnsignale einprägen, ihnen Beachtung schenken und sie als Gelegenheiten *nutzen*, die Beziehung einer neuerlichen Prüfung zu unterziehen – oder sie, falls erforderlich, zu beenden. Nachstehend finden Sie einige dieser Warnsignale:

- Sie haben ein ungutes Gefühl bei etwas, das er gesagt oder getan hat, und das Gefühl bleibt.
- Sie sind wütend oder haben Angst, oder er erinnert sie an jemand anderen mit einem ernsthaften Problem, den Sie kennen.
- Sie wünschten, er würde weggehen, Sie wollen schreien, oder Sie wollen wegrennen.
- Sie fürchten seinen Anruf.
- Sie langweilen sich oft mit ihm.
- Sie glauben, dass niemand sonst in seinem Leben ihn versteht.
- Sie glauben, dass niemand sonst in seinem Leben ihn jemals wirklich geliebt oder ihm geholfen hat.
- Sie glauben, Sie seien die Einzige, die ihm helfen, ihn lieben und ihn verstehen kann.
- Sie wollen ihm mit Ihrer Liebe zu »seelischem Wohlbefinden« verhelfen.
- Sie glauben, Sie können ihm helfen, sein Leben »zu ändern« oder »in Ordnung zu bringen«.
- Sie erlauben ihm, sich Geld von Ihnen oder Ihren Freunden zu leihen.
- Sie finden sich selbst schlecht, wenn Sie in seiner Nähe sind.
- Sie haben das Gefühl, dass er zu viel von Ihnen will.
- Sie sind seelisch ausgelaugt vom Umgang mit ihm und haben das Gefühl, dass er »das Leben aus Ihnen saugt«.
- Ihr Wertesystem und seines sind sehr unterschiedlich; Sie sind, was Ihre Ansichten betrifft, oft nicht auf einer Wellenlänge, und das ist problematisch.
- Ihre Vergangenheit und seine sind sehr unterschiedlich, und Sie beide haben deswegen Konflikte.
- Sie erzählen Freunden, sie seien sich »der Beziehung nicht sicher«.

- Sie fühlen sich von anderen Beziehungen mit Freunden und Familienangehörigen abgeschottet.
- Sie finden, er ist zu charmant oder ein bisschen »zu gut, um wahr zu sein«.
- Sie fühlen sich im Unrecht, weil er immer recht hat und sich sehr bemüht, Ihnen zu zeigen, dass er recht hat.
- Sie fühlen sich unbehaglich, weil er ständig sagt, er wisse, was das Beste für Sie sei.
- Sie stellen fest, dass er Sie zu häufig, zu viel oder zu intensiv braucht.
- Sie fragen sich, ob er Sie wirklich versteht oder vielmehr nur behauptet, er täte es.
- Sie fühlen sich unbehaglich, weil er Sie unsittlich oder zu früh berührt hat.
- Sie stellen fest, dass er schnell Informationen über seine Vergangenheit oder seinen seelischen Schmerz preisgibt.
- Sie spüren, dass er zu schnell auf eine emotionale Verbindung drängt.
- Obwohl Sie es nicht glauben, behauptet er, er spüre eine unmittelbare Verbundenheit mit Ihnen (ein Zeichen falscher Vertrautheit).
- Sie merken, dass er zu schnell auf eine sexuelle Beziehung mit Ihnen drängt, und Sie ertappen sich dabei, dass Sie bereit sind, Ihre sexuellen Grenzen bei ihm über Bord zu werfen.
- Sie erleben ihn als Chamäleon; Sie bemerken, dass er sich ändern kann, um jedem zu gefallen, der gerade in seiner Nähe ist.
- Ihnen fällt auf, wie zeitig er Ihnen von seinen zuvor gescheiterten Beziehungen und von seinen früheren Partnerinnen und deren Schwächen erzählt.
- Sie stellen fest, dass er meistens über sich, seine Pläne und seine Zukunft redet.
- Sie stellen fest, dass er sehr viel Zeit damit verbringt, sich gewalttätige Filme oder Fernsehsendungen anzuschauen oder gewalttätige Videospiele zu spielen; möglich, dass er sich sehr stark mit Gewalt, Tod oder Vernichtung beschäftigt.
- Sie haben gehört, wie er eine momentane oder frühere Drogensucht gestanden hat.
- Sie haben Informationen über größere Beziehungsprobleme, mit denen er schlecht umgegangen ist.
- Er gesteht, dass er früher gewalttätig war oder dass er unter Anspannung Drogen nimmt oder Alkohol trinkt.
- Sie wissen, dass er mehrere Kinder von mehreren Partnerinnen hat, dass er nur unregelmäßig Kindesunterhalt zahlt und seine Kinder selten sieht; Sie ertappen sich dabei, wie Sie die Mütter seiner Kinder für diese Verhaltensweisen verantwortlich machen.

- Sie ertappen sich dabei, dass Sie ihn »fürs Erste« akzeptieren, obwohl Sie jede Menge Warnsignale bekommen haben, die Ihnen helfen würden, die Beziehung zu beenden, wenn Sie diese Signale beachten würden.
- Sie kommen mit Ausreden, warum Sie mit ihm zusammen sind.
- Sie entschuldigen seinen Charakter und bagatellisieren sein Verhalten.

Mythische Annahmen

Ich wünschte, ich könnte sagen, dass alle Frauen, die in diesem Buch auftauchen, aus ihren Erfahrungen mit gefährlichen Männern gelernt haben. Immerhin haben sie sich die Zeit genommen, Ihnen ihre Geschichten anzuvertrauen, was bedeutet, dass ihnen ihre Lebensqualität offenbar nicht egal ist. Aber leider haben einige von ihnen später weitere gefährliche Entscheidungen getroffen.

Die Fehler, die von Frauen begangen werden, die sich mit gefährlichen Männern einlassen, basieren auf Mythen. Diese Frauen wuchsen auf und glaubten die Falschinformationen, die ihre Familien ihnen vermittelten und die von diesen gelebt wurden. Oder sie entwickelten ihre eigenen mythischen Anschauungen über Beziehungen, indem sie wiederholt mit gefährlichen Männern zusammen waren. Jedes neue Verhältnis mit einem gefährlichen Mann lehrt Frauen Unwahrheiten, die sie als Teil dessen übernehmen, wie sie intern über Männer und Beziehungen denken. Wir haben diesen Aspekt dieses ganze Buch hindurch auf unterschiedliche Weise betrachtet. Wir haben ihn aus der Perspektive der Erziehung und Prägung in einer problematischen Familie, aus dem Blickwinkel unausgesprochener gesellschaftlicher Wahrheiten, aus Sicht von Geschlechterrollen und unter dem Gesichtspunkt kultureller Hintergründe betrachtet. Die nachfolgenden Ausführungen basieren auf meinen Gesprächen mit Frauen und stellen die von Frauen am häufigsten gehegten falschen Ansichten über gefährliche Männer dar:

Mythische Annahme 1: Gefährliche Männer müssen gefährliche Berufe haben – wie etwa Drogenhändler. Gefährliche Männer können unmöglich Feuerwehrleute, Sozialarbeiter, Lehrer oder Geistliche sein. FALSCH!

Mythische Annahme 2: Gefährliche Männer müssen aus abnormalen Familien stammen. Gefährliche Männer können unmöglich die einzige gefährliche Person in ihrer Familie sein. FALSCH!

Mythische Annahme 3: Gefährliche Männer sehen gefährlich aus. Gefährliche Männer können unmöglich adrett, gut aussehend, konservativ oder elegant sein. FALSCH!

Mythische Annahme 4: Ein gefährlicher Mann findet nur einmal Zugang zu meinem Leben. Ich war schon mit einem zusammen, mit noch einem werde ich wahrscheinlich keine Beziehung eingehen. Ich habe bestimmt gelernt. FALSCH!

Mythische Annahme 5: Gefährliche Männer werden kaum sehr viel Zeit darauf verwenden, mich kennenzulernen. Ich habe mit diesem Mann jetzt wochenlang telefoniert, ohne mich mit ihm zu verabreden. Er konnte unmöglich ein gefährlicher Mann sein. FALSCH!

Mythische Annahme 6: Gefährliche Männer gehen nicht in die Kirche, sie arbeiten weder ehrenamtlich noch spenden sie für wohltätige Zwecke. Der Mann, für den ich mich interessiere, ist ein Ältester in seiner Gemeinde, hilft seiner betagten Mutter und arbeitet ehrenamtlich im Krankenhaus. Er kann kein gefährlicher Mann sein, da er sich an solchen Aktivitäten beteiligt. FALSCH!

Mythische Annahme 7: Gefährliche Männer geben keine Informationen über sich preis. Der Mann, für den ich mich interessiere, hat mir alles über sich erzählt, also kann er unmöglich ein gefährlicher Mann sein. FALSCH!

Die vielen Geschichten von Katie

Katies Geschichte zeigt, wie mythische Annahmen in ständig wechselnden Beziehungen mit gefährlichen Männern überstrapaziert werden können. Ihre Erlebnisse sind uns leider vertraut, weil viele Frauen mit der Partnersuche nicht lange genug aufhören, um ihre eigenen Mythen zu hinterfragen. Sie glauben sie weiter, auch nachdem die Mythen sich als genau das erwiesen haben: als bloße Mythen.

Katie ist eine intelligente, attraktive leitende Angestellte in einer Bank, die so ungefähr mit jedem gefährlichen Männertyp zusammen war, der in diesem Buch beschrieben wird. Dies geschah in erster Linie, weil sie es versäumte, ihren früheren Auserwählten Informationen zu entlocken, weil sie es versäumte zu untersuchen, was mit *ihr* los war, das sie veranlasste, an ihren gefährlichen Verhaltensmustern festzuhalten, und weil sie es versäumte, ihr eigenes mythisches Glaubenssystem Männer und deren Charakter betreffend zu hinterfragen. Sie sagt:

»In erster Ehe war ich mit Tom verheiratet, einem Mann, den ich nicht mal mochte. Er war der erste Mann, der irgendwelche Anzeichen von Interesse an mir zeigte. Er war 21, und ich war 18, als wir heirateten. Ich kannte ihn kaum. Ich wusste, dass ich wahrscheinlich nicht mit jemandem zusammen sein sollte, den ich kaum kannte und den ich nicht mal mochte, aber ich hörte nicht, nicht mal auf mich selbst. Er hatte Mukoviszidose, die unheilbar war. Ich glaubte, ich könnte mich um ihn kümmern während der Jahre, die er noch hatte. Er schien

jemanden zu wollen, der ihm in seiner Krankheit beistehen würde.
Schon wenige Monate, nachdem ich ihn geheiratet hatte, wusste ich,
dass ich einen schrecklichen Fehler gemacht hatte. Eines Abends kam
ich nach Hause, und er lag ohnmächtig auf dem Fußboden. Als ich über
ihn stolperte, wachte er in einem Wutanfall auf, schlug mich, fluchte
und warf Möbelstücke nach mir. Ich zog in das Haus meiner Eltern und
reichte die Scheidung ein. Ich bemühte mich nicht um eine Therapie
wegen dieser katastrophalen Wahl – ich machte einfach weiter.
Meine zweite Beziehung, mit Robert, ergab sich recht zügig nach meiner
Scheidung von Tom. Wir waren etwa ein Jahr zusammen; dann sagte
er, er würde nach Miami ziehen, und wollte, dass ich mit ihm umzog.
Und ich ging gerne. Er fragte nicht, ob es das war, was ich wollte – es
würde nun mal so sein, ›wenn ich mit ihm zusammen sein wollte‹.
Er wollte, dass ich mir Pornos anschaute, was ich zunächst nicht wollte,
weil ich katholisch erzogen worden war. Er sagte, es sei nichts
Schlimmes dabei. Er verstand es, mich zu überreden, Dinge zu tun,
auch wenn ich nicht glaubte, dass ich sie tun sollte – als hätte er
irgendeine Macht über mich oder so was. Also fingen wir an, ein paar
Pornos zu gucken, obwohl es mir unangenehm war.
Sein Job würde ihn in Kürze woandershin führen, sodass ich ihm sagte,
entweder wir heirateten oder ich würde nicht mitkommen. Er war
einverstanden, und wir heirateten. Aber ich hatte das Gefühl, dass er
nie wirklich in der Ehe oder unserer Beziehung angekommen war. Nach
zwei Jahren zog er dann auch tatsächlich aus und wollte die Scheidung,
weil es eine andere Frau gab. Wie hätte ich irgendetwas ahnen sollen?
Ich ärgerte mich, dass ich bereit war, mir Pornos anzugucken, wegen
einem Mann, der sich umdrehen und mich verlassen würde.
Ich war verzweifelt, aber entschlossen, nicht lange alleine zu sein.
Noch im selben Jahr fing ich an, mit James auszugehen.. Ich war
noch nicht ganz geschieden, aber er tauchte auf, als ich ihn am
dringendsten brauchte. Er war geschieden, hatte zwei Kinder und
zahlte Kindesunterhalt, sodass er nie Geld, Lebensmittel oder gar ein
Auto hatte. Ich fing an, Lebensmittel für ihn zu kaufen. Ich schenkte
ihm mein Auto und kaufte mir selbst ein neues. Er war ein genesender
Alkoholiker und hatte starke körperliche Schmerzen, die Schmerzmittel
erforderten. Ich dachte, kein Problem, ich kann mich um ihn
kümmern. Während unserer 13 Ehejahre wechselte er von einem
Schmerzmittel zum nächsten. Außerdem war er unsicher, sodass ich
nie Freunde außerhalb der Beziehung hatte. Auch blieb ich vielen
Familienzusammenkünften fern. Er erzählte mir, dass er nie eine
enge Beziehung zu seiner Mama gehabt habe und dass er von einer
Pflegefamilie zur nächsten weitergereicht worden sei. In vielen Nächten

wollte er, dass ich ihm den Kopf streichelte und ihm sagte, dass alles gut
würde. Er hatte solch einen kindlichen, verängstigten Blick.

Er war auch nicht besonders alltagstüchtig, sodass ich die ganze
Kocherei, Putzerei, Einkauferei und das Bezahlen der Rechnungen
übernahm. Ich fühlte mich überfordert mit der Sorge für mich selbst
und für ihn, und als ich es ihm sagte, erwiderte er: ›Du bist nicht die
Frau, die ich geheiratet habe.‹ Also machten wir Schluss, wo ich doch
lediglich wollte, dass er lernte, für sich selbst zu sorgen. An diesem
Punkt ging ich dann doch zur Therapie, um zu versuchen, meinen
erfolglosen Beziehungen auf den Grund zu gehen.

Binnen eines Jahres lernte ich David kennen, der sich ›jeden Tag
scheiden lassen wollte‹, aber die Papiere noch nicht alle eingereicht
hatte. Er hatte einen kleinen Sohn, und er schien mich anwerben zu
wollen, damit ich für den Jungen ›Mutter‹ spielte. Während der
Monate, die wir zusammen waren, versprach er immer wieder, den
Papierkram für seine Scheidung einzureichen, aber es passierte nie
ganz. Er bat mich, ihm Geld für den Anwalt zu leihen, aber ich lehnte
ab. Da er einen kleinen Sohn hatte, verbrachte er häufig Zeit getrennt
von mir, um mit ihm zusammen zu sein – dachte ich jedenfalls. Aber
ich nehme an, es gab andere Frauen, weil ich mir Herpes von ihm
holte. Als ich ihn zur Rede stellte, verdrückte er sich. Ich fing an, zu
Zwölf-Schritte-Treffen zu gehen, um mich mit meinen eigenen
Verhaltensmustern auseinanderzusetzen, die mir nun klar waren.
Nachdem ich Herpes bekommen hatte, war ich mir sicher, dass ich es,
was diese Männer betraf, ›geschnallt‹ hatte.

Ich nahm eine mehrmonatige Auszeit von der Partnersuche, um die
Geschlechtskrankheit in den Griff zu bekommen, die ich mir zugezogen
hatte, und um mir die zwölf Schritte vorzunehmen, und dann lernte ich
Gary kennen, einen Nachbarn. Ich mochte sein Lächeln und seine
kontaktfreudige Art. Er brachte mich zum Lachen. Ich wusste, dass er
ein Verhältnis mit einer anderen Frau hatte, die in meiner Straße
wohnte. Als ich mich nach ihr erkundigte, sagte er, er trenne sich gerade
von ihr, müsse aber erst ein paar Probleme lösen. Trotzdem gab ich ihm
meine Telefonnummer. Ich wusste in dem Moment, als ich es tat, dass
ich es nicht hätte tun sollen. Ich bekam mein erstes Warnsignal, aber
statt ihm zu sagen, er solle nicht anrufen, oder meine Nummer zu
ändern, ignorierte ich, was ich wusste.

Er rief noch am selben Abend an und bat mich, ihn am Strand zu
treffen. Er fing sofort an, meine Brüste zu begrapschen und mich in den
Schritt zu fassen. Obwohl ich völlig verdattert war, machte er mir
Komplimente, wie sinnlich und ungehemmt ich sei. In den Ohren eines
katholischen Mädchens klang das gut. Er sagte all die richtigen Dinge.
Sobald mir unbehaglich wurde, sagte er jedes Mal irgendetwas, das

mich behutsam mit seiner Denkweise vertraut machte. Er hatte eine schwere Harley, und bei ihm fühlte ich mich unbändig und frei.
Er sagte, er müsse eine Weile inkognito ausgehen, bis er mit seiner Freundin richtig Schluss gemacht habe. Mein Instinkt fing an, mir ein paar Dinge zu sagen, und als ich Fragen stellte, lag ich richtig. Die Freundin hatte ein Drogen- und Alkoholproblem und war Stripperin. Trotzdem kam ich nicht auf den Gedanken, mich zu fragen, was er möglicherweise sein könnte! Er fuhr seine Freundin immer zur Arbeit und traf sich danach mit mir zum Sex. Dann fing er an, seltsame und bizarre Sexualpraktiken zu verlangen. Ich war nicht vertraut mit dem, was er verlangte, und die Vorstellung war mir unangenehm. Ich bekam große Warnsignale, dass er vielleicht ein Sexsüchtiger oder so was war. Und natürlich lag ich richtig – er fing an, mir per E-Mail Pornografie zu schicken. Ich bat ihn aufzuhören, aber er machte weiter. Mir war zumute, als würde er mich übers Internet belästigen.
Als ich sagte, ich wolle die Sache beenden, war er wütend, und ich hatte Angst vor ihm. Ich hatte immer das Gefühl, dass am Rande seiner Wildheit jede Menge unbeherrschte Wut lauerte – als könnte er leicht ausrasten. Zwei Wochen später rief er an und bat mich, ihn zu treffen, damit wir reden könnten. In Wirklichkeit wollte er nur Sex; er war noch immer mit seiner Freundin zusammen. Aber trotzdem ging ich darauf ein. Heute höre ich nicht mal mehr von ihm.
Ich frage mich, warum ich mich wohl überhaupt in so eine ungesunde Beziehung hineinziehen ließ. Aber wenn ich meine Vergangenheit und meine Ehen genauer betrachte, dann sehe ich bloß eine schlechte Beziehung nach der anderen. Ich bin leitende Angestellte in einer Bank! Ich bin Akademikerin! Warum suche ich mir ausgerechnet solche Männer aus, und wieso erkenne ich es nicht, wenn ich in einer dieser Beziehungen stecke? Warum ignoriere ich, was ich fühle und spüre? Himmelherrgott, ich bin 45 Jahre alt. So was sollte mir nicht passieren.«

Katie begann zu einer Zwölf-Schritte-Gruppe für Sex- und Liebessüchtige zu gehen. Sie erkannte, dass ihre Beziehungsprobleme nicht bloß »Probleme« waren, sondern lebensbedrohliche Abhängigkeiten, die sie dauerhaft schädigen konnten. Eine Geschlechtskrankheit hatte sie sich schon zugezogen, und sie war mit emotional nicht verfügbaren Männern, Kletten, ewigen Kindern, einem Räuber, einem Mann mit einem heimlichen Leben, Süchtigen, einem Mann, der gewalttätig war, und einigen, die dem nahekamen, zusammen gewesen. Ihr Leben war eindeutig außer Kontrolle.

Katie war überzeugt von den zwölf Schritten. Sie ging zu mehreren Treffen wöchentlich und verbrachte ein paar Monate »beziehungsfrei«. Sie dachte, sie sei auf dem besten Wege, sich von den Beziehungen zu erholen – genug jedenfalls, um gegen ihren Erholungsplan zu verstoßen und eine Beziehung mit Bill anzufangen.

Diese war aus sehr vielen Gründen anders, laut Katie. Sie hatte ein bisschen Therapie hinter sich und besaß jetzt auch noch ein bisschen Zwölf-Schritte-Erfahrung. Sie dachte, ihre »Augen seien offen«. Das Maß an Kummer, das sie im Laufe der Jahre hatte hinnehmen müssen, war sicher ein guter Lehrmeister gewesen. Sie dachte, die Tatsache, dass sie so schlimm verletzt worden war, sei das beste Anzeichen dafür, dass ihre Partnerauswahl von nun an besser wäre. Und nicht nur sie war anders, sondern auch er war anders. Zu ihrem ersten Rendezvous gehörten ein Abstecher in die Kirche und ein Frühstück! Was für ein Wandel – von Gary und der Pornografie zu Bill und der Kirche. Sie freute sich, dass alles so anders sein konnte.

In null Komma nichts nahm Katie nicht mehr an den Zwölf-Schritte-Treffen teil. Bill war nun der Mittelpunkt ihres Lebens. Ihre alten Verhaltensmuster kamen allmählich wieder durch. Warnsignale zeigten sich, und Katie zog es vor, sie zu ignorieren, wie sie es früher getan hatte. Ihre Selbsthilfegruppe war nur noch eine Erinnerung.

Als Bills Geschichten keinen Sinn ergaben und Katie sich schließlich gestattete, auf die Warnsignale zu reagieren, die sie bedrängten, versuchte sie mit Bill Schluss zu machen. Aber er rief andauernd an und flehte um eine zweite Chance. Er fuhr immer wieder zu ihrem Haus, obwohl sie ihn wiederholt weggeschickt hatte. Er rief ihre Nachbarn an und erkundigte sich nach ihr, kreuzte an Orten auf, wo sie, wie er gehört hatte, sein würde, schrieb ihr E-Mails, als sie ihn bat, es nicht zu tun, und schickte ihr Briefe. Katie wurde verfolgt und belästigt. Sie erwirkte eine einstweilige Verfügung gegen ihn. Um ihre Beziehung mit diesem *sechsten* gefährlichen Mann zu beenden, war es erforderlich, sich Polizeischutz zu verschaffen. Momentan erholt Katie sich wieder einmal in einem Zwölf-Schritte-Programm.

Mythische Schlussfolgerungen

Katie ist ein Beispiel für eine Frau, die ihre Warnsignale ebenso ignorierte wie alles, was ihre früheren Beziehungen, die immerhin mit 18 Jahren anfingen, sie hätten lehren können. Weil sie ihre Warnsignale nicht beachtete, landete sie in Beziehungen, die mit jedem neuen Mann immer gefährlicher wurden. Katie braucht psychologische Betreuung, die ihr helfen wird, ihre Verhaltensmuster, ihre Männerauswahl, ihre mythischen Annahmen und ihre »Aus-Liebe-tue-ich-alles«-Herangehensweise an Männer zu überprüfen.

Katies Geschichte zeigt, dass sie *jede einzelne* der auf den Seiten 202 und 203 aufgeführten mythischen Annahmen teilte:

- Sie war naiv zu meinen, dass ein Mann, um gefährlich zu sein, einen gefährlichen Beruf haben, aus einer offensichtlich gestörten Familie stammen oder gefährlich aussehen müsste (Annahmen 1, 2 und 3).

- Sie hörte auf, nach Gefährlichkeit Ausschau zu halten, nachdem sie sie in den ersten paar Männern erkannt hatte, weil sie glaubte, sie würde ihr nicht wieder begegnen, da sie bereits in gefährliche Beziehungen verwickelt gewesen war (Annahme 4).

- Wenigstens ein Mann stahl sich unter ihrem Radar hindurch, indem er sie bei ihrer ersten Verabredung mit in die Kirche nahm (Annahme 6).

- Andere redeten wie ein Buch und gaben jede Menge Informationen über sich preis, was sie glauben machte, sie wären ehrlich in Bezug auf ihre Vergangenheit (Annahmen 5 und 7).

Darüber hinaus scheint Katie zu glauben, es sei besser, mit jemandem zusammen zu sein, der krank ist, als alleine, aber seelisch gesund zu sein. Sie braucht Hilfe bei der Beantwortung der Frage, warum sie ihr schreiendes Unterbewusstsein ignoriert, während sie zu erreichen versucht, dass *diesmal*, in *dieser* Beziehung, mit *diesem* gefährlichen Mann alles funktioniert. Noch hat sie sich nicht der Mühe unterzogen, die Männertypen, mit denen sie zusammen war, oder ihre Verhaltensweisen genau zu untersuchen. Sich aus gefährlichen Beziehungen herauszuhalten und zu lernen, anders zu wählen, wird erfordern, dass sie ihre Beziehungen auflistet, genau beschreibt und kategorisiert und anschließend ihre eigene »In-diesen-Fällen-verbietet-sich-eine-Beziehung«-Liste erstellt.

Katie hat nicht bemerkt, dass sie zulässt, wie ihr ganzes Leben sich jedes Mal ändert, wenn sie sich auf eine neue Beziehung einlässt. Die gesünderen Bereiche ihres Lebens werden aufgegeben. Freunde sind weg, Zwölf-Schritte-Treffen werden nicht fortgeführt, die Kirchengemeinde wird geschwänzt, und jede andere vernünftige Methode, für sich zu sorgen und ihr Leben im Gleichgewicht zu halten, wird auf Eis gelegt, wenn ein neuer gefährlicher Mann in ihr Leben tritt. Sie unterbindet jede Gelegenheit für vernünftigen Input, der ihr Denken beeinflussen könnte. Das an sich sollte schon ein Warnsignal für Katie sein. Sobald eine weitere Beziehung total danebengeht, beginnt sie nach Antworten zu suchen, die sie in einem zweimonatigen Zölibat und durch die Teilnahme an Zwölf-Schritte-Treffen zu finden meint, während sie es auf die harte Art durchzieht, sich von Männern fernzuhalten. Zwölf-Schritte-Programme sind ein wunderbarer Teil eines Genesungsplans, solange Sie sich zugleich die Wahrheit über Ihre Verhaltensweisen und Verhaltensmuster sagen. Anzunehmen, dass eine zweimonatige Teilnahme an solchen Treffen Ihr Leben verändern kann, bedeutet, dass Sie sich nicht selbst die Wahrheit sagen.

Bislang hat Katies kurze Zeit in Zwölf-Schritte-Gruppen nicht angeschlagen. Aber das ist für Frauen nicht ungewöhnlich. Viele gehen in der Zeit *zwischen* Beziehungen zur Therapie, zur Gruppentherapie oder zu Zwölf-Schritte-Treffen, hören aber damit auf, sobald sie ein Verhältnis mit jemand Neuem anfangen. Vielleicht haben sie Angst, dass sie, wenn sie selber weiterhin an vernünftigen Interventionen teilnehmen, schon früh Aspekte der Beziehung »sehen« könnten, die sie nicht sehen wollen. Wenn sie weder in Therapie sind noch zu Treffen gehen, ist es leicht zu sagen, sie seien rückfällig geworden, weil sie »aufgehört haben, zu Treffen zu gehen«. Im Zwölf-Schritte-Jargon spricht man vom »Sich-selber-Reinlegen«. Sie legen sich selber rein, wenn Sie weitere Unterstützung ablehnen und die nächste schlechte Partnerwahl dann einem »Rückfall« zuschreiben, während es in Wirklichkeit so war, dass Sie auf irgendeiner Ebene *eine Entscheidung trafen*, von Ihrem Weg der Genesung abzuweichen und sich in eine gefährliche Beziehung zu verirren.

Die Geschichte von Katies 27-jähriger Partnersuche hat sie weit mehr gelehrt, als die gerade mal zwei Monate, in denen sie zu Treffen ging, ungeschehen machen können. Sie hat noch keinen wahren Respekt davor entwickelt, wie tiefgreifend sie durch ihre Partnersuche geprägt worden ist und wie viel nötig sein wird, diese Prägung ungeschehen zu machen. Sollte Katie sich entschließen, ständig in Therapie zu bleiben und zu Treffen zu gehen, kann ihr Leben anders und gesünder sein.

Katies Beziehungen werden sich ändern, wenn sie einsieht, dass *sie* es ist, die sich ändern muss. Unsere äußeren Lebensumstände ändern sich, wenn unser inneres Verhältnis zu diesen Umständen sich ändert. Wenn wir Klugheit und Einsicht gewinnen, die unseren Charakter motivieren, sich zu entwickeln, verändert sich unsere Außenwelt im Verhältnis zu unserer neuen inneren Verfassung. Wenn wir wieder Mut fassen, jene Bereiche unseres Lebens in Frage zu stellen, die nicht funktionieren, können wir für uns selbst neue Realitäten schaffen. Thoreau sagte: »Nicht die Dinge ändern sich, wir ändern uns.« Über diese Weisheit nachzudenken kann uns helfen zu verstehen, dass unsere gescheiterten Beziehungen und gefährlichen Entscheidungen Spiegel sind, die unsere charakterlichen Defizite widerspiegeln. Als solche können sie ein Zeichen setzen und den Weg zur Lösung erhellen.

Ableugnen, bagatellisieren, vernünftig erklären, lieber nicht sehen wollen oder wozu wir sonst noch greifen, um anderen die Schuld zu geben und uns nicht weiterentwickeln zu müssen, hilft uns niemals, Sicherheit zu gewinnen oder zu lernen. Einzig durch Ehrlichkeit uns selbst gegenüber, durch kritische Beurteilung, durch Verantwortlichkeit und indem wir auf negative Verhaltensmuster reagieren, können wir hoffen, unser Leben zu verändern.

KAPITEL 13: **NEUES LEBEN, NEUE ENTSCHEIDUNGEN BEI DER PARTNERWAHL**

Kehren wir zu den Geschichten von zwei Frauen zurück, die Sie auf den vorhergehenden Seiten bereits kennengelernt haben.

Sierras Erfolgsgeschichte

Sierra aus Kapitel 7 sagt, ihr Leben sei heute anders. Obwohl Chase eine Zeit im Gefängnis saß und jetzt draußen ist und in derselben Stadt lebt wie sie, meint Sierra, ihr Leben sei heute unermesslich normaler und vernünftiger.

»Ich habe ihn in der Stadt gesehen, und mir war vollkommen klar, dass ich Grenzen setzen und mich weigern musste, diese Tür dadurch zu öffnen, dass ich mich mit ihm unterhalte, was er als Einladung deuten könnte. Vor allem wenn man bedenkt, wie er tickt! Ich wechselte meine Telefonnummern, als ich erfuhr, dass er draußen war. Meinen Kindern schärfte ich ein, was sie sagen sollten, falls er sich jemals an sie ranmachen würde. Wir entwickelten einen familiären Sicherheitsplan, was zu tun wäre, sollte er jemals anrufen, vorbeikommen oder uns zufällig über den Weg laufen.

Wichtiger aber ist, dass ich eine Bestandsaufnahme meines Lebens und meiner Partnerwahlmuster gemacht habe. Ich bin momentan nicht in der Lage, einen Freund zu haben. Das habe ich meinen engsten Freunden gesagt, damit sie mir helfen können, im Augenblick diesem Entschluss treu zu bleiben. Sie sind meine ›Aufpasser‹, bis ich aufgearbeitet habe, wie und warum das in meinem Leben passiert ist. Ich glaube nicht, dass es hier um eine sechsmonatige emotionale Überprüfung und Pause bei der Partnersuche geht. Ich war in zwei gefährlichen Beziehungen. Ich glaube wohl, dass ich mehr als ein paar Monate investieren muss, um mein Leben und meine Zukunft zu verändern!

Ich finde gerade Möglichkeiten für ein erfülltes Leben ohne einen Mann. Wenn ich zu meiner Erfüllung einen Mann brauche, dann lege ich mich selber rein, um einfach irgendjemanden diesen Bedarf abdecken zu lassen. Ich muss ein Leben haben, mit dem ich glücklich bin, auch wenn kein außerordentliches männliches Wesen in dieses Leben tritt. Ich habe jetzt mehr Freundschaften und ich habe meine Aktivitäten vermehrt. Außerdem verbringe ich sehr viel Zeit mit meinen Kindern. Sie brauchen es weiß Gott, bei dem, was sie durchgemacht haben!

Vor allem aber bin ich mir jetzt meiner Warnsignale bewusst, wenn ich mit Leuten rede – egal mit wem. Ich übe einfach, sie zu nutzen und wieder darauf zu achten, was ich spüre und fühle. Ich ›belausche‹ auch gewissermaßen meine Gedanken, wenn ich mit einem Mann rede. Ich will sehen, wie es mir geht. Manchmal erwische ich mich dabei, wie ich wichtige Hinweise über ihn unter den Teppich kehre. Wenn ich Dinge unter den Teppich kehre, dann bagatellisiere ich etwas oder ziehe vor, es zu ignorieren, damit ich später sagen kann: ›Das wusste ich nicht. Tja, jetzt sind wir schon zusammen.‹ Genau deshalb habe ich noch keinen Freund. Ich kann sehen, dass ich manche Dinge noch immer unter den Teppich kehre, und das wird mich nicht absichern.

Ich muss das Kind konsequent beim Namen nennen und eine psychische Krankheit nicht einfach nur eine Unzulänglichkeit nennen. Eine Störung eine ›Unzulänglichkeit‹ zu nennen suggeriert, dass ich das Problem bei der Person einfach akzeptieren sollte, da wir alle nicht perfekt sind, so wie er oder sie akzeptieren sollte, was auch immer an mir nicht perfekt ist. Ich kann Probleme bei Leuten akzeptieren, mit denen ich keine intime Beziehung habe, aber in meinem Beziehungsleben will ich mich nicht mit einem Mann zufriedengeben, der vor psychischen Erkrankungen strotzt. Eine solche Krankheit ist traurig, aber ein Mann mit einer psychischen Krankheit ist weder für mein Leben noch für das Leben meiner Kinder das Richtige. Heute weiß ich, dass eine psychische Krankheit zu akzeptieren so viel heißt wie, das Ende einer Beziehung zu akzeptieren; wie kann es irgendetwas anderes heißen? Das hat Chase mir auf jeden Fall beigebracht.

Was mich betrifft, so gehört zu meiner geistigen Gesundheit im Augenblick, mich nicht wieder nach draußen zu begeben und mich auch nicht gedrängt zu fühlen, mir wieder einen Freund zu suchen. Ich habe nicht das Gefühl, dass ich ausweiche. Ich habe das Gefühl, dass ich gesund werde.«

Sierra hat sich einen großartigen Freiraum geschaffen. Sie hat sich eine gewisse Heilungsdauer zugebilligt, ohne dem gesellschaftsbedingtem Druck zu erliegen, mit Männern ausgehen zu müssen oder eine Beziehung haben zu müssen. Sie hat sich an die erste Stelle gesetzt und konzentriert sich momentan auf ihren Erholungsprozess, auf die Veränderungen, die sie in ihrem Denken herbeiführen muss, darauf, sicherzustellen, dass sie konsequent auf ihre Warnsignale reagiert, und auf die Untersuchung der Frage, wie es zu den früheren Beziehungsproblemen in ihrem Leben kommen konnte.

Viele Frauen könnten davon profitieren, wenn sie eine »Auszeit« von der Partnersuche nehmen würden. Leider gönnen sich nur wenige Frauen einen solchen Urlaub von der Partnersuche – aus Angst, allein zu sein. Es sollte ein Warnsignal für Frauen sein, wenn sie so empfinden. Immer wieder fragen Frauen mich, »wie lange« sie sich von der Partnersuche frei nehmen sollen, bevor sie »wieder anfangen« können. Es ist, als würden sie es auf die harte Art durchziehen und mit den Hufen scharren. Sie wollen wissen, wie man »den Prozess beschleunigen« kann. Können sie mehr Bücher lesen, zu Treffen oder zur Therapie gehen – irgendetwas tun, um sich darauf vorzubereiten, wieder nach da draußen zu kommen? Die Antworten auf diese Fragen fallen für jede Frau anders aus. Es reicht wohl, wenn ich sage, dass nach meiner Erfahrung die meisten Frauen sich lächerlich kurze Zeiten für eine Pause von der Partnersuche gönnen, vor allem wenn man bedenkt, wie viele Jahre sie im Gegensatz dazu mit gefährlichen Männern verbracht haben. 27 Jahre schlechter Beziehungen, wie in Katies Fall, können weder in sechs Monaten Zölibat ungeschehen gemacht werden noch lassen sich in dieser Zeitspanne neue Lektionen lernen. Einsicht wird niemals durch eine Taktik der Erholung auf die Schnelle erreicht.

Jennas Erfolgsgeschichte

Jenna aus Kapitel 10 hat ebenfalls ein paar Dinge gelernt:
»Als ich Cory kennenlernte, war ich noch jung. Ich war gerade mal auf dem College, und ich war wirklich nicht besonders beziehungsfähig. Ich klopfe mir selbst auf die Schulter dafür, dass ich so zeitig ausgestiegen bin, wie ich es tat, wenn man bedenkt, wie jung und naiv ich war. Die nächsten paar Jahre verbrachte ich, ohne groß auf Partnersuche zu gehen. Ich wusste, ich sollte abwarten, bis meine Erfahrung mit Cory sich gesetzt hatte, wenn ich jemals eine erfolgreiche Beziehung haben wollte. (Ich weiß nicht, wie ich so jung so schlau wurde.) Also ging ich nur in Gruppen aus. Typen erzählte ich bei der ersten Verabredung, dass ich keine ernsten Absichten hätte. Und ich hielt daran fest. Dann beobachtete ich mich dabei, wie ich mit Männern umging. Ich hörte zu, gleichsam als würde ich jemandem zuhören, der am Nachbartisch saß. Ich kritisierte mich und stellte fest, was ich tat und was ich nicht tat. Ich achtete vor allem auf die Art von Dingen, die ich von dem Räuber gelernt hatte – oberflächlicher Charme, oberflächliche Redegewandtheit, ein Talent dafür, stets die Person zu werden, die ich gerade war. Ich wurde ziemlich gut darin, diese Sorte Kerle zu

erkennen, aber ich wusste, es war nicht die einzige Sorte da draußen. Ich weiß nicht, wie ich erklären soll, wie ich das alles wieder in die Spur kriegte. Bewusstsein, nehme ich an. Und weil ich meinen männlichen und weiblichen Freunden die Erlaubnis gab, mir in den Hintern zu treten, wenn sie sahen, dass ich eine schlechte Wahl traf oder schlechtes Benehmen von Männern zuließ.

Heute bin ich zehn Jahre älter und in einer großartigen Beziehung. Ich bin Kolumnenschreiberin, und wir haben ein schönes, gesundes Leben zusammen. Er ist einfühlsam, offen und freundlich … aber er musste abwarten bei mir. Ich wollte mich nicht wieder für irgendjemanden in irgendetwas stürzen. Und ich dachte mir, wenn ihm die ganze Warterei nicht gefiel – nun gut, das würde einfach im Voraus etwas sagen, das ich wissen musste, und er wäre wahrscheinlich nichts für mich.

Heute kommen Frauen zu mir wegen ihrer Entscheidungen für gefährliche Männer. Ich erzähle ihnen immer die Geschichte von dem Räuber und wie ich mich schon früh entschloss, aus dieser Erfahrung zu lernen. Hätte ich lediglich ihm die Schuld daran gegeben, dass er krank war und dass er in meinem Leben war, hätte ich die ganze Lektion für mich verpasst, die mich schließlich dahin brachte, dass ich mir einen gesunden Mann aussuchen konnte. Es war nicht nur seine Schuld. Unser Zusammensein war einvernehmlich. Ich beschloss, dass ich aus dieser Erfahrung jedes nur mögliche Häppchen Wissen ziehen würde, denn ich wollte nicht mein ganzes Leben damit verbringen, immer wieder das Gleiche zu tun. Bei mir hat es funktioniert!«

Jennas Erfolg ist wie ein frischer Lufthauch. Sie stürzte nicht hinaus und versuchte ihre Verletzungen aus ihrem Verhältnis mit einem gefährlichen Mann zu kurieren, indem sie sich den nächsten suchte. Sie machte eine lange Verschnaufpause. Sie gab nicht ihm die Schuld. Sie sah sich die Erfahrung daraufhin an, was sie daraus lernen konnte, damit sie die klugen Ratschläge herausziehen und beim nächsten Mal klüger wählen konnte. Als sie schließlich wieder mit Männern ausging, ließ sie es langsam angehen und befand, wenn das einem Typen nicht gefiel, wäre auch dies eine Information über die Beziehung, der sie Beachtung schenken sollte. Sie lernte aus allem etwas. Was ihre Entscheidungen betraf, blieb sie aufgeschlossen und nicht defensiv. Sie brachte sich in eine Lage, um von allen und aus allem zu lernen.

Heute ist Jenna eine dynamische und ausgeglichene junge Frau mit einer erstaunlichen Karriere. Und, wie sie sagte, sie ist ein sehr glücklicher Mensch.

Ihre Erfolgsgeschichte

Was werden Sie in dem Buch Ihres Lebens schreiben? Werden Sie erzählen, dass Sie sich mit schöner Regelmäßigkeit für gefährliche Männer entschieden und Jahre in potenziell schädlichen und kranken Beziehungen verbracht haben? Oder werden Sie es vorziehen, sich von Ihren Erfahrungen jene Lektionen erteilen zu lassen, die Ihnen Einsicht, Klugheit und Gelassenheit vermitteln – Eigenschaften, die am Ende vielleicht zu einer gesunden Beziehung führen, die ein Leben lang halten könnte?

Nur Sie können Raum in Ihrem Leben freimachen, um Platz zu schaffen für den Heilungsprozess. Nur Sie können sich die Zeit und Geduld gönnen, die es Ihnen ermöglichen, aus zerstörerischen Verhaltensmustern bei Ihrer Männerauswahl und bei Ihrer Reaktion auf Männer zu lernen und diese Verhaltensmuster zu ändern. Sie sind jedes bisschen positive Energie wert, die Sie in eine gesunde Seinsweise investieren. Heute ist der erste Tag neuer Entscheidungen für Ihr Leben. Wie wird Ihre Geschichte lauten?

Schlussendlich

Glücksgarantien gibt es in keiner Beziehung. Trotzdem hegt jedermann die Hoffnung, dass seine oder ihre intime Beziehung ein gewisses Maß an Zufriedenheit und Glück bereithalten wird. Warum sonst sollte jemand eine Beziehung anstreben?

Mit gefährlichen oder kranken Männern zusammen zu sein oder sie zu heiraten ist eine Garantie für Kummer und Trübsal. Es heißt auf eine Zukunft bauen, die sich in Dysfunktion, Traurigkeit und Leid bezahlt macht. Es ist eine Garantie der schlimmsten Art.

Beim nächsten Date wird alles anders ist Ihr »Gefängnis-Entlassungsschein«. Nutzen Sie das Buch als Hilfe, um den Weg aus dem Gefängnis Ihrer früheren Verhaltensmuster hin zu einer gesünderen Art der Partnerwahl zu beschreiten. Wie ich erklärt habe, bin ich aufgrund meiner 15-jährigen praktischen Tätigkeit auf dem Gebiet der psychischen Gesundheit überzeugt davon, dass Frauen sich deshalb mit gefährlichen und pathologischen Männern abgeben, weil ihnen die Informationen fehlen, um zu wissen, wie sie solche Beziehungen vermeiden können. Jetzt haben Sie diese Informationen.

Frauen, die von mir erfolgreich behandelt wurden, haben gelernt, gefährliche Männer zu entdecken; faktisch bedeutet dies, sie haben gelernt, sich aus gefährlichen Beziehungen herauszuhalten. Das können Sie auch. Sie sind bereits auf dem Weg, besser informierte Entscheidungen zu treffen und neuen Respekt vor Ihrem inneren Warnsystem zu haben. Sie sind sich im Klaren über die Symptome schädlicher und krankhafter Verhaltensweisen; Sie haben angefangen, einen prüfenden Blick auf Ihre eigenen Verhaltensweisen zu werfen, durch die Sie sich selbst sabotieren. Sie sind mit einer Liste von Anzeichen für eine schlechte Partnerwahl ausgerüstet. Nach der Lektüre dieses Buches werden Sie instinktiv wissen, ob Sie sich um weitergehende professionelle Hilfe bemühen sollten, entweder in Form einer Therapie, die Ihnen hilft, Ihre Verhaltensmuster zu prüfen, oder in Form von Rechtsbeistand oder anderweitiger Unterstützung, falls Sie gerade eine gefährliche Beziehung beenden.

Sie verfügen jetzt über Kenntnisse, die Ihnen fehlten, als Sie mit der Lektüre dieses Buches anfingen. Sie können Ihre Zukunft in jene glücklichen und gesunden Bahnen lenken, von denen Sie immer geträumt haben. Viel Glück.

ANHANG: **BESCHREIBUNGEN PSYCHISCHER STÖRUNGEN* UND ALLGEMEINE HINWEISE**

Unten finden Sie kurze Beschreibungen einiger der in diesem Buch, insbesondere in den Kapiteln 1 und 7, erörterten psychischen Störungen. Beachten Sie, dass damit nicht alle Kategorien von Störungen abgedeckt sind, die sich in einer Beziehung als gefährlich erweisen könnten. Suchen Sie einen Psychiater oder einen Psychotherapeuten auf, wenn Sie wegen Charaktereigenschaften bei einer anderen Person oder bei sich selbst beunruhigt sind.

Verhaltensstörung Im Kindesalter

Charakterisiert durch Verhaltensweisen, welche die Rechte anderer ignorieren oder missachten und welche die Gesellschaft als »falsch« begreifen würde; dazu gehören zur Schau gestellte Feindseligkeit durch die verbale oder körperliche Bedrohung anderer; das Anrichten von Sachschäden; Unehrlichkeit; Diebstahl unwichtiger, unnötiger Sachen; der wiederholte Verstoß gegen Regeln, wie von den Eltern festgesetzte Zeiten, wann Kinder abends zuhause oder im Bett sein sollen, und die Teilnahme am Unterricht.

Bei Menschen, bei denen als Kind eine Verhaltensstörung festgestellt wurde, wird später oft eine dissoziale Persönlichkeitsstörung diagnostiziert, die im pathologischen Kontinuum die schwerwiegendste Diagnose darstellt.

---

* Zu weiteren Informationen über die hier beschriebenen Diagnosen vergleiche *Diagnostic and Statistical Manual of Mental Disorders (DSM-5)*, Washington, D.C., American Psychiatric Association, 2013.

Affektive Störungen

SCHWERE DEPRESSIVE STÖRUNG, REZIDIVIEREND

Eine Person gilt als klinisch depressiv, wenn sie mindestens zwei aufeinander folgende Wochen lang auffallend deprimiert und desinteressiert an den meisten ihrer normalen Alltagsroutinen und äußeren Interessen ist. Der Zustand gilt als »rezidivierend«, wenn die Symptome für zwei Monate verschwinden und dann wiederkehren.

Zu den weiteren infrage kommenden Symptomen gehören: Probleme zu schlafen; Gewichtszunahme oder -verlust; Unruhe; verminderte Energie; unnötiges Schuldgefühl; Gefühle von Wertlosigkeit; Schwierigkeiten, Entscheidungen zu fällen und sich zu konzentrieren; und/oder Selbstmordgedanken oder -fantasien.

BIPOLARE STÖRUNG

Umfasst »manische« Zyklen oder »gemischte« Zyklen. Während einer »manischen« Episode wirkt die Person entweder ungewöhnlich euphorisch, glücklich, ausgelassen oder ungewöhnlich gereizt. Sie schläft vielleicht weniger als gewöhnlich und redet mehr als gewöhnlich; ist vielleicht ungewöhnlich großspurig; »irrlichtert« vielleicht rasch von einem Gedanken zum nächsten; bleibt vielleicht außerordentlich geschäftig; trifft vielleicht schlechte Entscheidungen, wie trinken und Auto fahren, Affären haben, zu viel Geld ausgeben oder Jobs oder Verantwortlichkeiten aufgeben. Während einer »gemischten« Episode wechselt der Patient/die Patientin rasch zwischen manischem und depressivem Verhalten (oben beschrieben).

ZWANGSSTÖRUNG (OCD; OBSESSIVE-COMPULSIVE DISORDER)

Die Person mit einer Zwangsstörung kämpft mit immer wiederkehrenden Gedanken (Obsessionen) und/oder sich wiederholenden Handlungen (Zwänge). Diese Gedanken und Handlungen beanspruchen gewöhnlich einen Großteil des Tages der Person, was sie im Alltagsleben ziemlich ineffektiv macht.

Die obsessiven Gedanken einer Person mit OCD ergeben keinen Sinn, bezogen auf das, was die Person erlebt. Sie weiß normalerweise, dass die Gedanken unsinnig sind, hat aber keinerlei Kontrolle über sie. Die Person versucht vielleicht, die Gedanken zu ignorieren, in der Hoffnung, sie zu stoppen, es gelingt ihr aber nie.

Zu sich wiederholenden Handlungen können Dinge gehören wie Händewaschen oder Nachsehen, um festzustellen, ob er oder sie den Küchenherd ausgeschaltet oder mit seinem oder ihrem Auto jemanden überfahren hat. Zwanghafte Handlungen sind, ebenso wie obsessive Gedanken, unsinnig; die Person versucht den Wunsch zu unterdrücken, die Handlung auszuführen, der Versuch, ihn zu unterdrücken, steigert nur ihre Angst.

POSTTRAUMATISCHE BELASTUNGSSTÖRUNG (PTBS)

PTBS tritt nach einem auf dramatische Weise belastenden Ereignis (oft als »Trauma« bezeichnet) auf. Weithin bekannt, nachdem sie bei vielen Vietnam-Veteranen diagnostiziert wurde, ist PTBS heute als ein Leiden anerkannt, das nach allen möglichen seelisch traumatischen Ereignissen auftritt, wie etwa Vergewaltigung, den Anblick der Ermordung eines Menschen oder dem Miterleben einer Katastrophe, beispielsweise der Anschläge auf das World Trade Center. Zu den Symptomen gehören das Wiedererleben des traumatischen Ereignisses, die Unfähigkeit, zwischen einem Wiedererleben und dem tatsächlichen Ereignis zu unterscheiden, sowie Furcht und Sorge, ausgelöst durch etwas, das die Person an das Ereignis erinnert. Der oder die unter PTBS Leidende reagiert auf Symptome mit Versuchen, mit dem Ereignis in Zusammenhang stehende Orte, Gedanken und Empfindungen zu meiden. Oftmals ist die Erinnerung des/der Betreffenden an das Ereignis lückenhaft und sein/ihr Schlaf ist gestört. Seine oder ihre seelische Verfassung wirkt matt und gedrückt, die Person erscheint als gleichgültig und unempfänglich oder als aufgewühlt, sprunghaft und unruhig. Der oder die Leidende glaubt oft, er oder sie werde vorzeitig sterben.

Persönlichkeitsstörungen

PARANOIDE PERSÖNLICHKEITSSTÖRUNG

Personen mit dieser Störung hegen ein tiefes Misstrauen gegen andere. Sie misstrauen der grundlegenden Motivation anderer ihnen gegenüber und glauben, dass andere ihnen auf irgendeine Weise schaden wollen, obwohl es oft keinerlei Anhaltspunkte gibt, die diese Ansicht stützen.

Menschen mit paranoider Persönlichkeitsstörung rechtfertigen ihr Misstrauen, indem sie in die beiläufigen Äußerungen von Leuten mehr hineininterpretieren, als gemeint war. Sie sträuben sich dagegen, viel von sich preiszugeben, aus Angst, dass andere ihnen mit ihren eigenen Worten schaden werden. Enge Beziehungen empfinden sie als mühselig, weil sie ihre Partner/innen ständig der Untreue bezichtigen, oft ohne Beweis.

DISSOZIALE PERSÖNLICHKEITSSTÖRUNG

Das Hauptsymptom ist eine chronische Respektlosigkeit gegenüber den Rechten anderer oder den Regeln der Gesellschaft. Das Verhaltensmuster beginnt gewöhnlich in Kindheit oder früher Jugend als Symptome der Verhaltensstörung (siehe Seite 217.). Im Erwachsenenalter haben Dissoziale permanent Verhaltensprobleme, die aus ihrer Respektlosigkeit gegenüber den Regeln und Gesetzen der Gesellschaft erwachsen. Dissoziale sind pathologische Lügner und Schwindler. Sie belügen und manipulieren selbst ihre engsten Angehörigen. Sie sind impulsiv und reagieren reflexhaft, ohne groß nachzudenken oder zu planen. Ihr Verhalten führt zu Unbeständigkeit in den meisten Bereichen ihres Lebens, einschließlich Kindererziehung, Arbeit und des rechtzeitigen Bezahlens von Rechnungen. Ihre Konfliktlösungsfähigkeit beschränkt sich gewöhnlich auf Aggression, ein Verhaltensmuster, das oft in wiederholte Anklagen wegen Körperverletzung mündet. Was Sicherheit anbelangt, genießen sie es, bis zum Äußersten zu gehen, weshalb sie oft ein impulsives oder waghalsiges Verhalten an den Tag legen, wie etwa Rasen oder rücksichtsloses Fahren. Dissoziale sind nur sehr eingeschränkt fähig, ein Gewissen oder Reue für Dinge zu zeigen, die sie getan haben.

BORDERLINE-PERSÖNLICHKEITSSTÖRUNG

Borderliner sind bekannt für ihre nicht enden wollenden Beziehungsprobleme, für ihre Unfähigkeit, ihre Impulse zu steuern, und für ihre sich rapide verändernde Selbstwahrnehmung.

Borderliner haben Angst, allein zu sein, und können Vorstellungen heraufbeschwören, dass sie von Menschen verlassen werden, noch bevor es zu einer Trennung gekommen ist. Ihre Beziehungen sind wechselvoll. Eine Person in einer Beziehung mit einem Borderliner weiß schwerlich, welches Ereignis den anderen so aufbringt oder wütend macht.

Borderliner haben rasch wechselnde Gefühle und sind zu großartigen Zurschaustellungen von Wut und Furcht fähig. Sie legen eine Vielzahl selbstzerstörerischer Verhaltensweisen an den Tag, die Drogen- und/oder Alkoholmissbrauch, übermäßiges Essen, das Verstümmeln diverser Körperteile, wahlloses Sexualverhalten und den ständigen Wunsch, sich am liebsten umzubringen, einschließen können.

NARZISSTISCHE PERSÖNLICHKEITSSTÖRUNG

Zu den auffallenden Merkmalen eines Narzissten gehören das Gefühl des Betreffenden, sehr wichtig zu sein, Prahlerei in Bezug auf seine Talente oder Fähigkeiten und ein großes Geltungsbedürfnis, das seine wahren Fähigkeiten weit übersteigt. Folglich befinden sich Narzissten selten im Einklang mit den Bedürfnissen oder Gefühlen anderer, da sie sich nur auf ihre eigenen konzentrieren. Sie sind nur zufrieden, wenn sie der Mittelpunkt der Aufmerksamkeit sind und tiefe Bewunderung von anderen bekommen. In dem Versuch, noch mehr Bewunderung von anderen zu erhalten, schmücken sie ihre wahren Talente und Leistungen oft aus. Die Gedanken des Narzissten sind meist darauf gerichtet, noch mehr zu erreichen; die meisten glauben den Ruhm in greifbarer Nähe. Narzissten meinen gewöhnlich, die Regeln seien für andere, »kleine Leute« da und dass für Leute wie sie selbst ein anders geartetes Regelwerk existiere. Ihre Fähigkeit, vorauszuahnen, wie andere empfinden könnten, ist nur schwach ausgeprägt, und sie sind unfähig, Mitgefühl für andere zu empfinden.

ÄNGSTLICH-VERMEIDENDE PERSÖNLICHKEITSSTÖRUNG

Menschen mit ängstlich-vermeidender Persönlichkeitsstörung fühlen sich »kleiner als« andere; folglich genießen sie es nicht, unter Menschen zu sein, und wenn sie es sind, haben sie das Gefühl, dass alle schlecht über sie reden. Unbedeutende Klagen über ihr Verhalten kommen ihnen groß und bedeutend vor, mit der Folge, dass sie andere noch stärker meiden wollen. Die meisten Menschen mit dieser Störung arbeiten gern allein; sie meiden Situationen, die ihnen abverlangen, eng mit anderen zusammenzuarbeiten. Auch meiden sie gesellschaftliche Situationen, aus Furcht, dass andere sie zurückweisen werden. In intimen Beziehungen erzeugt ihre Furcht vor Zurückweisung ernsthafte Probleme, welche die Beziehung irgendwann nachteilig beeinflussen.

DEPENDENTE PERSÖNLICHKEITSSTÖRUNG

Diese Störung ist gekennzeichnet durch das permanente Bedürfnis oder den ständigen Wunsch, umsorgt zu werden. Dependente meinen, sie seien unfähig, für sich selbst zu sorgen; folglich suchen sie ständig andere, die es für sie tun. Sie hassen die Vorstellung, allein zu sein, und haben Schwierigkeiten, selbst tagtäglich Entscheidungen zu treffen. Um andere in ihrem Leben zu halten, werden sie passiv und bedürftig. Ihre echten Bedürfnisse drücken sie selten in Worten aus. Sobald eine

Beziehung endet, versuchen sie fieberhaft, sie durch eine andere zu ersetzen, und der Kreislauf beginnt von vorn.

Psychotische oder wahnhafte Störungen

SCHIZOPHRENIE

Schizophrenie ist charakterisiert durch Halluzinationen, Wahnvorstellungen sowie merkwürdiges Benehmen und eine eigentümliche Redeweise. Die Gefühle der an Schizophrenie Erkrankten sind oft abgestumpft oder unangebracht. Sie hören und sehen Dinge, die nicht existieren, und »spüren« Dinge, die nicht passieren.

Substanzabhängige Störungen

SUBSTANZMISSBRAUCH

Substanzmissbrauch mündet in vermehrten Konsum, der sich allmählich negativ auf das Leben der Person auswirkt. Der/die Süchtige versucht seine/ihre Verpflichtungen zu erfüllen, wie etwa Arbeit, Kindererziehung etc., ist aber im Laufe der Zeit immer weniger dazu in der Lage. Beziehungen werden beeinträchtigt. Der Konsum kann zu kriminellem Verhalten führen. Versuche, den Konsum zu stoppen, sind, selbst mit Beistand, häufig erfolglos.

Literaturhinweise

Bob Berkowitz und Roger Gittines: *Was Männer nicht sagen ... Was Frauen aber wissen wollen*. Aus dem Amerik. von Ingrid Hake, Bergisch-Gladbach: Lübbe, 1990

Robin Norwood: *Wenn Frauen zu sehr lieben. Die heimliche Sucht, gebraucht zu werden*. Aus dem Engl. von Sabine Hedinger, Reinbek bei Hamburg: Rowohlt, 2012

Robert D. Hare: *Gewissenlos. Die Psychopathen unter uns*. Aus dem Engl. von Karsten Petersen, Wien/New York: Springer, 2005 (über dissoziale Persönlichkeitsstörung und Pathologie)

Jerold J. Kreisman und Hal Straus: *Ich hasse dich – verlass mich nicht. Die schwarzweiße Welt der Borderline-Persönlichkeit*. Aus dem Amerik. von Beate Gorman, 24., komplett aktualisierte und erweiterte Neuausgabe, München: Kösel, 2012 (über Borderline-Persönlichkeitsstörung)

Aphrodite Matsakis: *Wie kann ich es nur überwinden? Ein Handbuch für Trauma-Überlebende*. Mit einem Vorwort von Michaela Huber. Aus dem Amerikan. von Theo Kierdorf in Zusammenarbeit mit Hildegard Höhr, Paderborn: Junfermann, 2004

Patrick Carnes: *Wenn Sex zur Sucht wird*. Aus dem Amerik. von Karin Petersen, München: Kösel, 1992

Hilfreiche Adressen

BERATUNGSSTELLEN

Familienservice des Bundesministeriums für Familien und Jugend
Informationen zu vielen Themen Ehe und Familie betreffend. Hier können Sie auch nach Beratungsstellen in Ihrer Nähe suchen.
0800 / 240 262
anonym und gebührenfrei
Mo–Do 9–15 Uhr
http://www.familienberatung.gv.at/

Das Beratungsnetz
Das Beratungsnetz bietet eine umfangreiche Ausweisung von Online-Beratungsstellen zu den unterschiedlichsten Beratungsschwerpunkten.
http://www.das-beratungsnetz.de/

Telefonseelsorge
Wenn Sie sofort einen Ansprechpartner brauchen, können Sie sich zu jeder Zeit an die Telefonseelsorge wenden:
Telefon: 0800/1110-111 oder -222 oder www.telefonseelsorge.de

Beratungsstelle der Diakonie
http://www.evangelische-beratung.info

Beratungsstelle der Caritas
http://www.caritas.de/onlineberatung/elternundfamilie

SELBSTHILFEGRUPPEN

Nationale Kontaktstelle für Selbsthilfegruppen
Hier können Sie nach einer Selbsthilfegruppe in Ihrer Nähe suchen
http://www.nakos.de/site/

Selbsthilfegruppenverzeichnis in Deutschland
http://arzt-und-gesundheit.de/start-arzt-und-gesundheit/selbsthilfe-gruppen/index.htm

PSYCHOTHERAPIE

Kassenärztliche Vereinigung Deutschland
Hier können Sie nach einem Arzt oder Psychotherapeuten in Ihrer Nähe suchen
http://www.kbv.de/html/arztsuche.php

Psychotherapieinformationsdienst
Infos zur Psychotherapie und Psychotherapeutensuche
http://psychotherapiesuche.de/

therapie.de
Ebenfalls Infos zur Psychotherapie und Psychotherapeutensuche
http://www.therapie.de/psyche/info/